LE CHAMANISME EN ACTION !

ISBN: 978285090-758-6
ISSN 2681-3262

LE CHAMANISME EN ACTION !

MAÏTÉ MOLLA-PETOT

Éditions Bussière
34 rue Saint Jacques
7500 Paris

Ouvrage de la même auteure :

Paroles sorcières, Edilivre, 2013 (poésie)

La Puissance des Pierres, Bussière, 2014

Créez tous vos produits 100 % naturels, Bussière, 2015

Les formidables vertus des chlorures, Bussière, 2015

Les formidables vertus des citrons, Bussière, 2015

Les formidables vertus des agrumes, Bussière, 2016

L'interprétation des rêves, le monde archétypal, Bussière, 2016

L'interprétation des contes, le monde archétypal, Bussière, 2017

L'heure enfantine, Edilivre, 2016 (poésie)

Harmonisation globale pour l'animal, Bussière, 2017

Les huiles végétales au quotidien, coécrit avec Karine Bessot, Bussière, 2017

Alcools médicinaux et magiques, coécrit avec Quentin Lucchi, Bussière, 2018

Lucibelle : histoires, nouvelles et contes pour ceux qui s'émerveillent, Edilivre, 2018

Guide de naturopathie vétérinaire pour chiens et chats, coécrit avec le Dr Dominique Grandjean, Bussière, 2019

Tu es une déesse, 2020, en téléchargement sur maitemollapetot.com

Pour contacter l'auteure ou suivre ses événements :

maitemollapetot.com

À celles et ceux grâce auxquels j'ai marché vers Qui Je Suis Vraiment, non par ordre d'importance mais plutôt par ordre chronologique :

Mes grands-parents,
Juju,
Maria et Marie-Laure,
Thérèse et Mickaële,
Andréa, Aline, Olivier,
Philippe D,
Michèle L, Catherine G,
Catherine et Christophe S,
Sandrine,
J. Follows the Spirit et Alexandra
Nico,
Mes nombreux animaux dans les 2 réalités,
en particulier ma douce Shiva et mon intrépide Beethoven.

LEÇON 1

Le chamanisme Késako ?

Avant-propos

Le chamanisme, c'est quoi cette bête-là ? Ouvrez 30 dictionnaires ou consultez 10 ouvrages sur le sujet et vous aurez à chaque fois des définitions et avis différents ! C'est dire que le sujet s'annonce complexe (pas tant que cela en réalité, vous allez voir). Certains disent que c'est la religion des premiers peuples de la Terre, car chaque continent a connu le chamanisme, ce qui n'est pas rien. D'autres, que ce n'est en aucun cas une « religion » vu que, de nos jours, ce terme signifie forcément une obéissance à des dogmes inébranlables et la soumission à une autorité bien définie (comme un Pape, par exemple). En résumé, on est plutôt sur l'idée de séparation d'avec le Divin. Et une religion est très organisée… Le chamanisme ne l'est pas autant. Les chamans savent faire preuve d'organisation, mais ils ne font que proposer des outils que chacun est libre d'utiliser ou non, pour trouver SA propre voie. Alors, certains sont d'avis que le chamanisme est une voie spirituelle, d'autres penchent pour un mode de vie, voire un art…
Il est clair que lorsque l'on évoque le chamanisme, on est plus ou moins dans le domaine spirituel. On n'est pas en train de vous parler d'une recette de cuisine. Mais, des courants spirituels, il y en a plein. Comment sait-on que, là, on est dans le chamanisme et pas ailleurs ? Quelles sont les particularités du chamanisme ? Il est très difficile de répondre pour les chamans eux-mêmes (car, quelque part, le chamanisme se vit, il ne s'explique pas), comme pour les universitaires.

Tout le monde arrive néanmoins à s'entendre sur quelques points :

- Le chamanisme, celui vécu et pratiqué par les premiers peuples, tout comme le chamanisme actuel, a pour but de maintenir un lien, un dialogue, entre le monde visible et le monde invisible. Le chaman est une sorte de médiateur entre les vivants humains, comme vous et moi, et le reste des vivants (animaux, plantes, etc.), ainsi qu'avec tout ce qui n'est pas visible aux yeux de tous : les morts, les esprits divers et variés. Tout, vraiment tout ce qu'on peut imaginer. Cette médiation a pour but de garder ou restaurer l'harmonie entre toutes ces parties : si l'harmonie est présente, les gens et tous les vivants sont en bonne santé, le gibier est abondant, les cultures sont productives, le climat est clément, etc. Si l'harmonie est perdue (maladies, épidémies, famine, sécheresse, etc.), le chaman fait tout pour comprendre ce qui se passe, quelle « partie » est en colère, a été lésée ou souffre. Et il tente de trouver une solution (des changements qui s'imposent pour la communauté, un rituel, un soin, n'importe quoi). La religion sépare et asservit (en tout cas de nos jours, depuis qu'elle est devenue un instrument de contrôle) alors que le chamanisme unifie, harmonise et libère. Il ne pense pas qu'une partie supérieure punit les autres (inférieurs) d'une éventuelle bêtise. Il sait que chaque partie peut être lésée ou souffrir sans qu'on le veuille et qu'on peut toujours faire la paix avec l'univers entier comme avec soi-même.

- Pour réaliser des tâches telles que dialoguer avec le monde invisible ou parler avec les animaux, le chaman fait appel à un autre trait caractéristique du chamanisme : les états modifiés de conscience. Nous développerons ce point au fil de cet ouvrage.

- Enfin, le chaman fait en réalité très peu de choses : sa seule mission est bel et bien de jouer les médiateurs. Ce n'est pas lui qui trouve les solutions tout seul, tels un gourou ou un prêtre investi d'un pouvoir et d'un savoir. Non. Le chaman ne fait que chercher les réponses et conseils auprès des esprits et transmettre ce qu'on lui a dit. Et même pour aller chercher les conseils et les aides dans le monde invisible, il a besoin d'alliés : les totems. Nous y reviendrons également. Il ne fait rien tout seul.

Ainsi, on peut commencer à mieux cerner le chamanisme. Mais être ou non chaman ne se constate pas, en fait, extérieurement.

Je vais maintenant vous transmettre une petite astuce pour reconnaître ceux qui avancent clairement sur la voie du chamanisme. Laissez-moi vous conter une histoire. Il m'arrive régulièrement d'organiser ce que j'appelle des « promenades chamaniques », où vient qui veut. Nous nous réunissons juste pour le plaisir d'être les uns avec les autres et de visiter des sites sacrés, ce que certains nomment « hauts lieux énergétiques ». J'emmène souvent un de mes tambours avec moi. Je peux affirmer que 90 % des adultes et 99 % des enfants n'ont qu'une envie : tester le tambour ! Enfin, pour ceux qui n'en sont pas déjà équipés ! La seule différence est qu'aucun adulte n'ose le demander, alors que les enfants, si. Il suffit que l'un d'entre eux demande à essayer le tambour pour que tous les autres suivent. Quelle serait votre réponse si quelqu'un vous demandait s'il peut jouer de votre tambour ?

1) La plupart des personnes adultes répondraient « oui » ou « non » selon leurs croyances, leurs superstitions. On ne sait jamais, peut-être que le tambour pourrait manger les enfants ou la personne qui le demande… C'est un truc soi-disant sacré, alors on ne plaisante pas ! Je dis « soi-disant », car chez les gens qui pensent ainsi, « sacré » est synonyme de « dangereux » visiblement, au vu de leurs réactions. Donc, en fait, ces gens se trompent, ils ne sont pas vraiment dans le sacré. Car le Sacre de l'Homme ne vient qu'avec la notion d'Unité avec Tout Ce Qui Est. Dès lors, pourquoi le tambour serait-il forcément dangereux ? Ou forcément bienveillant avec tout le monde ?

2) Les universitaires chercheraient dans toutes les cultures du monde, si oui ou non, les anciens chamans prêtaient leur tambour. Et si, par exemple, ils arrivaient à la conclusion que la plupart des chamans dont on a réussi à garder une trace ne prêtaient pas leur tambour (alors que moi je le prête), ils affirmeraient que ce que je pratique n'est pas du chamanisme.

3) Et le tambour dans tout ça ? Lui a-t-on demandé ce qu'il répondrait ? Il est quand même le premier concerné, non ? Je vais donc vous dire ce que le chaman répond : « Demande-lui. Au tambour. » Après tout, c'est une affaire entre le tambour et la personne qui demande. Mon tambour a un esprit et la personne aussi, donc ils vont bien pouvoir se débrouiller seuls, comme des grands ! Et mon tambour trouvera un moyen de dire si oui ou non, à ce moment-là et avec cette personne-là, il accepte un contact. En aucun cas, je ne répondrai à la place de mon tambour (si ce n'est, à l'extrême rigueur, pour transmettre sa réponse, si la personne ne parvient pas à l'entendre d'elle-même) et en aucun cas je ne partirai dans un questionnement mental, intellectuel, sans rapport avec la situation, comme le ferait un spécialiste, un scientifique, un universitaire…

Le chamanisme, c'est ça ! Le chamanisme, c'est une manière différente de voir et de vivre TOUTE notre vie.

Voilà. Vous y êtes. Bienvenue dans le monde des chamans. Un monde où même les tambours communiquent. Je vous souhaite, à toutes et à tous, un bon voyage.

SUR LA TERRE COMME AU CIEL

La visite commencera… par vous-même ! Par votre corps. Si vous voulez pratiquer le chamanisme, et donc le voyage chamanique qui sera votre base de travail, vous devez habiter pleinement votre corps. On ne peut s'élever haut dans le ciel si l'on n'a pas d'abord de solides racines. C'est comme les arbres : sans racines, ils ne vont nulle part. Or, c'est un vrai problème à notre époque : la majorité des gens manque cruellement d'ancrage ! Tellement stressés et accaparés par leurs occupations (en particulier par les écrans, et les conditionnements psychiques et émotionnels dont ils sont victimes), ils ne se rendent plus compte de ce qui se passe en eux. Bien sûr, quand vous leur dites cela, ils ne voient pas de quoi vous parlez. Tout va bien, pour eux ils vivent bien dans leur corps. Sauf que, lorsque je les allonge sur la table de massage pour une séance de soin, ils ne sentent même pas les tensions pourtant bien physiques qu'ils ont ! Du coup, ils me regardent de façon dubitative en se demandant si je suis un charlatan en train de leur inventer des tensions, ou pas. Ce n'est que lorsqu'ils se relèvent et marchent qu'ils sentent une différence par rapport à avant. Et encore, pas tous ! Certains sont tellement coupés d'eux-mêmes qu'ils ne sentent rien physiquement, ils ne peuvent que constater qu'ils ont, par exemple, les deux épaules à la même hauteur, alors qu'avant la séance l'une était plus haute que l'autre. Cela me rappelle une femme qui a fait une séance avec moi, puis est revenue pour une deuxième séance. En entrant pour son deuxième rendez-vous, elle m'avoue immédiatement : « vous savez, l'autre fois, quand vous m'avez demandé si je sentais une différence au niveau de mon pied, je vous ai répondu oui pour vous faire plaisir. En fait, je ne sentais rien. C'est quand je suis montée dans ma voiture pour partir et que j'ai mis le pied sur l'accélérateur que j'ai vu une différence. Ça faisait six ans que je n'avais pas senti mon pied ainsi ! »

Si vous voulez communiquer avec l'Invisible et partir pour de beaux voyages chamaniques, vous allez donc d'abord devoir vous occuper de ce qui se passe chez vous. Un peu comme on règle ses affaires correctement (papiers, etc.) avant de partir faire un tour du monde, sinon le voyage virera rapidement au cauchemar.

Exercice de prise de conscience de votre corps

L'exercice qui va suivre porte sur la conscience globale du corps. De VOTRE corps, auquel vous ne prêtez pas d'attention. Ce n'est pas un jugement, c'est une constatation. La société fait tout pour vous couper de vos sensations et vous transformer en zombi, donc vous devenez un zombi. Logique. Cet exercice vous aidera également à être physiquement plus stable (si quelqu'un vous bouscule, vous vacillerez moins facilement) et émotionnellement plus fort (plus calme, tout en ayant plus de force de caractère).

Vous pouvez, si vous le souhaitez, faire un enregistrement vocal de l'exercice ou demander à une personne de vous lire le texte lentement. Pensez à fermer votre porte, éteindre votre téléphone… Bref, choisissez un moment et un lieu où vous avez peu de chance d'être dérangé.

1. Vous pouvez garder les yeux ouverts ou les fermer, selon votre préférence. Vous pouvez être debout ou assis, les pieds au « sol » (même si le sol est un tabouret ou le plancher d'une voiture). Respirez avec votre ventre, sentez votre ventre, faites descendre votre respiration le plus bas possible, que ce soit l'abdomen qui bouge et non plus la poitrine.
2. Faites ainsi quelques respirations calmes.

Nous ne sommes pas conscients en permanence de toutes les parties de notre corps, de la racine des cheveux au petit doigt de pied, et c'est normal. Mais nous devons être capables de sentir n'importe quelle partie de notre corps sur commande. Rien que le fait de porter votre conscience dans votre ventre, de sentir votre ventre, sa chaleur, sa respiration, amène de l'énergie à cet endroit. Car l'énergie suit la pensée.

3 Sentez maintenant la plante de vos pieds, qu'ils soient dans des chaussures ou non, cela n'a pas d'importance. Sentez vos pieds là où ils sont. Sentez le confort (ou l'inconfort). La température. La texture de ce qui se trouve sous vos pieds. Visualisez ou ressentez physiquement qu'une énergie monte du sol dans vos pieds. Peu importe comment vous percevez cette énergie, que ce soit une vapeur, des paillettes, des bulles, comme de l'électricité, qu'il y ait des couleurs ou pas, etc. Il n'y a pas de bonne ou de mauvaise image. L'image ou la sensation qui vous vient, c'est la bonne parce que c'est la vôtre.

4 L'énergie monte maintenant jusqu'à vos chevilles, remonte le long des mollets, arrive aux genoux. Cela peut se produire plus vite ou moins vite que les consignes que vous entendez maintenant. Peu importe. Ne cherchez pas à ralentir ou à accélérer. Votre rythme est bon, parce que c'est le vôtre.

5 Après les genoux, l'énergie monte dans les cuisses, les fesses, le ventre. Les deux filets d'énergie en provenance des deux pieds se rejoignent dans votre ventre. Si vous avez l'impression que l'énergie reste bloquée à un endroit, il vous suffit de sentir la partie de votre corps où vous voulez qu'elle aille, et alors la situation se débloquera. Car l'énergie suit la pensée. Ou alors, vous pouvez aussi visualiser ou sentir comme un petit tourbillon qui « aspire » l'énergie de l'endroit où elle est bloquée jusqu'à l'endroit suivant, quelques centimètres plus loin.

6 Une fois dans votre ventre, l'énergie en provenance de la terre continue de s'élever le long de votre dos. Profitez-en au passage pour vérifier que votre respiration est toujours ventrale.

7 L'énergie suit les courbures de votre colonne vertébrale, elle s'élève peu à peu. Jusqu'entre les omoplates. Puis jusqu'à la nuque.

8 Elle rentre dans le crâne et continue de s'élever. Jusqu'au sommet du crâne. Sentez le sommet de votre crâne, votre cuir chevelu à cet endroit. Si vous avez du mal à le sentir, rappelez-vous la sensation du peigne quand vous vous coiffez. L'énergie vient jusqu'à cet endroit et sort de votre tête. Elle monte et se disperse dans le ciel, au-dessus de vous.

9 Prenez conscience de la totalité du circuit : prenez conscience de l'énergie qui monte de vos pieds jusque dans l'air, au-dessus de vous. Profitez quelques instants de cette sensation.

10 Puis visualisez ou ressentez — c'est selon votre préférence — l'énergie du ciel, de l'air, qui touche votre cuir chevelu. Portez votre attention au sommet de votre tête. L'énergie du ciel rentre dans votre crâne, par là. Peu importe, si elle a un aspect différent de l'énergie qui monte de la terre ou pas. L'image qui vous vient, c'est la bonne, parce que c'est la vôtre.

11 L'énergie du ciel se déverse dans votre tête, descend le long de la nuque. Descend le long du dos. Cela se fait tout seul, à votre rythme.

12 L'énergie va jusqu'à votre ventre. Vérifiez que votre respiration est toujours ventrale.

13 L'énergie se divise en deux parties : une pour chaque jambe. Elle descend dans les fesses. Dans les cuisses. Elle arrive aux genoux. Elle continue de descendre dans les mollets. Les chevilles. Les pieds.

14 Elle touche la plante de vos pieds puis sort, quitte votre corps pour aller dans le sol. Elle part loin dans la terre, vous la perdez de vue. Prenez conscience de la totalité du circuit : prenez conscience de l'énergie qui descend de votre tête jusque dans le sol. Profitez quelques instants de cette sensation.

15 Puis prenez conscience des deux circuits qui se produisent en même temps : l'énergie de la terre qui s'élève, et l'énergie du ciel qui descend. Profitez autant de temps que vous voulez des sensations que cela vous procure. Puis, ouvrez tout doucement les yeux, s'ils étaient fermés. Vraiment doucement, comme des stores, qu'on relève peu à peu.

Pratiquez autant de fois par jour que vous le voulez et pendant autant de temps que vous le souhaitez. Il n'y a pas d'overdose. Mais si vous voulez sentir un résultat net, vous devrez, au début, pratiquer au moins une fois par jour (si vous avez du mal à prendre une respiration ventrale ou à visualiser/ressentir les choses, tournez-vous vers certaines formes de yoga ou vers la sophrologie pour apprendre). Puis, les énergies se mettront en place et circuleront beaucoup plus vite et vous n'aurez plus besoin de l'exercice détaillé. Vous n'aurez plus qu'à sentir votre ventre, vos pieds et votre tête et ce sera immédiatement bon. Peu à peu, vous reviendrez à votre corps et y resterez. Rien que par cela, vous verrez beaucoup de choses changer, à tous les niveaux, dans votre quotidien. En vous et autour de vous. Et la bonne nouvelle, c'est que lorsqu'on est dans son corps, on peut enfin tester avec succès tout ce que l'on veut, y compris le chamanisme. Alors, allons-y !

LEÇON 2

À la rencontre des animaux totems

Comment se déroule une initiation chamanique

« Vous vous préparez à suivre une initiation chamanique. Le premier voyage chamanique, traditionnellement, est celui qui permet de rencontrer son ou ses animaux totem(s). Pourquoi ce thème et pas un autre ? Car, dans le chamanisme, TOUT se fait avec l'aide de nos animaux. Ce sont eux qui nous enseignent, nous guident et nous protègent.

Même si vous ne souhaitez pas devenir chaman, l'initiation des animaux totems est profitable. Il s'agit avant tout d'une démarche de mieux-être, de développement personnel. D'une certaine façon, on peut dire que tout le monde devrait faire cette initiation, c'est un soin en soi, une rencontre avec notre monde intérieur. Que vous deveniez chaman ou pas par la suite n'a aucune importance.

Les animaux totems nourrissent tout notre être, en particulier une part très importante : l'enfant intérieur.

Que faut-il prévoir pour venir jouer avec vos animaux lors de notre rencontre :

- De quoi vous installer confortablement sur le sol ; par exemple un tapis et/ou une couverture, un ou deux coussins (un sous la tête, un sous les genoux…).

- Un voile léger pour vous couvrir les yeux (un foulard), car vous visualiserez mieux dans la pénombre que si vos yeux – même fermés – sont éclairés par le soleil. L'initiation ne se déroule pas forcément en extérieur, si le temps ne le permet pas. Cela n'enlève rien à sa valeur. Et, on peut alors fermer légèrement les volets. Mais au cas où nous serions en extérieur, prévoyez de quoi vous couvrir les yeux pour les maintenir dans la pénombre.

- De quoi prendre des notes quand vous reviendrez du voyage, c'est préférable, sinon vous oublierez forcément des détails au fil du temps, ce qui serait dommage. Plus le temps passe et plus je me rends compte que mon premier voyage chamanique m'avait déjà enseigné beaucoup de choses symboliquement, j'ai bien fait de prendre des notes !

À quelle sauce allez-vous être mangé ? Rien de méchant ne vous arrivera, je vous rassure. Prévoyez 2 à 3 heures. Je vous expliquerai le principe du voyage chamanique, vous verrez c'est très facile, pas besoin de vous entraîner à sortir de votre corps ou d'avoir des pouvoirs magiques ! Vous ferez votre voyage, tous les participants réunis, mais chacun à son rythme. La légère transe que j'induirai par le tambour vous aidera à rentrer dans l'état de conscience correct, sans effort.

Lorsque vous reviendrez à vous, vous pourrez prendre des notes et quand tout le monde aura fini, nous échangerons. Je vous expliquerai notamment quoi faire avec vos animaux totems, et ce sera, pour ceux qui le veulent, le début d'une longue aventure.

Ne pas consommer d'alcool ou de stupéfiants les 24 h qui précèdent l'initiation, ni les 12 h suivantes si possible.

Enfants acceptés, à partir de 12 ans environ, si et seulement si les parents sont également participants ! »

Ce que vous venez de lire est — à quelques adaptations près selon le contexte — le texte que je fournis en général aux gens avant une initiation aux animaux totems. Je dis « en général », car il n'y a pas de règles fixes. Parfois, je leur passe les consignes verbalement ou je résume l'affaire en message Facebook. Cela dépend des gens et de ce que je ressens d'eux.

Le principe de la non prise d'alcool ou de certaines substances avant ou après l'initiation, par exemple, n'est pas un absolu. Je précise surtout cela pour certaines personnes qui, sans ces consignes, viendraient dans un état vraiment lamentable. Je les connais. Je les vois venir. Mais pour des personnes saines de corps et d'esprit, il n'est pas besoin de préciser tout cela, ce n'est pas grave si elles ont bu une bière avec leur dernier repas. De même, si vous vous soignez naturellement par teintures mères (donc remèdes alcoolisés), n'interrompez pas votre traitement pour venir à l'initiation ! Le but est simplement que les gens qui se font initier soient dans leur état « normal » pour qu'ils comprennent bien que c'est par eux, par leurs propres capacités, qu'ils voyagent et font tout cela. S'ils viennent sous cannabis ou à moitié ivres, ils ne réaliseront jamais pleinement qu'ils n'ont besoin de rien d'autre que d'eux-mêmes pour approcher l'Invisible. Les obliger à venir l'esprit clair leur permet aussi de leur redonner leur propre pouvoir ! Et l'être humain a actuellement besoin de cela : qu'on lui rende son pouvoir, sa force, son autonomie, sa dignité et sa liberté. L'initiation des animaux totems apporte justement cela.

Mais si vous souffrez de douleurs incurables, que même les antidouleurs prescrits à l'hôpital ne vous soulagent plus, et que vous en êtes arrivé à devoir prendre des doses quotidiennes de cannabis médicinal pour continuer à vivre, n'interrompez pas votre traitement pour suivre une initiation. De toute façon, plié en deux par la douleur, vous n'arriveriez pas à vous détendre et à rencontrer vos animaux totems.

De même, la consigne de l'âge des enfants n'est qu'une indication. L'enfant la plus jeune que j'ai initié jusqu'à maintenant avait 8 ans et tout s'est bien passé. Je l'ai acceptée, car c'était la fille d'une sophrologue et qu'elle avait donc l'habitude de visualiser des choses, de faire des « voyages en esprit », comme on dit.

Le jour J, quand les participants sont tous là, ils s'installent confortablement au sol, avec couverture et coussins. J'insiste alors lourdement sur le « confortablement », car sans cela pas de voyage possible. Il ne s'agit pas de tenir de force une position mystique dans laquelle vous êtes censé atteindre l'Éveil des Bouddhas ! Bien au contraire. Le problème est que les gens n'ont pas appris à prendre soin d'eux. Je dirais même qu'ils sont extrêmement durs envers eux-mêmes, voire cruels. Sans le vouloir. C'est notre société qui leur inculque cela dès le plus jeune âge. Donc, qu'ils s'installent confortablement et n'hésitent pas à bouger un peu pendant le voyage chamanique, s'ils sentent des fourmis dans leurs membres, par exemple. Certains commencent l'initiation sur le dos pour la finir en position foetale, ce n'est pas gênant. Et qu'ils prennent à côté d'eux de quoi écrire lorsqu'ils ouvriront à nouveau les yeux.

Je commence par « sauger », comme on dit. En d'autres termes, j'allume un bâton de sauge et je le passe un peu partout dans la pièce pour nettoyer d'éventuels parasites énergétiques, entités, pollutions émotionnelles laissées par les gens qui vivent là ou qui sont passés par là. Puis, je mets la sauge fumante devant chaque participant et avec leurs mains ils amènent un peu de fumée dans leur direction en pensant à tout ce qu'ils veulent nettoyer, purifier, abandonner (ne serait-ce qu'oublier tout ce qu'ils ont en tête, comme leur liste de courses, le temps de l'initiation). Je me sauge, tout comme eux.

Je leur tiens alors à peu près ce discours : « Quand je commencerai à battre du tambour, vous fermerez les yeux et vous vous trouverez dans un lieu où il y aura des végétaux. Ce peut être n'importe quoi : un chêne centenaire comme quelques petites fleurs. Une forêt entière comme un simple pot. Ce n'est pas important. Si vous ne vous trouvez pas spontanément dans un tel endroit, provoquez la vision. Imaginez, visualisez des végétaux. Dès que vous y êtes, demandez à l'un des végétaux s'il vous autorise à descendre le long de ses racines jusqu'au plus profond de la terre. Dès que vous en avez trouvé un qui accepte, descendez. Parfois, les gens ne font pas consciemment ce voyage : ils se trouvent happés par un végétal ou un trou de souris, ou le terrier d'un animal, et passent directement de l'Autre Côté. Ce n'est pas dérangeant. Votre voyage se passera comme il se passera. Dans tous les cas, c'est juste pour vous à ce moment-là. Pour ceux qui feraient le voyage consciemment au lieu de traverser en une fraction de seconde, vous serez alors dans le noir, puis vous émergerez au bout d'un moment dans un paysage. Ce peut être n'importe quel paysage : des forêts comme on en trouve en Europe, la banquise, le fond des océans, la savane africaine, j'en ai même connu qui se sont retrouvés au pied des pyramides ou sur une planète qui n'était pas la Terre ! Peu importe que ce soit un paysage qui existe vraiment sur Terre, comme les pyramides, ou pas. Dans ce paysage où vous serez, il y aura des tas d'esprits, en particulier ceux des animaux totems, puisqu'ils sont déjà au courant que nous voulons les rencontrer. Ils sont au courant simplement par l'émission de notre intention. Que vous voyiez ou pas les esprits, ils seront là. Déplacez-vous jusqu'à rencontrer un animal et dès que vous en voyez un, saluez-le poliment et demandez-lui s'il est votre animal totem. Faites ainsi la connaissance d'autant d'animaux que vous voudrez. La plupart des gens ont plusieurs animaux totems. Vous pouvez en avoir tellement que vous ne les rencontrerez pas tous en un voyage. Vous pouvez revenir quand vous voulez, vous n'êtes pas prisonnier ! Mais comme il faut bien mettre une fin à cette expérience, je donne une limite de temps : vous reviendrez au plus tard quand vous entendrez 3 coups de tambour très forts et très espacés [je fais la démonstration pour que tout le monde entende de quoi il s'agit]. Quand vous entendrez cela, remerciez, dites au revoir, et revenez. Donc, je récapitule : fermez les yeux, trouvez un moyen de descendre et rencontrez vos animaux totems. Prenez votre temps, parlez avec eux. Vous êtes en sécurité là-bas. Je vous souhaite à toutes et à tous, un bon voyage. »

Il peut alors y avoir une dernière inquiétude telle que : « Je suis claustrophobe. Et si je ne peux pas descendre, comment je fais ? ». J'explique alors que quoi qu'il vous arrive, vous n'êtes pas seul. Demandez de l'aide. Le tunnel à traverser peut être très court, certains ne se sentent même pas voyager à travers la terre. Ils passent directement de l'univers végétal à leur paysage d'En-Bas. Peut-être vous indiquera-t-on une cage d'escalier spacieuse et lumineuse pour descendre, à la place d'un végétal. Il n'y a pas de limites ! Les seules limites seront celles de votre imagination. Souvenez-vous que vous n'êtes jamais seul et qu'il y a toujours une solution.

Et je commence à battre du tambour. Je ne m'arrête pas avant les 3 coups. Ce qui veut dire que tout doit être bien organisé, qu'on ne doit pas être dérangé, etc. Je ne chronomètre pas. Je m'arrête quand je sens que c'est le moment. Néanmoins, quelquefois je me suis amusée à chronométrer et j'ai ainsi constaté que la plupart des sessions durent environ 30 minutes. Le minimum que j'ai fait jusqu'à maintenant était de 20 minutes et le maximum de 55. Vous constaterez, si un jour vous êtes initié, que pour ceux qui voyagent, le temps n'est pas le même que pour celui qui joue du tambour. Au bout de 40 minutes certains ont l'impression d'être partis à peine 5 minutes, ils ont juste pu arriver dans leur paysage et n'ont eu le temps de rencontrer personne. D'autres, au contraire, ont fait le tour de leur paysage ou ont changé de paysage pour parcourir presque toute la planète !

Quand j'arrête le tambour, j'invite les gens à revenir, en parlant doucement, à voix basse, en disant qu'ils peuvent remuer les mains et les pieds, bâiller ou s'étirer s'ils en ont envie. Qu'ils ouvrent très délicatement les yeux, comme des stores que l'on relève, pas brusquement. Qu'ils prennent tout leur temps. Et qu'ils prennent alors le temps d'écrire ce qu'ils ont vécu, car même si ça les a marqué sur le coup, ils oublieront peu à peu une grande partie des choses vues ou entendues. Je demande aux gens de ne pas parler ni de faire trop de bruit avant que le dernier ait fini de noter. D'où l'utilité que chacun ait de quoi écrire à portée de main pour éviter des « mouvements de foule » dans la pièce, alors que certains ont besoin de temps et de calme pour revenir.

En effet, certaines personnes vivent des événements intenses en émotion durant leur voyage initiatique. Des choses pas prévues au programme. Certains rencontrent des membres défunts de leur famille et peuvent enfin échanger avec eux, par exemple. Ce n'est pas le but initial du voyage, c'est vrai. Mais on ne choisit pas ce qui va se produire. Seule la rencontre avec ses totems peut être émouvante.

J'attends donc que tout le monde finisse d'écrire, puis j'invite les gens à raconter tout ou une partie de leur expérience s'ils le veulent et seulement s'ils le veulent. Rien ne les y oblige. Ils peuvent aussi poser toutes sortes de questions, la curiosité est une grande qualité et le signe d'un psychisme sain !

Ce qui peut arriver durant le voyage initiatique

Ce que je vais expliquer dans cette partie récapitule ce qui se dit en général avec les participants quand ils ont fini d'écrire les souvenirs de leur voyage. Nous ne parlons pas forcément de tout cela à chaque fois, cela dépend des expériences de chacun. Je m'adapte à leur vécu et à leurs questions.

Premièrement, il peut arriver… que certaines personnes ne voyagent pas ! Le son du tambour et l'énergie de groupe sont des facilitateurs, néanmoins certaines personnes restent bloquées à différents endroits. Certaines ne voyagent pas du tout, ne voient rien à part du noir ou quelques couleurs, et n'arrivent pas à imaginer les végétaux pour se mettre dans l'ambiance. Certaines voient les végétaux, mais n'arrivent pas à descendre, ne trouvent aucune porte. D'autres arrivent à descendre, mais n'émergent jamais du tunnel, ne sortent jamais dans leur paysage (ou alors ça leur a pris tellement de temps qu'elles n'y parviennent qu'au moment où je donne les trois coups de fin).

Donc, pour de multiples raisons, que je ne connais d'ailleurs pas et n'ai pas à connaître, car cela appartient aux gens qui vivent cela, certains n'ont toujours pas rencontré un seul de leurs totems quand ils reviennent à eux. C'est normal, cela peut arriver. Si c'est votre cas, ne paniquez pas, ne soyez pas déçu. Sachez que vous pouvez retenter l'initiation autant de fois que vous le voudrez ! D'ailleurs, je vois parfois revenir des gens qui ont fait l'initiation, qui ont rencontré leurs animaux alliés et qui communiquent avec eux sans l'aide de personne, mais qui veulent se replonger dans l'ambiance de l'initiation, jute pour le plaisir ! Donc si ceux qui ont réussi ont le droit de revenir, ceux qui n'ont pas réussi l'ont encore plus. Dans les stages de chamanisme sur plusieurs jours, je propose également d'autres exercices, d'autres manières de rencontrer ses totems. Ainsi, la grande majorité des participants finit par réussir.

Ensuite, soyez conscient que l'initiation n'est qu'un début. Pour certaines personnes, les animaux se présenteront les nuits suivantes, en rêve. Ou encore à l'état de veille, en envoyant à l'initié des clins d'œil et coïncidences (ce qu'on appelle parfois la synchronicité) : par exemple, si vous croisez pleins d'écureuils pendant une semaine, que vous tombez comme par hasard sur un documentaire sur les écureuils en allumant votre télévision alors que cela ne vous était encore jamais arrivé et que pour finir vous débarquez chez un ami qui vous annonce qu'il refait le papier peint de son salon avec une tapisserie sur laquelle il y a des écureuils, il est clair que cet animal fait partie de vos totems !

Pour revenir au sujet de ceux qui n'arrivent pas du tout à voyager : ils peuvent réessayer plus tard. Quand ils iront mieux, par exemple.

Les soucis n'aident pas et parfois les bonnes nouvelles non plus ! Ainsi, j'ai rencontré une femme qui n'était pas parvenue à voyager et qui pensait que cela était dû à un long stress les mois précédents, car elle ne retrouvait pas de travail. Or, la veille de l'initiation, elle en a trouvé. Mais, justement, la joie et le relâchement étaient tels qu'elle pensait que c'était cela qui l'avait bloquée. C'est bien possible.

Pour les gens qui n'ont pas particulièrement de soucis, il s'agit parfois d'apprendre à se détendre, à lâcher-prise, à ne pas vouloir à tout prix réussir à voyager, car c'est alors qu'on se bloque. C'est comme en méditation : si vous voulez à tout prix méditer, vous n'arrivez à rien.

Pour ceux qui voyagent, mais qui sont sans arrêt en train de se demander si c'est « vrai », si c'est bien un animal totem ou si c'est leur mental qui leur joue des tours : débranchez le mental, justement ! Arrêtez de vous poser des questions, voyagez et c'est tout, laissez-vous porter par le voyage. Arrêtez de vous juger sans arrêt ou de douter de vous. De toute façon, pour les chamans, tout est réel ! Rien n'est vraiment pure illusion. Même si quelqu'un dans un hôpital psychiatrique a des hallucinations, du point de vue du chaman c'est réel ! Cette personne doit être connectée à un certain plan, involontairement et sans pouvoir contrôler cela. De même, tout ce que vous vivrez en voyage chamanique a une certaine réalité. Si vous ne trouvez pas cela assez « vrai », et bien, à vous de trouver une voie vers plus d'authenticité. Je conseille aux gens de laisser venir, même les images qu'ils pensent ne pas être « authentiques » (qu'ils pensent être influencées par leur mental), de les regarder simplement. Elles se transformeraient d'elles-mêmes s'il y avait effectivement un problème. Cette astuce est également valable pendant les voyages chamaniques chez les personnes expérimentées : il peut arriver à n'importe qui d'être bloqué. Par exemple, vous posez une question, vous voulez savoir quelque chose, mais vos esprits totems ne vous répondent pas. Produisez alors une image mentale (imaginez une image dans votre tête) et laissez-la se transformer librement, sans contrôle de votre part. Elle évoluera vers un symbole qui vous mettra sur la voie ou débloquera d'une manière ou d'une autre votre situation.

Pour ceux qui voyagent, mais qui n'arrivent pas à se stabiliser à un endroit (ils passent d'un paysage à l'autre, reviennent en arrière, etc.), cela viendra avec la pratique. Vous voyagez, vous avez la vision, c'est déjà bien. Vous la stabiliserez peu à peu. Au cas où cela proviendrait d'un défaut d'ancrage au quotidien (mais ce n'est pas dit que c'est cela, il peut y avoir d'autres causes), je vous conseille de pratiquer l'exercice du chapitre « sur la terre comme au ciel » au moins une fois par jour. Ce n'est qu'une solution parmi d'autres bien sûr. Certains stabilisent leur vision en se concentrant sur leur troisième œil. D'autres, en trouvant une musique qui leur convient mieux que le tambour et en apprenant à voyager en l'écoutant. Il y a autant d'astuces potentielles pour réussir qu'il y a d'êtres humains sur Terre !

Si, malgré tous ces conseils, vous ne voyagez toujours pas, vraiment pas, que vous n'arrivez pas à visualiser des choses, prenez rendez-vous auprès d'un(e) sophrologue. Le rapport avec le chamanisme ? Ça se complète ! Il faut savoir que les sophrologues ont des procédés spéciaux pour apprendre aux gens (même les moins visuels du monde) à visualiser enfin des images. Vous pouvez aussi vous faire accompagner par un hypnotiseur, car certaines personnes voyagent mieux en entendant des paroles pendant tout ou une partie de la séance, qu'en écoutant un instrument de musique. D'autres n'arrivent à voyager que lorsque la pièce est totalement silencieuse et qu'ils sont seuls. C'est pour cela que je conseille à ceux qui n'ont pas réussi à voyager de réessayer chez eux. Et enfin, une astuce efficace chez beaucoup de gens et que nous devons à notre modernité (qui n'a pas toujours que du mauvais !), consiste en l'écoute de sons binauraux ou de sons isochrones (ciblez plus particulièrement ceux induisant des ondes thêta et alpha au niveau du cerveau, mais certaines personnes réussissent un voyage chamanique avec des morceaux censés induire des ondes delta ou autres). Vous trouverez des tas de morceaux gratuitement sur YouTube. Voici quelques exemples, mais le mieux est de chercher et de tester pour trouver ce qui VOUS fait voyager : « Warning ! extremely powerful theta waves binaural beats with isochronic tones - sleep » sur la chaîne Youtube de Meditation and healing ; « 5 hours sleep binaural beats – deep sleep brainwaves » sur la chaîne d'Eric Bartel (avancez dans la vidéo pour voir quel rythme vous convient le plus, car le son évolue au fil de l'enregistrement) ; « Shamanic consciousness – binaural beats + isochronic tones » également sur la chaîne d'Eric Bartel.

Il faut également savoir qu'il existe une minorité de personnes qui ne peuvent entrer en transe que lorsqu'elles sont en mouvement. Si elles participent à une initiation au son du tambour où les participants doivent rester allongés, elles ne parviennent pas à voyager. Ou très peu. Ou mal. En revanche, elles ont une furieuse envie (le plus souvent contrôlable) de se lever pour danser au son du tambour ! La seule solution, si vous êtes concerné, est bel et bien d'apprendre à voyager tout en dansant, d'explorer votre manière de fonctionner. Ce n'est pas toujours compatible avec les séances où les autres participants sont immobiles (à moins d'avoir un très grand espace à disposition pour ne pas se gêner les uns les autres). Mais un chaman compréhensif vous proposera de réessayer à un autre moment, dans des conditions où vous pourrez vous en donner à cœur joie.

Et si vous ne voyagez toujours pas après cela ? Eh bien ! c'est que le voyage chamanique n'est pas votre voie pour arriver à la « réalité non-ordinaire ». Je vous rappelle qu'il existe d'autres voies, par exemple, celle des rêves. Trouvez votre voie ! Du point de vue des chamans, la réalité dans laquelle nous vivons quand nous sommes éveillés, comme vous en train de lire ce livre, s'appelle la « réalité ordinaire ». TOUT le reste, tout ce qui n'est pas cette réalité ordinaire, est la « réalité non-ordinaire », ou « extraordinaire » selon certains. Et on peut arriver dans cette réalité non-ordinaire par des dizaines de chemins différents : le voyage chamanique, le rêve, l'état hypnotique, les expériences aux frontières de la mort, la méditation, etc. Comme vous l'aurez peut-être compris en me lisant, tout ce qui compte pour accéder à la réalité non-ordinaire, c'est d'être dans ce qu'on appelle de nos jours « un état modifié de conscience ». Et pour parvenir à cet état modifié, là encore, il y a des tas de moyens : s'endormir, tout simplement ou s'allonger et « y aller ». Comme ceux qui entrent en méditation ou en voyage chamanique « comme ça », sans aucune aide ni astuce. Ou écouter le tambour. Ou danser et s'agiter dans tous les sens jusqu'à tomber par terre inanimé (les peuples de l'est de l'Europe et de l'Asie sont friands de ce genre de spectacle, mais il n'y a pas besoin de tout cela pour « entrer en transe », autrement dit pour provoquer un état modifié de conscience ; une transe peut être douce et se passer dans un corps immobile, pas la peine de faire un remake de L'Exorciste à chaque session...). On peut donc, au contraire, se tenir quasi-immobile et dans le noir pendant le temps qu'il faudra pour « basculer de l'autre côté ». Ou jeûner sans boire une goutte d'eau pendant plusieurs jours et nuits (c'est le principe des « quêtes de vision » dont nous reparlerons). Ou ingérer/fumer certaines substances (de nos jours, par exemple, c'est la mode des rites sous ayahuasca, un mélange d'une liane et d'une plante qui poussent en Amérique du Sud). Etc. Attention, ce n'est pas parce que l'un de ces moyens vous impressionne qu'il sera forcément efficace ! Même sous ayahuasca, qui est pourtant un moyen puissant, certaines personnes ne voyagent pas. J'insiste donc sur le fait que vous devez trouver VOTRE voie. Mais attention à un point capital : quand je parle de « ceux qui ne voient pas », je veux dire « ceux qui ne voient rien et pour lesquels il ne se passe vraiment rien ». Car certains chamans voyagent bel et bien, mais comme ils ne sont pas très visuels, tout se fait par sons et sensations ! Ils sont ainsi capables de vous décrire tout un univers et d'avoir accès à des informations aussi précises que les gens qui « voient », juste par leurs perceptions autres que la vue au sens où on l'entend. C'est déroutant, mais cela existe. Sachez que des chamans aujourd'hui très connus ont parfois eu de grosses difficultés à apprendre à voyager à leurs débuts : Gilles Wurtz, par exemple, en parle en racontant son parcours dans son livre *Chamanisme celtique, une tradition de nos terres*.

Une autre question qui surgit souvent chez les participants du voyage chamanique est : peut-on rencontrer en totem autre chose qu'un animal ? Oui. Le but est ici de rencontrer au moins un animal, mais des personnes rencontrent par exemple un homme en blanc avec une longue barbe, qui leur dit être leur guide. Ou une fée, un lutin... Toutes ces possibilités sont rares, mais elles arrivent. Cela n'empêche pas d'avoir par ailleurs au moins un animal. Si la personne ne le rencontre pas au premier voyage chamanique, elle peut tenter une nouvelle fois sa chance un peu plus tard. Mais avoir une aide, quelle que soit son apparence, c'est déjà bien. Même si ce n'est pas un animal, la personne va quand même pouvoir poursuivre sa route sur la voie du chamanisme. Car, bien sûr, il y a une suite à tout cela. Il y a un but. Nous allons voir cela un peu plus loin.

Autre question qui inquiète visiblement les foules (il y a régulièrement une personne pour la poser) : est-ce qu'on peut rester bloqué ? Non ! Soyons clairs : on parle d'un voyage en esprit dans un plan sûr, sécurisé. Il n'y a pas de substances néfastes comme les drogues modernes de synthèse — qui envoient leurs utilisateurs dans les hôpitaux psychiatriques ou en prison — pour vous retourner le cerveau. Et vous restez conscient de ce qui se passe dans la pièce tout au long de votre voyage. Par exemple, si on a fermé les volets pour être un peu dans la pénombre et qu'un coup de vent violent en rouvre un, certaines personnes sortent de leur voyage rien qu'à cause de cela. Donc, sauf cas exceptionnel, je ne sais vraiment pas comment vous feriez pour rester bloqué ! En revanche, certaines personnes sont tellement bien là où elles ont atterri qu'elles mettent vraiment longtemps à ouvrir les yeux quand le tambour s'arrête. Mais elles finissent par le faire. Le tambour-facilitateur n'étant plus là pour appuyer leur transe, celle-ci s'arrête tout simplement, même si elle était assez profonde, et la transe très profonde dès le premier voyage chamanique, sans entrainement, est rare. Elle arrive parfois, c'est vrai. Mais c'est l'exception qui confirme la règle. L'immense majorité des participants à l'initiation peut ouvrir les yeux quand elle le désire, à n'importe quel moment même alors que le tambour bat.

J'aimerais attirer l'attention de ceux qui comptent se faire initier sur un point : des dizaines de milliers de personnes à travers le monde ont vécu ce que l'on nomme des « expériences aux frontières de la mort » ou « expériences de mort imminente », etc. Pour ceux qui ne verraient pas du tout de quoi il s'agit, sachez que c'est ce qui arrive lorsqu'une personne reste cliniquement morte pendant quelques minutes, puis revient à elle. Le temps que les secours la raniment, par exemple, suite à un accident de voiture ou un malaise cardiaque, etc. Les gens qui ont vécu cela affirment avoir traversé un tunnel, rencontré des proches décédés, ce genre de choses. Ils se sentaient bien dans l'au-delà et n'avaient aucune envie de revenir sur Terre dans leur corps, parmi les vivants. Même ceux qui avaient tout pour être heureux, aimaient leurs enfants, etc. Pourtant, leurs proches décédés ou d'autres créatures comme des anges leur ont dit qu'ils n'avaient pas le choix, que leur heure n'était pas encore venue, et les ont forcés à réintégrer leur corps. Alors, si on ne peut pas mourir et si notre heure n'est pas venue, même après un effroyable accident par exemple, j'aimerais que vous m'expliquiez ce que vous comptez faire pour rester bloqué dans un simple voyage chamanique ? Allez-y, je vous regarde.

Néanmoins, il est vrai que de très rares personnes vont entrer dans une transe profonde au son du tambour pendant l'initiation. 1 à 2 % maximum des gens sur Terre auraient cette faculté. En général, même si elle est allongée, la personne sujette à cela commence à trembler, à s'agiter fortement dès que le tambour résonne. Un chaman expérimenté saura jusque quand jouer pour éviter que la personne en transe ne parte trop loin. Car, j'insiste, même dans ces cas, le plus souvent l'arrêt du tambour provoque le retour de la personne, même si elle n'avait pas envie de revenir. C'est automatique ! Quand la personne ne tremble pas, on voit les yeux qui se révulsent, c'est un cas encore plus rare. Si rare que beaucoup de chamans n'en croiseront pas un seul au cours de leur vie ! Là, il convient d'arrêter immédiatement le tambour, car quand les yeux sont révulsés il est déjà « trop tard », la personne est partie loin, très très loin. Il va falloir la ramener !

C'est pour gérer ce genre de cas (rarissimes, je le rappelle, surtout si l'on n'utilise pas de psychotropes !) que certains enseignements ont été transmis au fil des âges sur « ce qu'on doit faire si quelqu'un a visiblement du mal à revenir ». À noter également que, pour éviter de vous retrouver confronté à cette situation, il est fortement conseillé de ne jamais chercher à initier quelqu'un qui a d'importants troubles psychiatriques, qui vient juste de sortir d'hôpital psychiatrique, par exemple, affirme voir toutes sortes de choses, refuse de s'alimenter, dit attendre l'arrivée des extraterrestres pour partir avec eux (j'ai vu cela une fois) ; là je ne réponds de rien ! Il est clair qu'il pourrait y avoir de gros problèmes pour la suite de la séance… Personnellement, je n'initie jamais un tel cas, je propose plutôt une bonne séance de soin !

Je vais donc maintenant vous expliquer ce que l'on peut faire si quelqu'un refuse de revenir. Au cas où une personne semble ne pas revenir à elle quand le tambour s'arrête : déjà, attendre et continuer de parler doucement, sans la brusquer, appeler son nom, lui dire qu'elle peut maintenant bouger ses lèvres, ses doigts, ses mains et ses pieds, s'étirer si elle le souhaite, etc. Si elle ne réagit pas, poser doucement une main sur elle, sur un de ses bras par exemple, il s'agit parfois juste d'une personne qui a besoin de plus de temps que les autres pour se mettre assise, elle va alors réagir à votre contact. S'il y a manifestement un problème, commencer à masser les bras et jambes de la personne (insister lourdement sur les pieds), à les frictionner, sans brusquerie, mais assez énergiquement quand même, car là on sait qu'il y a un souci, il va falloir qu'elle revienne, qu'elle le veuille ou non. Apporter de la lumière (ouvrir les volets, etc.), lui parler. Si un assistant pouvait poser une main sur chacun des pieds de la personne « bloquée » et rester dans cette position pendant que vous massez le reste du corps, ça serait idéal. Mais ne pas essayer de la relever ou de la brusquer, car c'est très désagréable et n'incite pas à revenir ! Trouvez le juste milieu : ne la « lâchez pas », n'arrêtez pas, mais en même temps soyez patient et compréhensif. Il faut savoir qu'il n'existe pas une seule et unique méthode pour faire revenir les gens. Chaque personne qui a le don d'entrer en transe profonde a sa propre manière de revenir. Il est difficile de généraliser. Et le problème est que la première fois que cela se produit, vous ne savez pas quelle manière va fonctionner pour elle. C'est ainsi que l'on se retrouve parfois à essayer des astuces pendant 30 minutes ou plus jusqu'à enfin réussir ! Néanmoins, parler, garder un contact physique avec les pieds et le reste du corps, et verser de l'eau sur le sommet de la tête, si le reste ne suffit pas, sont des moyens le plus souvent efficaces. Retenez-le, car c'est important : voix, contact physique et eau ! En dernier recours, ouvrez la bouche de la personne et donnez-lui quelques gouttes de « rescue », mélange d'urgence des fleurs de Bach (4 gouttes toutes les 2 minutes environ, jusqu'à ce qu'elle revienne à elle). Ou versez-lui un peu de vinaigre en bouche si pas de rescue sous la main (n'allez pas la noyer, sachez doser !). Dès qu'elle revient à elle, il faut la faire boire ne serait-ce qu'une gorgée d'eau et la faire manger (petits bouts par petits bouts, car souvent elle est à peine capable de mâcher, mais il faut insister, ne pas lâcher jusqu'à ce qu'elle soit totalement redevenue elle-même !). La nourriture est ce qui nous raccroche à la Terre. De même que le contact physique, notamment par les pieds, mais pas seulement. Enfin, dans le cas où rien ne fonctionnerait, en dernier recours il faudrait qu'un chaman sachant effectuer d'une manière ou d'une autre un « recouvrement d'âme » (voir plus loin au chapitre « les soins ») parte immédiatement chercher la personne bloquée pour la ramener. Mais ce cas de figure est plus que rarissime, je le mentionne seulement pour la culture générale ! Et d'ailleurs, on parle de personnes « bloquées », car elles ne reviennent pas au moment où on le veut. Mais rien n'indique qu'elles ne finiront pas par revenir d'elles-mêmes au bout de quelques heures.

Pour finir ce sous-chapitre, sur une note plus joyeuse, sachez que ce qui peut arriver fréquemment durant une initiation en groupe, ce n'est pas de rester bloqué, mais plutôt de voir passer pendant votre voyage des animaux totems qui appartiennent à d'autres participants ! Du moment que l'on est en groupe, on partage les énergies, sans le vouloir, sans le faire exprès, c'est ainsi, c'est la nature. Il arrive donc souvent que les gens voient passer un animal qui leur dit qu'il n'est pas leur totem, mais celui d'une autre personne dans la pièce. Une fois, une femme que j'initiais a vu passer une licorne qui ne lui a pas laissé le temps d'en placer une : elle a traversé le paysage en courant et lui a balancé « j'ai pas le temps, j'ai pas le temps ! ». Elle se rendait à un autre point de la réalité non-ordinaire, à la rencontre d'une autre participante. C'est le genre d'anecdote qui fait bien rire tout le monde lorsqu'on en parle, après les trois coups de tambour et le temps d'écriture. Rire, c'est aussi un moyen de revenir dans la réalité ordinaire et de s'accrocher à la vie !

Comme vous l'aurez compris, on peut rencontrer en totem des animaux qui ne sont pas censés exister « en vrai », comme des licornes ou des dragons. On peut aussi rencontrer des animaux disparus comme les tigres à dents de sabre préhistoriques ou le dodo, oiseau éteint à notre époque et qui vivait jusqu'au 17e siècle sur l'île Maurice. J'ai rencontré des personnes qui comptaient un dinosaure parmi leurs animaux totems.

Enfin, sachez qu'il existe sur YouTube des vidéos accessibles gratuitement et qui plongent l'auditeur en état méditatif pour rencontrer ses animaux totems (je ne parle pas ici des sons isochroniques ou binauraux, mais de vidéos du type « Hypnose spirituelle : rencontre avec l'animal de pouvoir » ou « Méditation guidée, à la rencontre de votre animal totem »). À vous de voir si vous voulez tenter l'aventure, maintenant que vous avez mon livre en main, je n'y vois pas d'inconvénient. Mais en revanche, je m'interroge sur le sens de la démarche quand l'auditeur n'a aucune source d'information, personne vers qui se tourner en cas de questions après son voyage s'il réussit. Si, par exemple, il voyage, mais rencontre des animaux disparus depuis des milliers ou millions d'années, s'il voit des elfes et des fées, que va-t-il penser du chamanisme ? Ne va-t-il pas se questionner comme tant d'autres personnes sur « est-ce que c'était réel, ou est-ce que j'ai tout inventé » ? S'il rencontre un proche ou un ami décédé et que cela l'emmène vers de fortes émotions, comment va-t-il gérer cela une fois revenu à la réalité ordinaire ? Et s'il se mettait à penser qu'il est fou, qu'il perd la tête ? Toutes les explications que je viens de vous donner n'ont rien d'extraordinaire. Et pourtant, sans ces explications, bien des personnes se sentiraient perdues et seules au retour de certains voyages. Néanmoins, l'une de mes cousines s'est initiée ainsi, grâce à YouTube, et je dois dire que ça lui a particulièrement réussi ! C'est visiblement une chamane née.

Les Totems, à quoi cela sert-il ?

Vous vouliez en savoir plus sur le chamanisme et vous voilà maintenant affublé d'un aigle, d'un écureuil ou d'une limace. Qu'allez-vous donc bien pouvoir en faire ?

Les animaux totems sont parfois nommés « animaux tutélaires » ou « animaux de pouvoir ». Il faut comprendre ces expressions pour qu'il n'y ait pas de malentendus : animaux de pouvoir ne veut pas dire qu'ils vont vous donner des pouvoirs magiques du genre voler dans les airs ou ressusciter les morts. Ils ne vont pas non plus vous donner du pouvoir sur les autres personnes. Vous pouvez ranger votre ego au placard ! Pourtant, même si c'est à un niveau moindre que ce que je viens de décrire, c'est ce que s'imaginent beaucoup de gens. Mais ils se trompent. « Animal de pouvoir » veut dire qu'il vous redonne votre propre pouvoir ! C'est l'astuce à comprendre. Ces animaux sont vos amis, vos alliés, et des parts de vous-même et ils vous redonnent à vous-même, comme s'ils étaient des bouts de votre être, de votre âme… Et c'est d'ailleurs ce qu'ils sont, à un certain niveau. C'est pour cela qu'on a rarement un seul animal totem, car il est rarissime qu'un seul animal regroupe TOUTES nos caractéristiques, tous nos traits de caractère, talents, etc. Ce serait miraculeux. C'est pourquoi nous possédons en général plusieurs esprits tutélaires (qui sont nos tuteurs, qui assurent notre protection ; d'abord contre nous-mêmes, contre les bêtises que nous pourrions commettre ; ce sont des amis et des guides) : l'un représentant par exemple notre aisance à l'oral, l'autre notre sens de la famille et notre discrétion, notre sens de l'observation, un autre encore notre capacité à diriger, etc.

Donc, premièrement, les animaux totems vous donnent force et autonomie, énergie, motivation, imagination positive et capacité à réaliser vos rêves, à aller de l'avant, et bien d'autres choses encore. Rien que cela est énorme. Surtout à notre époque, sous la dictature mondiale qui ne veut que des moutons bien dociles et déprimés, à transformer en esclaves lobotomisés. Pour vous donner une idée de la force qu'apporte la connaissance de ces totems, sachez que dans les soins chamaniques, on propose souvent aux drogués ou aux personnes ayant subi de graves traumatismes de rencontrer leurs animaux totems. Car rien que cela amène dans la majorité des cas un changement important. Il y a un avant et un après. Avant, rien de concret n'avançait, on faisait un pas en avant et deux en arrière. Après, les choses peuvent enfin évoluer, pas en une seconde, peut-être pas sans difficulté, d'accord, mais elles évoluent.

Comment ? En faisant quoi ? Rien, ou presque. Il vous suffit de connaître vos totems et de leur parler régulièrement de les garder dans votre cœur. Dans les moments difficiles, demandez-leur de vous aider. Quand vous réalisez une œuvre artistique, demandez-leur de vous inspirer. Quand vous devez rencontrer quelqu'un, demandez à vos totems d'aller parler aux totems de ce quelqu'un. Même si lui n'y connaît rien et ne croit en rien, il a des totems et des guides. Cette petite rencontre à un autre niveau permettra de mettre les deux partis dans les meilleures dispositions possible, que ce soit pour un rendez-vous médical, un entretien d'embauche… Vous pouvez appeler vos totems partout, tout le temps, pour n'importe quoi. Pas de tabou. Pas de limite : les seules limites seront celles de votre imagination. Même si vous ne les voyez pas, ils sont à vos côtés, de votre naissance (peut-être même avant) jusqu'à votre mort. L'initiation permet simplement d'en prendre conscience, mais ils étaient déjà présents avant.

Deuxièmement, les animaux totems peuvent vous aider à gérer n'importe quel problème ou question, et pas seulement du point de vue de votre développement spirituel. Ce peut être dans vos relations affectives ou pour des sujets très concrets et matériels. Je vais vous raconter une anecdote en exemple : un jour, un homme vient sonner à ma porte, avec le plan du cadastre dans les mains, et me montre ses parcelles de terrain qui jouxtent une des miennes. Visiblement en quête d'agrandissement de ses terres, il me demande si je ne serais pas vendeuse. Non, à priori, je n'étais pas vendeuse. Je n'avais jamais pensé à céder ces terrains que l'on se transmet depuis plusieurs générations. Je dis à ce monsieur que je vais réfléchir et que je le rappellerai si je suis d'accord. S'il n'a pas de nouvelles rapidement, c'est que c'est non. Car il se trouve qu'à ce moment, j'avais des difficultés financières. Je me suis donc demandé si ce n'était pas un heureux « hasard » qui m'emmenait cet homme avec une solution possible à laquelle je n'avais pas pensé auparavant. Dès que j'ai eu un moment, je suis partie en voyage chamanique. Car dès qu'on a été initié et qu'on connaît au moins un de ses totems, on peut refaire le voyage vers le Monde d'En-Bas, autant de fois qu'on veut (je dirais même que c'est le but !). Seul, chez soi, allongé sur son lit, par exemple, en silence (il n'y a pas forcément besoin d'un tambour, mais certains se mettent des fonds musicaux à base de tambour trouvés sur le net). Donc, je vais dans le monde d'En-Bas, j'expose le problème à l'un de mes animaux, ce qui est bien c'est que s'ils n'ont pas la réponse eux-mêmes, ils vous amènent à la trouver. Mon ami tutélaire me dit de le suivre, nous rentrons dans une forêt. Je me trouve devant une femme vêtue de blanc, au milieu d'une forêt de bouleaux. J'expose mes questionnements à la dame qui me dit que, non, je n'ai pas besoin de vendre mes terrains si je ne veux pas. La venue de cet homme n'est pas « un signe » (comme quoi, vous noterez au passage que tout n'est pas un signe dans notre quotidien ; parfois, les choses arrivent juste parce qu'elles arrivent, il n'y a rien à en comprendre). Elle me décrit ensuite quelques événements qui vont m'arriver prochainement, et dont j'ignorais tout jusqu'alors, et qui vont d'après elle me rapporter assez d'argent. Je remercie tout le monde et reviens dans la réalité ordinaire. Tout s'est déroulé comme la femme-esprit l'avait dit et je n'ai pas eu besoin de vendre mes terrains.

Voilà ce que vous allez faire avec vos totems ! Vous allez régulièrement effectuer des voyages chamaniques et c'est ainsi que vous progresserez dans votre vie, à tout niveau. Il vous suffit de vous allonger, de fermer les yeux, de descendre dans le monde d'En-Bas (quand on connaît ses totems, bien souvent ils viennent nous chercher avant la descente et ce sont eux qui nous amènent dans l'En-Bas). Et vous rencontrerez encore d'autres totems supplémentaires au cours de votre vie. Le nombre d'animaux tutélaires que nous pouvons avoir est très différent en fonction des individus. Certains n'en ont qu'un (mais c'est rare), deux ou trois. D'autres en possèdent vingt ou trente ! Il n'y a pas de règles. Mais si on en a beaucoup, il est vrai qu'il y en a un ou deux qui sortent du lot, en général. Un ou deux qui sont nos totems « principaux » et qu'on croise presque systématiquement. Les autres aident pour des sujets précis dont ils sont en quelque sorte des spécialistes. Et, à côté des animaux de pouvoir, il y a les végétaux totems, les minéraux totems, les esprits de la nature, des lieux et les esprits du Monde d'En-Haut qui, eux, correspondent en gros à ce que nous nommerions « anges » dans notre culture. Et d'autres créatures que vous rencontrerez au fur et à mesure. Certains croisent même des personnages de dessins animés qu'ils adoraient étant enfants ! Eh oui ! Ils font partie de vous, à un certain niveau.

Vos totems vous enseigneront tout ce qu'il y a à savoir, et en toute sécurité. Pourvu que vous demandiez toujours et n'imposiez jamais ! Ainsi, ne déboulez jamais dans le monde d'En-Bas en disant « allez, aujourd'hui je veux aller dans le monde d'En-Haut pour voir ce que c'est, toi tu m'accompagnes ! ». Non ! Surtout pas ! Déjà, saluez vos animaux et amis divers, c'est la moindre des choses, pour votre propre respect et le respect de la Vie et de l'univers. Ensuite, expliquez que vous êtes curieux au sujet du monde d'En-Haut depuis que vous avez lu ça dans un livre et que vous aimeriez en savoir plus. Demandez quel animal ou esprit allié peut vous aider, ou vous emmener carrément là-bas… Le chaman n'est pas celui qui sait et qui fait. Il est celui qui sert simplement d'intermédiaire entre les réalités ordinaires et non-ordinaire, qui apprend sans cesse, qui cherche. Bien sûr, lu comme ça, tout ceci peut paraître évident. Vous êtes en train de vous dire que jamais vous ne serez irrespectueux envers vos totems, mais sans pousser jusqu'à la caricature ci-dessus, vous verrez que bien involontairement beaucoup de gens ont tendance au début à décider certaines choses par eux-mêmes et à « l'imposer » aux esprits. Cela peut être dur de demander conseil à chaque étape, de se laisser totalement guider, etc. Heureusement, vos amis sont intelligents ! Ils vous mettront immédiatement en garde, par exemple, s'ils vous voient prendre une direction qui vous amènerait sur un plan où vous n'êtes pas préparé à aller. Mais si la faute n'est pas bien grave, ils pourraient aussi vous laisser faire votre bêtise jusqu'au bout pour que vous vous rendiez compte par vous-même de votre erreur…

Donc, si vous souhaitez progresser sur le chemin du chamanisme, il va falloir vous entraîner aux voyages chamaniques. Là encore, il n'y a pas de règles : certains décident d'en faire un par jour. D'autres se donnent l'objectif d'en faire un par semaine, parfois plus s'ils ont le temps, mais ce n'est pas obligé. Ils se motivent seulement au « un par semaine minimum » (je fais partie de ceux-là ; sachant que je communique aussi beaucoup avec l'En-Bas et d'autres plans pendant mes rêves, cela fait un bon rendement à la semaine…). D'autres commencent par des voyages très rapprochés au début puis évoluent en « un par semaine » ou « un tous les 15 jours », etc. à chacun de voir. Le tout c'est de s'y mettre. Vous réglerez vos problèmes, vous évoluerez, vous comprendrez des tas de choses sur tous les sujets auxquels vous vous intéresserez. Parfois, vous ferez votre voyage chamanique avec un objectif bien précis, une question en tête. Parfois, vous descendrez juste avec l'intention de vous ressourcer auprès de vos amis, mais c'est là que les esprits vous diront qu'il est temps que vous travailliez sur tel ou tel point ou que vous vous rendiez à tel endroit. Vous passerez par toutes les émotions possibles, mais je peux vous assurer qu'il y aura beaucoup de rire et d'amour. En tous cas, si vous n'en avez pas encore, vous apprendrez à avoir de l'humour sur vous-même !

Comme on dit en chamanisme, « les esprits t'enseigneront ».

Ils enseigneront tout ce que vous avez à savoir et c'est en arpentant votre propre voie que vous verrez pour quoi vous êtes fait, ce vers quoi vous pouvez aller et ce qui ne vous correspond pas, ou bien, est hors de votre portée. Vous ne déciderez pas, par ego, de faire des soins énergétiques aux gens, de travailler avec les morts, d'harmoniser des habitats, ou de travailler à la guérison de la terre, de l'eau ou de je ne sais quoi. Non, vous verrez pour quoi vous êtes vraiment fait et ce qu'on vous permet de faire. Maintenant, si vous voulez forcer, vous lancer dans quelque chose qui n'est pas pour vous, allez-y. Vous ne viendrez pas vous plaindre si ça ne marche pas ! Voilà pourquoi il fallait que je vous parle des animaux totems pour vous parler du chamanisme : parce que TOUT le reste découle d'eux et de vos autres alliés.

Si vous avez du mal avec les voyages chamaniques, que vous recevez des informations préférentiellement par la voie du rêve, vous pourriez lire avec profit mon ouvrage *L'interprétation des rêves, le monde archétypal*, aux éditions Bussière. Car parfois les choses sont dites clairement, et d'autres fois, de manière plus symbolique, donc nécessitant une interprétation.

qui veillent sur vous personnellement et qui vous correspondent personnellement, il y en a qui représentent et veillent sur des groupes plus ou moins étendus. Il y a également des esprits qui veillent sur les lieux, et d'autres qui veillent sur des portions plus ou moins larges du temps. Il est donc vrai qu'en fonction de votre date de naissance, vous êtes né « au moment du loup », ou « de la tortue », ou de n'importe quel animal. Mais ce n'est pas votre totem personnel, c'est le totem de la période de votre naissance. Ce n'est pas la même chose. Bien sûr, il y a des cas où la personne peut être née au moment du loup et avoir aussi en totem un loup. Mais ce n'est qu'un heureux hasard.

Et tout cela n'empêche pas de travailler quand même avec l'animal qui gardait le temps à votre naissance. De toute façon, en dehors de vos totems, vous serez amené à rencontrer au cours de vos voyages de nombreux esprits (animaux ou autres). Et, si ce ne sont pas ces esprits qui viennent à vous, vous pouvez demander à les rencontrer.

Je prends un exemple au hasard : vous n'avez, à votre connaissance, aucun chat dans vos animaux totems, dommage, car vous avez le vertige. Et justement, vous aimeriez en guérir ! Vous vous dites que l'esprit du chat pourrait vous aider. Rien ne vous empêche de faire un voyage chamanique, de demander la permission de rencontrer le totem du chat, même si vous savez que ce n'est pas votre totem personnel, et de questionner ensuite le chat pour voir s'il accepte de vous aider. Ou s'il vous indique un autre animal qui vous sera d'une plus grande aide que lui (par exemple un oiseau), etc.

Quand un animal, en chair et en os (dans la réalité ordinaire), est malade ou mourant, on peut aussi appeler l'esprit de son espèce à l'aide. Par exemple, demandez la protection et la guidance de l'esprit du chat pour votre propre chat. Il n'y a pas forcément besoin d'un rituel compliqué pour cela. Il suffit de se mettre au calme, en état légèrement méditatif ou en état de « prière » pour certains. Et de demander à ce que le totem du chat vienne dans votre maison pour votre animal. Puis, vous restez à l'écoute, toujours calme, pendant une minute (ou plus si vous voulez), et vous sentez s'il semble se passer quelque chose dans la pièce. Si l'atmosphère change, etc. Puis vous pouvez dire tout ce que vous voulez, respectueusement, à l'esprit du chat, et vous le remerciez d'être venu. Vous lui demandez de veiller régulièrement sur votre animal puis vous lui dites au revoir. Vous pouvez aussi faire ces demandes lors d'un voyage chamanique. Il n'y a pas de mode opératoire unique. Vous pouvez allumer une bougie ou pas, vous mettre au milieu d'un cercle de cristaux ou pas, battre du tambour ou pas… Beaucoup de chamans rappellent simplement de sauger l'espace avant de commencer, pour éviter de « mauvaises interférences ». Non pas que les chamans croient en un « Bien » contre un « Mal » comme les gens issus des religions monothéistes. Comme nous le verrons dans la suite de cet ouvrage, ce n'est pas du tout ainsi que nous voyons les choses, mais il est vrai que, même sans alimenter ces histoires de Bien et Mal, certains lieux ont besoin d'être « posés » avant qu'on commence ne serait-ce qu'un voyage chamanique. Nous en reparlerons notamment au chapitre traitant des lieux.

Au secours ! J'ai peur de mon totem !

C'est un cas rare, mais qui peut arriver : vous avez peur des araignées, et voilà que l'un de vos totems est une araignée. Vous faites parfois des cauchemars avec des loups, et voici qu'un loup vous dit qu'il est votre totem et qu'il vous attendait depuis longtemps :

ça fait psychopathe, hein ? Bon, allez, j'arrête de vous torturer psychologiquement.

Plus sérieusement : j'ignore complètement ce genre de situation se produit. Il n'y a pas d'explication unique, valable pour tous les gens concernés. C'est à vous, si cela vous est arrivé, de vous pencher sur les causes de votre phobie et d'en guérir. Si vous ne voulez pas faire appel à des techniques comme l'hypnose ou l'harmonisation globale par exemple, vous pouvez travailler en chamanisme par vous-même. Lors des voyages chamaniques que vous ferez chez vous, tranquillement, essayez de demander à l'animal dont vous avez peur la cause et le remède à cette phobie. Si vous ne supportez pas de le voir, expliquez-lui avant de descendre que vous ne pouvez pas le croiser pour l'instant, mais que vous allez demander de l'aide à vos autres animaux totems pour que la situation s'arrange. Soyez créatif, trouvez une solution, demandez de l'aide... Vous n'êtes jamais seul et vous ne rencontrerez en termes de limites que les limites de votre propre imagination.

On peut tout de même affirmer que la phobie d'un animal n'est pas nécessairement en rapport avec ce qu'il représente dans le chamanisme. Exemple : si vous avez peur des loups, cela ne signifie pas forcément que vous avez un problème conscient ou inconscient avec ce que peut représenter le loup pour les chamans (l'esprit de groupe, le pistage, la famille, le clan, la sociabilité, mais aussi les limites territoriales, et bien d'autres choses encore). C'est peut-être simplement une peur dont on vous a imprégné par des histoires comme *Le Petit Chaperon Rouge*. Pas la peine de vous lancer dans 10 ans de psychanalyse pour chercher à régler des conflits familiaux inconscients que vous n'avez pas !

En dehors de ces phobies, il arrive parfois qu'un animal totem vous fasse peur sans le vouloir. C'est juste que c'est vous qui n'avez pas compris le pourquoi de son comportement. Par exemple, un loup s'avance en courant vers vous, et semble vouloir vous attaquer, alors que vous n'avez pas peur des loups, au contraire, vous les admirez. Vous avez tellement la frousse que cela vous fait revenir instantanément à vous, dans la réalité ordinaire. Si cela vous est arrivé, repartez en voyage chamanique en appelant un autre de vos totems et en demandant comment faire la paix avec le loup qui vous a effrayé. Engagez le dialogue avec lui et comprenez ce qu'il voulait vous montrer ou vous apporter.

Il faut savoir que certains processus initiatiques peuvent paraître barbares si l'on ne garde pas à l'esprit que tout ceci se passe sur un plan subtil et qu'en « réalité » nous sommes bien au chaud sur notre lit. Par exemple, beaucoup de chamans vivent à un moment dans leur vie l'expérience dite du « démembrement ». Ce n'est pas obligé, mais la majorité y est confrontée. Toutes les cultures qui ont connu le chamanisme à travers le monde, sur tous les continents, ont été confrontées à cette question du démembrement du chaman. En gros, un animal totem ou un groupe d'esprits « spécialisés » dans cette tâche, dévorent le chaman lors d'un voyage chamanique, ou lui retire un à un tous ses organes, tissus et os. Cela peut prendre différentes formes. Mais si vous ne savez pas que cela existe, il est clair que vous vivez un cauchemar quand le loup vous fonce dessus ou quand le crocodile vous a déjà emporté la moitié de la jambe ! Je vous rassure, tout finit par rentrer dans l'ordre : après avoir été dévoré, vous vous retrouvez sain et sauf et entier en une fraction de seconde, vous vous demandez ce qui s'est passé et si vous n'avez pas « rêvé ». Ou alors, après qu'on vous ait retiré tous vos organes, on vous en remet des neuf et vous vous retrouvez intact, dans une forme olympique. En fait, ces rituels arrivent quand il est temps de signifier au pratiquant qu'il/elle a franchi une étape majeure dans son existence. D'où la symbolique d'être « refait à neuf » : vous n'êtes plus le même qu'avant, vous avez franchi un cap. L'ancien vous est mort, place au nouveau ! Mais quand on ne sait pas que cela existe et que ça nous tombe dessus au premier voyage chamanique, il est clair que ça peut être effrayant ! Pourtant, quand vous gardez à l'esprit que vous ne pouvez qu'être en sécurité avec vos totems, tout se passe bien, sans peur ni douleur. C'est ainsi que j'ai eu les entrailles dévorées par un de mes totems principaux le jour où l'on m'a initiée. Je ne savais pas à quoi cela rimait, mais comme j'avais appris à lâcher-prise et à tout voir de manière symbolique, je n'ai pas du tout eu peur. Je me suis dit que ça devait être un genre de soin et j'ai laissé faire. De toute façon, il émanait un tel amour et une telle bienveillance de mon animal tutélaire que je ne pouvais pas être inquiète. Je n'ai pas eu mal, je sentais qu'on me prenait mes organes, mais sans douleur, ni mal-être. C'est difficilement descriptible en fait. Puis, la seconde d'après, j'étais à nouveau entière comme si rien n'était arrivé. Seul le sang sur les babines de mon allié prouvait qu'il s'était passé quelque chose. Un de mes amis chaman s'est fait avaler entier, digéré, puis « rejeté par les voies naturelles », on va dire, par un dragon. Cela ne l'a pas dérangé non plus.

Donc, en conclusion : restez zen, tout va bien ! Vous êtes en sécurité.

Le cas du familier !

À l'opposé des animaux dont vous pourriez avoir peur, il y a le familier : un esprit tutélaire qui va s'incarner dans la réalité ordinaire, parmi nous, parmi « les vivants », les gens en chair et en os comme vous et moi. Un animal qui va vous accompagner une partie de votre vie. Ce peut être n'importe quelle espèce, mais il s'agit très souvent d'un chien ou d'un chat. Sans surprise, puisque ce sont les animaux de compagnie favoris des humains, actuellement.

Tous les pratiquants en chamanisme n'ont pas un animal familier. Et certains, c'est encore plus rare, en ont deux ou trois au cours de leur existence (parfois le même qu'au début, qui choisit de se réincarner plusieurs fois auprès de la même personne). Je sais que tous les maîtres croient que leur animal est le plus beau, le plus intelligent et le plus exceptionnel du monde. Donc, tous les lecteurs qui ont des animaux vont être persuadés que Félix ou Medor est leur familier. Attention, un familier est un animal qui sort vraiment de la norme, bien souvent par son comportement en général, mais encore plus par la force du lien qu'il a avec vous. Ne laissez pas votre ego entrer en ligne de compte en voulant avoir un animal incroyablement intelligent qui amusera la galerie quand vous recevrez du monde, mais qui n'aurait pas de lien spécialement plus fort avec vous que les autres animaux que vous avez eus jusqu'alors. Je le répète : le familier est exceptionnel par le lien qu'il a avec vous ! Et par ce qu'il apportera comme aide et soutien dans votre vie. On ne s'imagine pas vivre sans son familier et lorsqu'il s'en retourne vers l'Au-Delà à la fin de son incarnation, on a plus mal que pour n'importe lequel des autres animaux que l'on a perdus.

Le familier est un compagnon de route exceptionnel. Cela ne veut pas dire qu'il soit parfait. En tout cas, pas dans ce qu'un humain jugerait être la perfection. Même le meilleur chien familier du monde peut aimer se rouler dans les excréments au beau milieu des prés… Il ne s'agit pas de ce que nous, humains, trouverions parfait. Mais il l'est dans sa perfection animale !

Comment savoir si l'animal auquel vous pensez est bien votre familier ? Même réponse que toujours : demandez aux esprits ! Allez, hop, un voyage chamanique supplémentaire ! Laissez-moi vous conter comment je me suis rendu compte que ma chienne, que j'avais depuis huit ans à mes côtés, était mon familier. Déjà, je savais que les familiers existaient dans les mouvements de sorcellerie new age, type wicca et compagnie. Mais je ne raccrochais pas cela au chamanisme et je ne savais pas que les Amérindiens, par exemple, connaissaient vraiment l'existence des familiers, eux aussi, et jugeaient cela possible. Je note quand même que la première fois que j'ai aperçu ma chienne, au refuge où je travaillais à l'époque, mes premières paroles pour elle ont été « oh, mais t'es un p'tit ange toi ! Un p'tit ange tombé du ciel ! ». Avec ce sentiment qu'elle était là pour apporter beaucoup d'amour et de consolation au genre humain, mais sans plus. Je ne me doutais pas que j'allais repartir avec elle dans la voiture quatre heures plus tard ! Je vous passe les détails sur comment tout cela est arrivé. J'ai ensuite vécu huit années d'un amour unique avec ma Shiva avant de prendre réellement conscience de Qui Elle Était Vraiment. Je savais, et en même temps, je ne savais pas. Cela peut paraître idiot, mais c'est ainsi. Un jour, donc, je me rends à un rituel donné par un Amérindien sur les animaux totems. Je connaissais déjà les miens depuis belle lurette, mais j'étais curieuse de voir comment ce chaman allait procéder. En fait, il a saugé la pièce à la limite de déclencher un détecteur de fumée, et pendant une bonne heure, si ce n'est plus, il a alterné chants sacrés avec tambour et enseignement oral sur tout ce qu'on veut, mais pas seulement les animaux totems. Car ce qui l'intéressait, avant que nous rencontrions éventuellement nos totems, c'était que nous comprenions bien que ce ne sont pas des animaux de « pouvoir » dans le sens magique du terme. Ils ne sont pas là pour nous donner des pouvoirs exceptionnels. Ce chaman amérindien préférait appeler les totems des « helpers » (du verbe anglais « to help » qui signifie « aider » ; ce sont donc des aides dans notre vie). Il a beaucoup insisté sur le message qu'apportent les animaux quand ils viennent à nous, et sur le fait que nous devons nous poser la question « qu'est-ce que cet animal veut me dire, quel est son message ? ». C'est du développement personnel dans l'humilité, l'amour et la sagesse. Pas la recherche de capacités exceptionnelles qui nourrissent l'ego. Au final, ce chaman nous a renvoyé chez nous avec la consigne de demander, au moment de nous coucher, à nos totems de venir à nous dans nos rêves cette nuit-là. C'est ce que j'ai fait, me disant qu'un animal totem supplémentaire viendrait peut-être s'ajouter à ma liste, ou que j'en profiterais tout simplement pour passer de bons moments en compagnie de mes amis comme cela m'arrive régulièrement. Au final, j'ai reçu en rêve un enseignement qui n'avait rien à voir avec les totems, puis la scène a changé et je suis passée à un autre songe : je me trouvais dans la grande cour de notre ancienne maison familiale et tout à coup ma chienne a démarré comme si elle courait après une balle. Je la regarde, toujours admirative de sa vitesse de croisée lévrier, quand je réalise soudainement, mais sans peur, sans sursaut, qu'un esprit de forme humaine se tient à ma gauche. Il désigne ma chienne du doigt et me dit « et elle, ce n'est pas un helper peut-être ? ». Je me suis réveillée avec une grande joie, de la gratitude et de l'émerveillement au cœur. Et je me suis demandé comment je n'avais pas vraiment compris cela avant ! Le pire, c'est que je plaisantais souvent en désignant ma chienne comme l'un de mes totems devant les gens qui savaient ce qu'est le chamanisme. Je leur disais : « c'est le totem du whippet, c'est pour allier la détente sur canapé et l'énergie de faire des randonnées de trois heures chaque jour ».

Et comme l'univers voulait certainement s'assurer que la leçon m'était bien rentrée dans le crâne, quelques semaines plus tard un livre m'est tombé entre les mains : *Les animaux totems*, écrit par Aigle Bleu. Premier ouvrage de chamanisme que je rencontrais et qui expliquait l'existence des familiers, qui donnait des exemples.

Moralité : il existe bien des manières de s'initier aux animaux totems ! Et, cerise sur le gâteau, les familiers existent.

Pour aller plus loin

1) Sur les animaux en général, pour les comprendre vraiment, réaliser pleinement Qui Ils Sont, des livres comme :

- *Les manifestations métapsychiques des animaux* d'Ernest Bozzano.

- *Chats hors du commun* et *Chiens hors du commun* du Dr Joël Dehasse.

- *L'âme des animaux* de Jean Prieur.

- *Sauvons les animaux, arrêtons le massacre* de Marie-Christine Chevalier et Lilas Holvoet. Ce livre vous en apprendra autant sur les animaux que nous côtoyons en ce monde (comme les livres cités précédemment) que sur les totems ! Car, bien qu'il ne soit pas officiellement un livre qui parle de chamanisme, je peux vous assurer que c'en est un.

Que ces ouvrages vous fassent prendre conscience de ce qu'est le monde animal, de sa beauté, de sa magie, de son amour et de son infinie sagesse. En souhaitant que cela change votre regard sur les animaux de la réalité ordinaire, que vous deveniez sensible, si vous ne l'êtes pas déjà, aux maltraitances inimaginables qu'on leur fait subir. Quand l'humanité blesse les animaux, c'est littéralement elle-même qu'elle blesse. Ce n'est pas juste une expression.

2) Pour apprendre à communiquer directement avec nos amis les animaux, par « communication intuitive », comme on dit à notre époque, autrement dit par télépathie, d'esprit à esprit et de cœur à cœur : *Comment parler aux animaux et recevoir des réponses* d'Amelia Kinkade. Même si elle ne se dit pas chamane, grâce à son livre, vous saurez tout sur la manière dont les anciens chamans s'y prenaient pour parler aux animaux, et

plus largement, à la nature. Vous pourrez appliquer sa méthode non seulement aux animaux, mais aux végétaux ou aux esprits que vous croiserez dans la réalité ordinaire, comme dans la réalité non-ordinaire.

3) Sur les animaux totems :

- *Les cartes médecine* de Jamie Sams et David Carson. Un classique indémodable.

- *Chamanisme celtique, animaux de pouvoir sauvages et mythiques de nos terres* de Gilles Wurtz (un des rares à parler des animaux mythiques comme les dragons ou les licornes par exemple).

- *Les animaux totems* d'Aigle Bleu.

- *L'oracle du peuple animal* d'Arnaud Riou. Un des plus adaptés au langage et aux concepts psychologiques de notre époque.

- *Le langage secret des animaux* de Ted Andrews. Un des plus complets et intéressants sur le sujet.

- Les livres de Scott Alexander King si vous cherchez des renseignements sur des bestioles très exotiques comme les animaux australiens, par exemple (*Rêver de votre animal totem* et *World animal dreaming* ; le premier est en français, le second en anglais, pour l'instant).

- Un blog : gaiachamanisme.over-blog.com

- Une astuce si vous cherchez des informations sur des animaux comme le tigre, le dragon, le singe, etc. : intéressez-vous à ce qu'en dit l'astrologie chinoise ! C'est une voie à laquelle on ne pense jamais, pourtant elle est bien issue du chamanisme ! Si, par exemple, vous avez en totem le tigre, même si vous n'êtes pas né l'année du tigre selon le calendrier chinois ou tibétain, vous allez comprendre quels aides et traits de caractère cet animal vous apporte en lisant ce qu'en dit ce courant astrologique. Je n'ai pas d'ouvrage précis à vous conseiller sur ce sujet. Mais, pour compléter les ouvrages d'astrologie, si vous aimez les romans, vous pourriez apprécier *Zhang Zjung* d'Arnaud Gabriel, Romain Marty et Nicolas Félix. Un chapitre par animal de l'astrologie asiatique, dans un Tibet qui ne connaît pas encore le bouddhisme (donc lointaine époque où la seule « religion » de ce peuple était le chamanisme) et qui est pourtant déjà aux prises avec les tribus voisines qui deviendront plus tard la Chine.

Adaptation, intuition et confiance

Je n'enseigne pas forcément l'ancrage avant une initiation chamanique, car ce voyage chamanique de base est un exercice ludique, peu dangereux. Et ce qui est intéressant c'est que les gens qui ont réussi à voyager, à trouver au moins un animal totem et qui retournent régulièrement dans le monde d'En-Bas pour leur « développement personnel » seront, de toute façon, confrontés tôt ou tard à un enseignement de leur animal s'ils manquent d'ancrage. Les esprits leur signaleront qu'ils ont un problème et leur demanderont de le régler avant de franchir une certaine étape.

Si vous êtes amené un jour à transmettre l'initiation chamanique, faites-le à votre manière. Adaptez-vous. À vous-même comme aux gens qui vont être initiés. L'adaptation, la confiance envers les gens et envers les esprits, ainsi que la capacité à suivre son intuition sont des qualités qu'il vaut mieux posséder lorsque l'on veut transmettre le chamanisme à d'autres. Bien sûr, personne n'est parfait. Vous ferez forcément des erreurs de temps à autre. Et ce n'est pas grave. Détendez-vous. Riez !

Un exemple d'adaptation qui peut paraître insignifiant, mais qui ne l'est pas : il m'est arrivé de donner une initiation à des groupes dans lesquels des personnes âgées ont préféré s'installer dans des fauteuils plutôt que d'être allongées. Il s'agissait de leurs fauteuils, elles avaient l'habitude de s'y affaler et de s'y détendre complètement. C'est l'exemple bien connu du papi ou de la mamie qui s'endort dans son fauteuil devant la télévision. Certains de mes collègues du chemin chamanique auraient insisté pour que ces personnes s'allongent, comme les autres, car c'est ainsi que l'on parvient à une meilleure détente, c'est vrai, c'est pour cela que traditionnellement l'initiation se déroule en position allongée, mais j'ai choisi de faire confiance à ces gens qui se connaissaient bien eux-mêmes. Et tout s'est bien passé pour eux.

Un dernier exemple d'une adaptation plus importante : il m'est arrivé de donner l'initiation des esprits des lieux (landvaettir) ou de certains archétypes féminins à des gens qui n'avaient pas participé à l'initiation des animaux totems. Ce qui est pourtant un prérequis, normalement, mais ces personnes connaissaient quand même, au moins, un de leurs animaux totems par un autre biais que l'initiation (rêve, etc.) et elles avaient une bonne expérience de la méditation ou de pratiques proches. Là encore, tout s'est bien passé, et elles sont revenues plus tard pour participer en bonne et due forme à la session sur les animaux tutélaires.

En revanche, avant d'enseigner des pratiques plus « avancées » comme le recouvrement d'âme (dont nous parlerons plus loin), là oui, on s'assure que les gens qui veulent apprendre sont bien ancrés, équilibrés psychologiquement, etc., et qu'ils ont développé un lien fort et sûr avec leurs totems. De toute façon, ces pratiques qui demandent de l'expérience ne sont accessibles qu'à ceux auxquels les esprits ont signifié que c'est leur voie, qu'ils ont la permission. On n'apprend pas le recouvrement d'âme juste parce qu'on trouve cela « cool ». Et il n'y a pas forcément besoin d'un enseignant humain, de la réalité ordinaire, pour apprendre. Si le pratiquant en chamanisme a développé un bon lien et une communication efficace avec la réalité non-ordinaire, les esprits lui enseigneront ce qu'il faut.

Pour la petite histoire, c'est d'ailleurs la phrase passe-partout des enseignants du chamanisme : dès qu'ils ne peuvent ou ne veulent pas fournir une réponse à la question d'un élève (par exemple parce qu'ils ne la connaissent pas ou qu'ils ne peuvent l'expliquer en termes clairs à leur élève qui n'a pas le niveau requis pour comprendre), ils lui disent « les esprits t'enseigneront » ! Au point qu'au fil du temps cette expression est presque devenue une blague entre pratiquants de la voie chamanique. « Je n'arrive vraiment pas à réparer mon ordinateur ». Réponse : « les esprits t'enseigneront ! ».

Blagues mises à part, il est vrai qu'au final ce sont les esprits qui nous enseignent.

LEÇON 3

Les végétaux totems

Communication dans la réalité ordinaire

Il n'y a pas que les animaux qui sont nos alliés. Des arbres et plantes divers veillent également sur nous. Mais, pour la plupart des gens, rencontrer son ou ses végétaux totems est plus difficile que de rencontrer ses amis animaux, ou ses guides à forme humaine (qui se présenteront spontanément au fil de vos rêves ou voyages chamaniques, si vous n'allez pas à leur recherche volontairement).

Je pense que cette difficulté vient du fait que nous connaissons moins les végétaux que les animaux dans la réalité ordinaire. Nous avons du mal à les considérer pleinement comme des êtres vivants. Ils semblent avoir une vie tellement différente de la nôtre… C'est pourquoi, avant de parler des végétaux totems qui sont les grands oubliés de la majorité des livres sur le chamanisme, je vous propose de prendre contact avec au moins un membre du règne végétal autour de vous, dans la réalité ordinaire, à l'état de veille, près de chez vous.

1. Choisissez celui que vous voulez, qui vous inspire ou vous attire, même si vous ne savez pas pourquoi. Prenez la première idée ou la première envie qui vous vient. Il peut s'agir d'un arbre dans une forêt, comme d'une plante en pot dans votre habitation. Simplement, vous allez vraiment devoir vous rendre physiquement à ses côtés. Et vous irez en étant ancré et centré, en ayant pratiqué l'exercice décrit au chapitre « sur la Terre comme au Ciel ».

2. Allez à sa rencontre et approchez-vous doucement de lui. Vraiment très doucement. Mettez les paumes de vos mains dans sa direction, alors que vous êtes encore à plusieurs mètres de distance, saluez l'individu végétal

choisi, dans votre tête ou à voix haute, c'est comme vous voulez. Peut-être recevrez-vous une réponse, sous une forme ou une autre. Si vous ne la percevez pas du premier coup, ce n'est pas grave. Vous n'en êtes qu'à vos débuts ! Soyez simplement attentif à votre ressenti, aux sensations de votre corps.

3 Vous allez maintenant continuer à avancer vers l'individu végétal. Vraiment très lentement. Vous allez traverser différentes zones dans son enveloppe énergétique qui déborde de plusieurs mètres autour de son corps physique (de son tronc, de ses racines et branches, si vous préférez). Vous êtes en fait déjà dans son « aura » comme on dit, dans son champ énergétique, même si vous n'y aviez peut-être pas pensé. C'est pareil lorsqu'on s'approche des humains et des animaux, nous rentrons, mine de rien, dans leur espace sacré et privé, dans une partie de leur être. Revenons à notre arbre ou plante : à force de faire cet exercice, vous allez remarquer que pour tous les individus végétaux avec lesquels vous jouerez, il se passera la même chose, à savoir que par moment vous aurez l'impression de passer un genre de frontière. Les végétaux ont eux aussi différentes couches dans leur aura et on sent quand on passe de l'une à l'autre. Quand vous sentez que « quelque chose se modifie » dans vos sensations, dans l'air, c'est que vous arrivez au contact d'une limite entre deux couches, ou que vous venez de la franchir. Par respect pour l'individu avec lequel vous êtes en train de faire connaissance, je vous invite à vous arrêter. Marquez une pause, ne faites rien. Restez là, attentif au moment présent, relié au ciel et à la terre comme vous savez maintenant si bien le faire. Au bout d'un temps plus ou moins long (cela ne va pas durer des dizaines de minutes, je vous rassure), vous allez sentir que vos sensations se

modifient, ce qui vous faisait penser tout à l'heure que vous étiez proche d'une limite entre deux couches se modifie à présent. Sans que vous ayez fait quelque chose ! J'insiste sur ce point, car vous verrez qu'il aura une importance immense quand nous parlerons de certaines tâches qu'accomplissent les chamans, comme les soins énergétiques sur les humains et les animaux, par exemple. Vous n'avez RIEN fait à part être « en état de présence » comme j'appelle cela. Vous avez attendu une réponse et elle est venue d'elle-même. Le champ énergétique s'est modifié, ce qui veut dire que vous pouvez vous approcher davantage maintenant. Ainsi, progressivement, vous irez jusqu'à toucher l'individu végétal.

Et si rien ne se modifie ? C'est que le végétal ne vous laisse pas approcher plus. C'est son droit. Vous êtes à une distance suffisante d'après lui. Restez donc là où vous êtes pour poursuivre l'exercice comme expliqué au paragraphe suivant.

4 Si vous êtes parvenu à le toucher, reculez maintenant d'un pas et gardez bien les paumes de vos mains tournées vers lui. Mettez-vous à une distance où vous avez l'impression de sentir une partie de son aura, de son énergie. C'est comme si vos mains venaient se poser contre quelque chose de subtil, certes, mais de bien présent pourtant. Certaines personnes décrivent un genre de pression contre leurs mains, certaines perçoivent un changement de température (peu importe que ce soit en plus chaud ou en plus froid), des picotements ou bien d'autres choses encore. Chacun son code, personne n'a raison ou tort. Chacun a sa perception, c'est tout. Vous allez à présent demander à l'individu végétal s'il accepte de dialoguer un peu

avec vous. Si la réponse est oui, vous allez sentir vos mains être repoussées en arrière (peut-être même tout votre corps avec), car le champ énergétique de l'arbre prend du volume, il s'expanse pour vous dire « oui ». On pourrait dire qu'il est content de vous voir, alors, il se jette dans vos bras, vient à votre rencontre. Si, au contraire, le végétal n'est pas dans un bon jour (la réponse est « non ») et a envie qu'on le laisse tranquille, il va rétracter son aura, comme s'il se repliait sur lui-même, voulait partir loin de vous. Vous sentirez alors vos mains perdre le contact qu'elles avaient avec l'aura. Cette dernière rapetisse, la frontière se rapproche de l'arbre ou de la plante. Le contact s'éloigne de vous.

Grâce à ce code simple, tout le monde peut communiquer avec un arbre ! Même ceux qui ne sont pas intéressés par le chamanisme ou qui n'ont pas encore été initiés. Absolument tout le monde peut le faire. Simplement, certains auront besoin de plus d'entraînement que d'autres.

Ce n'est pas un dialogue très élaboré, mais grâce à ces « oui » et « non », vous pouvez engager la conversation sur ce que vous voulez. Posez toutes les questions que vous souhaitez à votre nouvel ami ! Il suffit de formuler les questions de manière à ce que la réponse ne puisse être que « oui » ou « non ». Vous pourrez faire le même jeu avec des minéraux ou des objets comme les tambours chamaniques... Ne partez pas comme un voleur quand c'est fini : dites « merci » et « au revoir ».

Évidemment, ceux qui manient des techniques comme les baguettes ou le pendule peuvent s'en servir. Mais tout le monde ne sait pas faire cela. Et, par ailleurs, les gens ont besoin d'être ramenés à leurs sensations et à leur propre pouvoir. De toute urgence. C'est pourquoi j'affectionne particulièrement les exercices comme celui décrit ci-dessus.

Comprendre, accepter l'évidence, s'émerveiller

Avant d'aller à la rencontre de vos végétaux totems et en complément de l'exercice que vous venez de faire, je vous suggère encore quelques petits « devoirs ». Vous pouvez les faire tous ou n'en sélectionner qu'une partie, c'est comme vous voulez. Vous pouvez même ne rien faire de tout cela.

Lire ces deux ouvrages : *La Vie secrète des arbres* de Peter Wohlleben (la version intégrale et illustrée, des éditions Les Arènes, vaut le détour) et *La Vie secrète des plantes* de Tompkins et Bird (enfin réédité depuis début 2018, justement grâce à l'engouement créé par le livre de Wohlleben). Si vous vous prenez au jeu, vous aimerez peut-être compléter par un roman : l'excellent, *Le Journal intime d'un arbre* du célèbre Didier Van Cauwelaert.

Regardez sur YouTube une vidéo intitulée « Les arbres parlent entre eux », sur une chaîne qui s'appelle « Le Tatou », elle ne dure que 11 minutes, vous allez bien pouvoir caser cela dans votre emploi du temps !

Vous ne verrez plus JAMAIS les végétaux comme avant ! Et vous aurez accéléré votre rythme de marche sur le chemin du chamanisme grâce à d'énormes prises de conscience. Vous aurez soulevé certains voiles de l'ignorance, abandonné des conditionnements et croyances imposés par notre société, par votre famille, etc. Ces livres et vidéos sont une initiation en eux-mêmes.

Toujours plus de totems

Avant d'aller plus loin, je dois vous informer que tous les pratiquants du chamanisme ne connaissent pas forcément leurs végétaux ou minéraux totems. Il n'y a pas d'obligation. S'il faut vraiment que vous en connaissiez un, il saura bien trouver un sentier pour venir jusqu'à vous. Il n'y a aucune obligation à « collectionner les totems » juste pour en avoir toujours plus ou savoir à tout prix tout ce qu'on peut avoir comme allié. Mais, d'un autre côté, si vous vous prenez au jeu du voyage chamanique, il devient vite une passion ! C'est un outil de détente et de connaissance de soi qui plaît énormément aux grands enfants que nous sommes tous. Alors, rien ne vous empêche de tester maintenant une variante de ce jeu, pour découvrir ou redécouvrir vos amis végétaux.

Il y a quand même une difficulté : tout le monde sait ce qu'est un loup, mais tout le monde ne sait pas ce qu'est un érable sycomore. Ou, en tout cas, tout le monde ne saurait pas le reconnaître. Donc, pour vous initier aux végétaux totems lors d'un voyage chamanique (que vous pouvez très bien faire seul chez vous, sans aucune aide), il y a plusieurs possibilités :

1) Apprendre à distinguer un maximum de végétaux (surtout ceux de votre environnement, pas des bois exotiques ; ce sera suffisant dans un premier temps), avant d'effectuer le voyage. Ce peut être grâce à des livres, des documentaires, des stages qui apprennent à reconnaître plantes médicinales et arbres (survivalisme, médecines naturelles…), etc. Sachez au moins distinguer les principaux membres de nos forêts. Par exemple : bouleau, charme, hêtre, frêne, châtaignier, chêne, saule, aulne, orme, platane, sapin, épicéa, pin, douglas, mélèze, noisetier, fougère, aubépine, ronces, genêt, orties, chèvrefeuille, tilleul, houx, érable sycomore… Ajoutez à cela des plantes connues comme la lavande, le thym,

les tulipes, les roses, les coquelicots, la sauge, le chanvre, la jonquille si vous habitez les Vosges et l'edelweiss si vous êtes dans les Alpes (visitez des jardins médiévaux où le nom des plantes est affiché)... Certains arbres se reconnaissent facilement au moment où ils portent leurs fruits : par exemple, un pommier qui porte des pommes est alors facilement identifiable par tout le monde, contrairement au reste de l'année. Vous remarquerez lors de votre voyage chamanique que les arbres fruitiers se présenteront le plus souvent à vous avec leurs fruits, pour être sûrs que vous les reconnaissiez. Donc pour eux c'est simple, pas besoin de vous encombrer la tête pour l'instant. Ensuite seulement, faites votre voyage chamanique pendant que vous êtes encore plongé dans cette ambiance.

2) Piocher dans un sac, à l'aveuglette, quelques morceaux de bois. C'est un peu l'équivalent de ceux qui tirent des cartes représentant des animaux totems pour connaître les leurs. Chaque morceau de bois que contiendra le sac devra être d'une essence différente, pas de double. Et, pour ne pas fausser la pioche, tous les bouts doivent être à peu près de la même forme et taille. Sur chaque bout, on écrit un numéro. Et ce numéro correspond au nom de l'arbre sur une feuille de papier à part. Le candidat à l'initiation pioche donc quelques morceaux (je vous en conseille cinq maximum pour ne pas vous surcharger, et aussi, parce qu'il n'est pas dit que vous ayez ne serait-ce que cinq végétaux totems, mais vous faites comme vous voulez), puis il va voir sur la feuille quelle essence il a piochée. Il regarde ensuite dans des livres ou sur internet à quoi ressemble le végétal entier lorsqu'il est vivant. Puis, il va à la rencontre des essences piochées, dans un voyage chamanique, pour leur demander si oui ou non elles sont ses essences tutélaires. La plupart du temps, la réponse sera oui, mais parfois, un arbre, par exemple, vous dira « moi non, mais c'est un de mes proches parents, tu dois chercher encore ». Ou alors, si vous n'avez que trois essences

totems parmi celles que contenait le sac, mais que vous avez pioché cinq bouts, le voyage vous permettra de savoir qui est votre totem et qui ne l'est pas, et si les deux autres essences piochées n'ont vraiment rien à voir avec vous ou pourraient expliquer leur présence dans votre pioche (amies occasionnelles ? Totems de votre famille ? De votre profession ? Etc.).

3) Vous préparer aux surprises ! Car certains végétaux se présenteront à vous en rêve, en voyage chamanique ou à l'état de veille par toutes sortes de coïncidences alors que vous ne savez même pas qui ils sont. Certains vous donneront d'ailleurs peut-être leur nom ou vous le feront découvrir par un genre d'énigme, alors que vous ne saviez même pas que ce nom existait ! Etc.

Et, bien entendu, des champignons se glisseront régulièrement dans toutes ces histoires, car ils adorent cela, les chenapans ! Même si la science ne les considère plus comme des végétaux, mais comme un règne à part.

Avec tout cela, vous avez de quoi jouer pendant des années !

L'ÉQUIVALENT DE L'ANIMAL FAMILIER : LES PLANTES ENTHÉOGÈNES

Ne substituez aucun conseil de cette partie à un avis médical. N'interrompez pas et ne modifiez pas de traitement médical sans l'avis d'un médecin. En cas d'apparition d'une réaction gênante, arrêtez immédiatement l'emploi du produit suspecté et consultez un médecin. Respectez la législation du pays dans lequel vous consommez les substances psychotropes. Ce sous-chapitre n'est en aucun cas une incitation à la consommation de drogues. Il se veut simplement informatif pour que, justement, les gens prennent toute la mesure de ce qu'est un psychotrope et des éventuels dangers encourus. Les recettes fournies ne le sont que dans un but de culture générale, de sauvegarde des connaissances ancestrales. De sauvegarde du patrimoine intellectuel, naturopathique et spirituel européen.

Vous vous souvenez sûrement qu'au chapitre des animaux, nous avons parlé du cas particulier du familier : un esprit tutélaire qui prend un corps bien « réel », bien physique, pour venir vous aider, vous soutenir, vous protéger, accomplir toutes sortes de tâches auprès de vous. Par sa simple présence, que vous en ayez conscience ou non, il a profondément modifié votre vie par rapport à ce qu'elle aurait été s'il ne s'était pas incarné. Ce qui ne veut pas dire que sans lui vous ne seriez pas arrivé là où vous êtes. Mais peut-être votre parcours aurait-il été plus long, ou plus douloureux, ou plus je ne sais quoi. La vie est assez compliquée ainsi. Une aide est la bienvenue !

De même, la nature (ou Dieu, ou l'Univers, ou le Grand Esprit, appelez Cela comme vous voudrez) a donné aux humains des alliés végétaux incarnés un peu particuliers : les plantes dites « enthéogènes », car elles provoquent l'expérience du divin (« theos » signifie « dieu », en grec). Quand je dis « plantes », c'est un raccourci. Car il peut parfois s'agir de champignons ou, plus rarement encore, de venins issus d'animaux.

Autant mettre tout de suite les points sur les i : tester des plantes n'a rien à voir avec de la « défonce », comme on dit de nos jours. Lorsqu'on approche les substances enthéogènes avec une approche chamanique et sacrée, l'hygiène de vie doit être saine, le corps et l'esprit forts, le cœur équilibré. On se penche sur les plantes une à une. Sans faire de mélange (sauf quand la substance à tester est en elle-même un mélange, comme dans le cas de l'ayahuasca par exemple). On laisse passer du temps entre chaque plante. Les chamans d'Amérique du Sud sont, à ce sujet, ceux qui ont un des protocoles les plus drastiques. Géraldine Correia le décrit dans son livre *Chamane, les enseignements d'une vie chamanique*. Le chamanisme, c'est vivre en harmonie avec son temps et son lieu. Par conséquent, il est clair et normal que tous les peuples ne fonctionnent pas de la même manière. Mais il faudra quoiqu'il arrive que vous ayez une bonne dose d'autodiscipline et de volonté. Ce n'est qu'au sein de ces frontières sûres et saines que vous progresserez avec joie, écoutant attentivement toutes les recommandations et mises en garde données par les esprits et qui vous éviteront de vous taper dans les murs !

Sachez qu'avec certaines substances psychotropes – contrairement au voyage, sans – il y a un risque de ne pas revenir ou de souffrir de divers dérangements mentaux après être revenu. Pour éviter les ennuis, il convient d'être initié par quelqu'un de compétent, qui vous surveillera, de ne pas être sous médicaments, de ne pas mélanger les substances (je le répète, car c'est important), de savoir doser, de voyager toujours avec au moins un totem ou allié… et d'avoir un maximum de bouts de sa propre âme (vous comprendrez cela dans le chapitre « les soins »). Si vous pensez souffrir d'un manque d'âme, faites effectuer un recouvrement par une personne sérieuse avant de vous promener en compagnie des plantes enthéogènes les plus dangereuses. Car oui, toutes les plantes ne se valent pas. Certaines sont de véritables poisons qu'il faut savoir doser (par exemple datura, belladone, jusquiame, venins issus de crapauds), tandis que d'autres ne vous tueraient pas même si vous tentiez volontairement l'overdose.

On peut résumer les consignes de sécurité et le rituel d'approche des substances enthéogènes ainsi :

— Il faut avoir une intention et se la répéter tous les jours au moins une fois par jour. Cette intention peut être tout simplement de savoir si la plante que vous allez tester est une alliée pour vous ou non, si vous n'avez pas d'autre idée, pas d'autre question à poser. Donc, répétez-vous votre intention au moins une fois par jour, tous les jours qui précèdent la prise. Le nombre de jours en question dépend des gens et des plantes. Plus ça risque d'être violent, plus il faut s'y prendre à l'avance. En général, on préconise une période d'au moins 3 jours (3 x 24 h) avant la prise pour se préparer.

— Pendant cette même durée, il faut purger son foie (ampoules de jus de radis noir à raison d'une par jour, ou jus de citron dans de l'eau chaude à boire chaque matin à jeun, etc. ; il existe des tas de techniques) et ne pas boire d'alcool. Ne pas consommer d'autres substances psychotropes, si ce n'est du tabac, à la rigueur, si vous ne pouvez pas arrêter de fumer pendant autant de temps, mais fumez le moins possible. Si vous prenez du chanvre (cannabis) dans un but médical et que vous ne pouvez pas arrêter, demandez aux esprits (ou faites demander par le chaman qui vous supervise) si vous pouvez ou non tester la substance dont vous avez envie, et à quelle dose. Le jour J, ne prenez pas de thé ni de café ni de guarana.

— Le jour J, une fois arrivé sur les lieux du rituel, répétez votre intention dans votre tête ou à voix haute. Demandez l'appui des quatre directions (en vous tournant vers l'est, le sud, l'ouest, le nord), de la Terre Mère et du Ciel Père. Le chaman qui vous supervise vous assistera bien sûr.

— Délimitez ensuite un cercle ou un carré assez large pour que vous puissiez y tenir allongé sans problèmes. On appelle cela un « spot ». Délimitez-le comme vous le voulez (par une corde, ou à la craie sur le sol…) en pensant bien à votre intention. C'est au milieu de cet espace que vous allez rester le temps de l'expérience.

— Vous ou le chaman superviseur saugerez le spot. Certains saugent avant de tracer l'espace. Les rituels ne sont pas figés.

— Installez-vous dans votre spot, prenez la substance à tester en respectant bien les modes d'emploi particuliers qu'il peut y avoir et que le chaman vous indiquera. Vous resterez dans le spot sans sortir jusqu'à la fin de l'expérience, sauf impératif pour aller aux toilettes. Le chaman veillera alors sur vous et vous saugera bien, ainsi que les lieux où vous passerez. Signalons quand même le cas de certaines substances où il est difficile, voire impossible, que la personne reste en place, la transe induisant alors forcément des déplacements. Il faudra quand même que le chaman et ses aides éventuelles arrivent à vous maintenir dans un espace bien défini par avance. Par exemple, mettez-vous d'accord pour que vous puissiez vadrouiller dans la maison et la propriété autour, mais pas au-delà. Et le chaman veillera à ce que vous ne finissiez donc pas sur la route en face ! Dans un tel cas, on prépare l'espace rituel en faisant le tour de la propriété, chaman et participant ensemble. Le participant se répète son intention et sauge (parfois c'est le chaman qui sauge, c'est au choix) tout en faisant le tour complet de la propriété. Le chaman appelle aussi les esprits gardiens des lieux, ses esprits totems et les esprits totems du participant à venir protéger l'espace. Il va sans dire que le chaman choisit toujours un lieu sain énergétiquement, qu'il s'assure de l'absence d'entités mal intentionnées et qu'il vérifie la sécurité (on ne fait pas ces rituels dans des lieux insalubres et dangereux).

— Évidemment, ce rituel peut évoluer en fonction des goûts et de la tradition spirituelle de chacun, mais ce que je viens de décrire est une bonne base.

— Les tests de substances enthéogènes sont interdits aux enfants et femmes enceintes, aux personnes souffrant de troubles mentaux sérieux, aux personnes sous traitement médical lourd, notamment sous antidépresseurs, anxiolytiques, somnifères et compagnie (médicaments qui déséquilibrent totalement le rapport conscient-inconscient et font se mélanger dangereusement les deux) ! Ainsi qu'aux personnes en insuffisance rénale ou hépatique grave. Il peut, bien sûr, y avoir des exceptions selon les personnes et les substances à tester, mais je ne rentrerai pas dans ces détails, car c'est alors à chacun de prendre ses responsabilités. Mais ma position est que l'on ne fait pas de voyages chamaniques sous enthéogènes dans ces cas cités. Surtout quand la substance est un poison ! Par ailleurs, je veux ici noter un point capital qui n'est jamais abordé dans les livres ni les reportages sur les voyages chamaniques sous enthéogènes, et, qui pourtant est bien d'actualité : les protocoles d'administration de ces substances ainsi que les doses nous viennent de la tradition orale, dont l'origine remonte à des centaines, voire des milliers d'années en arrière. Les gens qui prenaient ces doses par le passé étaient bien différents de nous. Déjà, ils étaient globalement en bien meilleure santé ! Même si l'on administrait aussi ses substances à des malades, globalement, les gens étaient beaucoup plus robustes que nous. Nous, pauvres chétifs pas du tout sportifs, vivants dans nos maisons surchauffées, ayant le système immunitaire fragile et déséquilibré (allergies de plus en plus fréquentes, intestins fragiles, etc.) par la malbouffe et les vaccins, et j'en passe ! Il arrive fréquemment qu'une substance enthéogène soit mal supportée par les gens qui pensent pourtant s'être bien préparés. Il arrive parfois que les doses soient trop fortes, alors que ce sont pourtant les doses préconisées depuis des siècles par les chamans. Je vous invite donc à être vigilant et à parler longuement avec le chaman qui vous initiera si vous choisissez de vous lancer dans l'aventure. Il faut que le chaman soit conscient de cela et prêt à s'adapter si vous sentez des effets bizarres trop désagréables dans votre corps. S'il vous dit « c'est comme ça, ce n'est pas autrement », tournez les talons !

Nous allons maintenant passer en revue rapidement quelques substances enthéogènes connues, mais la liste sera très loin d'être exhaustive, autant vous le dire tout de suite. On pourrait facilement consacrer un livre entier à ce sujet, si ce n'est deux. Beaucoup des substances dont nous allons parler sont interdites en France, je vous invite donc à respecter la loi et à faire vos expériences dans d'autres pays européens ou du monde. Beaucoup de plantes psychotropes sont légales dans des pays comme la Suisse ou la Belgique ou dans des villes comme Amsterdam. Vous pouvez également en tester au Canada, dans certains pays des États-Unis (pas tous, donc renseignez-vous bien) et en Amérique du Sud. Mais attention aux arnaques ! Le chamanisme n'est pas le monde des bisounours. Plus un phénomène devient à la mode (comme celui des voyages sous ayahuasca notamment), plus les dérives apparaissent. Des personnes mal intentionnées promettent des prises d'ayahuasca et abandonnent les touristes intéressés en pleine cambrousse après les avoir détroussés, ou leur font prendre autre chose que de l'ayahuasca… D'autres sont de vrais chamans, mais malhonnêtes, malgré tout : ils vampirisent énergétiquement les touristes qui tombent alors malades ou reviennent avec des troubles mentaux divers comme de fortes dépressions ou de la paranoïa. Le livre *Le Chamanisme, une enquête aux frontières de la transe* d'Audrey Mouge, présenté par Stéphane Alix, est l'un des rares que j'ai lu jusqu'à maintenant qui met en garde contre les dangers des plantes, même de l'ayahuasca, qui dévoile des arnaques (avec témoignages de gens à l'appui pour que vous appreniez à ne pas vous faire avoir) et qui explique qu'un voyage chamanique sous enthéogènes ne règle pas forcément tout, qu'il faut ensuite extraire les informations recueillies pendant la transe, interpréter, etc. Un voyage psychospirituel ne dispense pas d'un travail sur soi. Au contraire, ce n'est qu'un début ! Je vous recommande vivement la lecture de cet ouvrage avant de tenter l'aventure. Vous gagneriez également à lire *Chamane* de Géraldine Correia.

Nous allons nous intéresser en premier à la famille des Solanacées. En Amérique, les plantes psychotropes de cette famille sont principalement celles du genre datura (stramoine ou pomme épineuse), celles du genre brugmansia… et le fameux tabac dont il existe bien des variétés plus ou moins chargées en alcaloïdes. En Europe, cette famille inclut la belladone, la jusquiame et la mandragore, autant de plantes réputées pour avoir servi aux sorcières du Moyen-Âge, soit pour tuer, soit pour « se rendre au sabbat », autrement dit, pour effectuer des voyages psychospirituels. La jusquiame est réputée plus sûre d'emploi que la mandragore et la belladone, mais tout dépend, surtout du mode de préparation et des doses. Et du rapport de la plante à la personne qui la prend : déjà, il faut s'assurer dans l'idéal que la plante a été respectée et bien traitée durant sa culture, sa cueillette et sa transformation. Et la personne qui la prend doit la respecter également, sous peine d'expériences plutôt désagréables. Ensuite, même avec tout le respect et l'amour du monde, il faut savoir que certaines plantes ne correspondent pas à certaines personnes. C'est ainsi, c'est une histoire d'alliés et de totems. On ne peut se servir que des alliés qui nous correspondent. Et quand une plante enthéogène ne nous va pas, cela ne veut absolument pas dire qu'elle est mauvaise ou que c'est nous qui avons un problème. C'est juste qu'elle ne nous correspond pas et c'est tout.

Revenons à nos Solanacées. La jusquiame, donc, est réputée plus douce et plus sûre que ses amies européennes, ou que le datura. Mais d'un autre côté, la belladone donne plus de puissance, comme le datura décrit dans *L'Herbe du diable et la petite fumée* de Castaneda. Mais c'est une puissance sans cœur, sans sagesse, donc sans frein ni équilibre. Une puissance qui peut se muer en violence inutile. Comme le chaman nommé Juan dans le livre de Castaneda, je suis d'accord pour dire que notre époque n'a plus besoin de cette sorte de puissance. Pour vous donner une petite idée de la puissance des transes que peuvent induire ces Solanacées, sachez que la belladone et la jusquiame furent utilisées pour former les ulfednar, berserker et svinfylkingar, guerriers à la fureur sacrée chez les Germains et les peuples nordiques. Ces combattants d'élite issus respectivement des totems du loup, de l'ours et du sanglier accomplissaient des exploits physiques inimaginables après avoir été préparés par les chamans européens, mais ils étaient extrêmement dangereux tant qu'ils n'étaient pas sortis de leur transe. Rien ne pouvait les arrêter, l'usage répété des plantes enthéogènes leur conférant littéralement la force d'un ours !

Le chanvre (Cannabis ; famille des Cannabacées), en comparaison est une Plante de la Paix. Sûre et aux nombreux bienfaits. Rien à voir avec les effets des plantes citées ci-dessus. Le chanvre seul n'est pas dangereux et ne provoque pas de dépendance contrairement à ce qu'on veut nous faire croire. Le tabac auquel on le mêle, lui, si. Le shit (haschisch) que l'on trouve à notre époque est également très dangereux, car il ne s'agit pas de résine de cannabis pure. Elle est coupée avec des produits chimiques toxiques et qui, eux, rendent dépendants : notamment des antidépresseurs, de la javel et j'en passe. Je vous laisse imaginer les dégâts ! Si vous ne voulez pas vous « défoncer », vous détruire, mais au contraire vous soigner ou approcher la réalité non-ordinaire par le chemin des plantes sacrées, ne consommez que du chanvre pur (bio et non mêlé au tabac), dans un vaporisateur électronique (important : peu de gens le savent, mais le cannabis médicinal sans THC [une molécule] est légal en France depuis plusieurs années !). Cet équipement se vend en toute légalité sur internet. Vous trouverez des tas de modèles sur Amazon, magic-flight.com, vaponic.com et bien d'autres. Vous pourrez vous en servir pour vaper bien des plantes. Vapez de l'eucalyptus, quand vous avez une bronchite, par exemple ! Pour terminer sur le chanvre, je vous invite à regarder le documentaire « La Cannacée » sur la chaîne YouTube de Philippe J.M. Morel et/ou à lire *Cannabis médical, du chanvre indien aux cannabinoïdes de synthèse* de Michka. Sachez également que seules les variétés de chanvre contenant du THC ont un effet psychospirituel. En France, pour l'instant, seul le chanvre sans THC est légal et s'achète sur internet, dans des compléments alimentaires, ou dans des boutiques spécialisées.

Revenons encore une fois vers nos Solanacées. Une des manières les plus sûres de s'en servir consiste à en faire une pâte avec laquelle on se frotte les tempes. En Europe, la mandragore a été beaucoup utilisée comme cela, et c'est encore en vogue au Royaume-Uni dans les cercles chamaniques. On peut plus ou moins concentrer la décoction de départ, mais mieux vaut commencer léger. Pour le datura comme pour la mandragore, la jusquiame et la belladone, on fait sécher la racine puis on la coupe en petits morceaux. On en prend 15 g que l'on jette dans 500 ml d'eau en ébullition, puis on réduit le feu pour laisser bouillir seulement très légèrement pendant le temps qu'il faut pour qu'environ un quart à la moitié du liquide de départ se soit évaporé (autrement dit, qu'il ne reste plus que 250 à 350 ml environ de liquide dans la casserole). On fait cela dans une pièce bien aérée et on évite de passer la tête juste au-dessus de la casserole et de respirer les vapeurs ! On coupe le feu et on laisse infuser jusqu'à complet refroidissement. On filtre. On prépare par ailleurs un bain-marie : un petit saladier en verre assez épais dans une casserole contenant de l'eau sur le feu fera l'affaire. Dans le saladier sec et propre, on verse 100 ml d'huile d'olive ou d'un autre corps gras (certains chamans le font avec du saindoux ou du beurre, ou d'autres huiles végétales), 100 ml de la décoction obtenue et qu'on a laissé refroidir et filtré, et une cuillère à soupe de cire d'abeille en granulés. On fait fondre tout cela au bain-marie en remuant de temps en temps jusqu'à ce que la cire soit fondue et en ne respirant pas les vapeurs. Vers 65 °C environ, la cire fond. On arrête alors le feu et on retire le saladier du bain-marie. On fouette énergiquement pendant 5 minutes, ce qui fatigue, mais c'est très important pour la qualité de la préparation (si vous avez un fouet électrique, n'hésitez pas à vous en servir) ! La pâte devient épaisse pendant cette opération, car elle refroidit. Versez le tout dans un ou plusieurs récipients parfaitement lavés et essuyés au préalable et qui ont des couvercles également désinfectés et qui ferment bien. Attention, ce mélange ne se conservera pas plus d'un mois et au frigo. Quand on en a besoin, on sort la quantité voulue du frigo, on la laisse revenir à température ambiante, et on se masse les tempes avec (une petite noix sur chaque tempe, pas plus ; ne surtout pas en mettre sur le front ou la nuque !). Voilà le genre de préparations qu'utilisaient les sorcières pour « se rendre au sabbat », ce qui a donné lieu à des légendes racontant qu'elles s'enduisaient le corps d'un baume magique leur permettant de voler sur leur balai pour aller à leurs rassemblements ! C'est très souvent cité dans les rapports de procès pour sorcellerie. Les pauvres prêtres et évêques n'ont jamais compris qu'elles ne volaient pas réellement dans les airs !

Les Solanacées peuvent se cultiver légalement en France sans aucun problème puisqu'on utilise souvent les daturas et jusquiames pour fleurir les jardins et jardinières. Mais le commerce des préparations psychotropes que vous pourriez en tirer est interdit. Même la culture du tabac est autorisée en France — ce que peu de personnes savent — du moment que vous gardez vos pieds pour votre consommation personnelle. Tapez, « cultiver son tabac » sur YouTube et vous trouverez tout ce qu'il faut pour vous former ! En plus, vous aurez un tabac sans additifs, donc moins nocif pour la santé, et vous ferez un beau pied de nez à la dictature mondiale…

Sachez aussi, pour la petite histoire, que le tabac et le maïs sont parmi les plantes les plus utilisées pour des offrandes. On ne parle donc plus ici de leur consommation. On donne souvent l'une ou l'autre de ces plantes à la terre en échange de ce qu'on lui prend (par exemple après avoir cueilli n'importe quel végétal, on répand un peu de tabac au sol). On en répand également là où il s'est passé une belle chose, un beau rituel, où l'on a trouvé une offrande de la nature, etc.

Sachez que les Amérindiens du Nord, avec leur fameuse pipe sacrée, ne fumaient pas de tabac, mais de l'écorce de saule rouge (en fait du cornouiller sanguin), des feuilles de bouillon blanc (molène ; Verbascum thapsus), de la busserole ou d'autres plantes (selon les régions, le mélange pouvait évoluer). Le tabac ne poussait, à la base, qu'en Amérique du Sud. Il s'est ensuite répandu à cause des Européens qui l'y ont récupéré et ont perpétué l'habitude de le fumer jusqu'à des doses toxiques et mortelles, ce que ne faisaient pas les Indiens d'Amérique du Sud, et encore moins ceux du nord puisqu'ils ne le connaissaient pas ! Le tabac dans les pipes sacrées s'est alors répandu tout simplement, car il permettait une combustion plus facile du mélange de plantes traditionnel !

Toutes les variétés de tabac, comme vous le savez certainement, sont toxiques et provoquent une forte dépendance quand on les fume. Leur toxicité est évidemment accrue par les additifs qu'on ajoute à notre époque (goudron, métaux lourds, etc.), mais même sans cela on n'est pas censé en fumer autant que les fumeurs modernes le font. On n'est même pas censé en fumer du tout, en fait, car les Amérindiens se servaient à la base du jus de tabac frais ! Ce jus était absorbé par le nez, tête un peu penchée en arrière, grâce à un coquillage qui a un bout fin qu'on rentrait partiellement dans une narine. On induisait ainsi une transe avec une forte ouverture de l'esprit, des chakras supérieurs. Et on ne renouvelait pas l'expérience au point d'en devenir dépendant. L'usage était raisonné.

Il existait toutefois un usage du tabac séché, mais la plupart du temps ce n'était pas non plus en le fumant. On sélectionnait une variété de tabac riche en alcaloïdes et on en faisait du « rapé » : une poudre fine, à base de tabac principalement, mais pas seulement, que l'on mettait dans un genre de pipe très fine. Cela se fait encore de nos jours. On met une extrémité de la pipe dans une narine et à l'autre bout on met une pincée de poudre. Et le chaman souffle à l'extrémité où il y a la poudre, ce qui la propulse dans le nez de la personne, qui veut tester le rapé. Il faut garder la poudre dans le nez le plus longtemps possible pour qu'elle fasse effet. Au bout d'un moment, le nez se met à couler, on peut alors se moucher. Il est possible de répéter l'opération quelques fois de suite, pour augmenter l'effet. C'est sans danger s'il s'agit d'un vrai rapé et pas d'une contrefaçon. Pour l'anecdote, l'utilisation du rapé est montrée dans le film *La Forêt d'émeraude* (John Boorman, 1985). C'est un mélange sacré, nettoyant et guérisseur (il purifie l'aura et active le métabolisme de l'organisme pour qu'il élimine ses toxines), qui ouvre en même temps puissamment l'esprit.

Il faut que vous sachiez qu'il y a des substances enthéogènes qui font voyager, « triper » comme on dit de nos jours, et d'autres qui ne font rien voir de spécial, mais qui plongent dans un état second plus ou moins agréable, voire désagréable, et plus ou moins prononcé selon les personnes, et qui nettoient l'organisme pendant ce temps. Parmi ces plantes et substances nettoyeuses, se trouve le combo-bufo, qui est en fait le venin d'un crapaud d'Amérique du Sud (Bufo alvarius). Il est dangereux de s'en servir si l'on n'est pas sûr des gens qui nous assistent, car on peut réellement mourir si l'on fait n'importe quoi avec. Il existe également des substances qui rendent dépendant (comme l'opium dès la première prise ou le tabac, seulement si l'on répète les prises de manière trop rapprochées) et d'autres non (chanvre, ayahuasca…). Donc une substance enthéogène n'est pas forcément une « drogue », il ne faut pas faire d'amalgame ! Il y a aussi des plantes qui chassent les mauvais esprits des lieux et/ou purifient l'aura des êtres vivants, qu'elles soient ou non psychotropes. Dans ces cas, on ne les consomme pas, l'usage reste externe, en général en fumigation. Par exemple, la sauge et le cèdre, lorsqu'on les brûle (il ne s'agit pas de les fumer), sont équivalents dans leur capacité à nettoyer les lieux et les champs énergétiques (auras). Vous pouvez vous servir de l'un ou de l'autre. Se frictionner le corps avec un mélange d'eau et de jus de citron purifie bien notre énergie (cela marche également pour les animaux). Le tabac a le pouvoir d'aspirer la maladie. En tout cas sa partie « subtile ». Cela ne dispense pas de soins par médicaments pour traiter la partie « physique » (les microbes par exemple). Mais la base énergétique malsaine qui permet à la maladie de s'installer et empêche la personne atteinte de guérir, peut être neutralisée soit grâce à un piège à tabac (tabac enfermé dans un petit sac en matière naturelle comme du coton) que l'on place sur le corps au plus près possible de la zone malade puis qu'on emmène très loin dans la nature (près d'un arbre et on l'y laisse, la nature le recyclera), soit par la projection de fumée de tabac (le chaman fume et expire la fumée en direction de la zone malade). Cette dernière méthode se pratique dans un endroit bien aéré et la maladie est emportée au loin grâce au tabac, dans l'air. La nature recyclera tout cela également.

Parmi les substances enthéogènes au sens commun du terme (plus ou moins psychotropes et que l'on fait entrer dans le corps d'une manière ou d'une autre), on peut également citer pour terminer ce chapitre :

— Le galanga, une plante (rhizome) du genre gingembre ; si on la fume, c'est psychotrope.

— L'absinthe.

— Le laudanum (teinture d'opium ; attention, rend vite dépendant, c'est une drogue très dure, je vous la déconseille absolument !).

— L'amanite-tue-mouche. Ce champignon que tout le monde a déjà vu, rouge à points blancs, n'est pas mortel contrairement à ce qu'en dit la croyance populaire, mais c'est un puissant hallucinogène qui peut en prime mettre à mal votre système digestif. Les peuples de Sibérie, de l'Est de l'Inde et de la Scandinavie savaient néanmoins s'en servir.

— La très à la mode ayahuesca/ayahuasca, en fait mélange de deux plantes : la liane ayahuasca et la plante chakruna. L'usage en est montré, de manière romancée, dans le film *Blueberry* (Jan Kounen, 2004). On trouve de bons documentaires sur le sujet, gratuitement sur YouTube : « Voyages chamaniques (Envoyé spécial) » sur la chaîne Investigations et enquêtes, « Ayahuesca, d'autres mondes, documentaire Jan Kounen », « Ayahuesca, le serpent et moi »...

— La chair d'un poisson du Pacifique nommé Kyphosus fuscus.

— L'ergot du seigle, un champignon parasite de certaines céréales et grâce auquel on a synthétisé le LSD au vingtième siècle.

— La sauge divinatoire. Si vous vapez de la sauge officinale de nos pays européens, vous n'obtiendrez pas le même effet qu'avec la Salvia divinorum, évidemment. Néanmoins, fumer ou vaper une bonne bouffée de notre sauge vous fera un peu d'effet !

— Les champignons Psilocybe. Différentes variétés se consomment notamment en Hollande. Ce champignon contient de la DMT, la même molécule que celle du mélange ayahuesca. Néanmoins, les doses doivent être respectées, car le psilocybe à forte dose peut provoquer des troubles cardiaques pouvant entraîner la mort. Si les doses sont respectées, on ne craint rien.

— Le fameux peyotl, un cactus américain rendu célèbre en Europe principalement par le livre de Castaneda *L'Herbe du diable et la petite fumée*. Il y est dit que le chaman Juan « liait l'usage du *Datura inoxia* et du *Psilocybe mexicana* à l'acquisition du pouvoir, pouvoir qu'il appelait un "allié". Quant au *Lophophora williamsii* (peyotl), il apportait la sagesse, et la connaissance de la bonne façon de vivre. » Ce qui classerait donc le peyotl dans la même « catégorie chamanique » que l'ayahuesca.

— Le San Pedro, un autre cactus. Originaire des Andes.

— La racine d'iboga (Tabernanthe iboga), un arbuste africain.

Mais les plantes, champignons et substances de synthèse ne sont pas obligatoires : si vous atteignez un excellent niveau de méditation, votre corps produira par lui-même toutes ces substances ! La DMT, par exemple, est une molécule produite naturellement par le cerveau humain. L'ayahuasca ne fait que l'apporter en plus grande quantité. C'est pour cela qu'il est impossible de « droguer » les plus grands yogis. Voici à titre d'illustration un extrait du livre *La Psychologie pour les nuls* d'Adam Cash, petit encadré qu'il avait intitulé « élévation naturelle » : « *Selon Stanley Krippner, un état modifié de conscience est un état mental perçu subjectivement comme une différence de fonctionnement psychologique par rapport à l'état de veille normal d'un individu. L'aspect subjectif de cette différence a été très bien illustré grâce au récit rapporté par un sage oriental appelé Baba Ram Das. À l'origine, Baba Ram Das s'appelait Richard Alpert. Dans les années 60, il était professeur de psychologie à l'université de Harvard, où il étudiait de façon expérimentale les effets du LSD avec la complicité de Timothy Leary. Les deux hommes ont fini par être renvoyés de l'université. Alpert s'est alors rendu en Inde pour rechercher la voie de la sagesse hindoue et essayer de trouver une personne susceptible de lui expliquer les raisons des effets profonds du LSD sur la conscience. Un jour, Baba Ram Das a rencontré un gourou très sage et respecté. Il lui a alors demandé s'il pouvait expliquer les effets du LSD. Le gourou a demandé à essayer. Baba Ram Das n'avait jamais vu aucun être humain prendre une dose aussi importante. Mais la drogue n'a pas eu le moindre effet sur le gourou, qui n'a subi aucune modification de son état de conscience. Pas de trip. Sans doute le sage était-il déjà dans une sorte de "trip de la réalité" ou sous "LSD spirituel".* »

Et enfin, sachez que le voyage chamanique sous substances psychotropes peut poser un problème : sans point d'ancrage à la réalité ordinaire, beaucoup de candidats à l'initiation partent très loin… mais sans rien voir de précis ! Ils se tiennent dans un état entre la conscience et l'inconscience, mais sans aucune vision, sans aucun enseignement. C'est pour éviter ce souci que les rites traditionnels utilisaient des chants et/ou des instruments de musique pendant l'initiation, en plus des plantes enthéogènes. Le chaman entame des chants sacrés ou bat du tambour, pendant des heures s'il le faut. Lui et ses assistants encadrent les participants. Un chaman expérimenté connaît plusieurs chants et sait exactement lequel utiliser en face de chaque candidat, comprenant intuitivement dans quel état ce dernier se trouve et de quels sons il a besoin ! Je vous conseille de ne jamais vous servir de plantes enthéogènes en étant seul. Et si la personne qui vous surveille (et qui DOIT connaître la substance que vous testez par sa propre expérience) ne connaît pas de chants sacrés, vous pouvez écouter des sons binauraux ou des sons isochrones (ciblez plus particulièrement ceux induisant des ondes thêta et alpha au niveau du cerveau, mais certaines personnes réussissent un voyage chamanique avec des morceaux censés induire des ondes delta ou autres). Je vous rappelle que vous trouverez des tas de morceaux gratuitement sur YouTube. Nous en avons déjà parlé au chapitre sur les animaux totems (partie « ce qui peut arriver pendant le voyage chamanique ») : « Warning ! extremely powerful theta waves binaural beats with isochronic tones - sleep » sur la chaîne YouTube Meditation and healing ; « 5 hours sleep binaural beats – deep sleep brainwaves » sur la chaîne d'Eric Bartel (avancez dans la vidéo pour voir quel rythme vous convient le plus, car le son évolue au fil de l'enregistrement) ; « Shamanic consciousness – binaural beats + isochronic tones » également sur la chaîne d'Eric Bartel...

LEÇON 4

Le monde minéral

Il existe aussi des minéraux totems !

Le peuple des pierres et substances minérales a engrangé depuis l'aube des temps (bien avant l'apparition de l'humain) toutes les informations sur tout ce que notre planète a vécu. Le Peuple des Pierres, comme le nomment les Amérindiens, est l'Archiviste par excellence. Avis à tous ceux qui cherchent les « annales akashiques » et autres concepts new age, à la mode : c'est dans la terre qu'il faut fouiller ! Avouez que vous n'y aviez pas pensé. Le moindre caillou a des tas de choses à raconter, même le gravier de votre parking privé, pas seulement les magnifiques cristaux de roche ou d'améthyste après lesquels tout le monde court (lire à ce sujet *La Prophétie de la pierre médecine* de Jamie Sam et Twylah Nitsch, ainsi, vous aurez un exemple).

Tout comme vous avez des animaux et des végétaux totems, vous avez également des minéraux tutélaires, bien sûr. La règle est la même que pour les animaux et végétaux, c'est-à-dire qu'il n'y a aucune règle ! Vous pouvez avoir un ou plusieurs minéraux totems. Tout comme pour les végétaux, vous n'êtes pas obligé d'aller volontairement à leur rencontre. Tout ce qui est demandé (ou plutôt fortement conseillé) au débutant sur la voie chamanique, c'est d'avoir au moins un allié : un animal ou alors un guide de forme plus ou moins humaine (sorte d'ange gardien, fée, etc.). C'est le minimum vital. Après, le reste viendra tout seul. Néanmoins, pour que ce livre soit le plus complet possible, je me dois de parler aussi des minéraux.

Si vous désirez communiquer avec le monde minéral, vous devrez apprendre à le connaître, à le respecter. Tout comme vous l'avez fait pour les végétaux en lisant certains livres, en visionnant certaines vidéos… Plutôt que de vous parler des minéraux totems, je vais pour l'instant vous sensibiliser aux minéraux de notre réalité ordinaire. Il ne faut pas croire, une fois de plus, qu'il faille « faire » quelque chose aux minéraux pour les entretenir. C'est ce que j'ai expliqué dans mon ouvrage *La Puissance des pierres*, paru aux éditions Bussière. À chaque fois que j'explique, dans les stages que j'anime ou dans les émissions de radio, que je me contente de purifier mes pierres sous l'eau après les avoir utilisées pour un soin et qu'ensuite je leur fiche la paix, il y a systématiquement une personne pour me regarder avec des gros yeux : « mais, vous ne faites rien pour les recharger ? » Les charger de quoi ? De mes pollutions émotionnelles ou intellectuelles ? De mes projections, de mes croyances comme quoi « les pierres ont besoin d'être rechargées » ? De l'étroitesse de mon esprit humain qui croit qu'il est le centre du monde et qu'il faut qu'il « arrange » les choses, comme si la nature ne pouvait pas se débrouiller seule et faire dix fois mieux que lui quand on la laisse en paix ? Non, je vous confirme que je ne les charge pas ! Si je leur ai donné, avec leur accord, un petit coup de pouce de nettoyage, et qu'ensuite je les laisse dans un endroit qui leur plaît sans même penser à elles, je vous garantis que mes pierres seront on ne peut plus opérationnelles le lendemain. Tandis que, si j'expose mes améthystes au soleil, je peux vous promettre qu'elles vont vite perdre leur couleur, se ternir, et ne plus servir à rien. Pour voir tout cela en détail, je vous renvoie à *La Puissance des pierres*.

J'ajouterai juste qu'un chaman digne de ce nom ne « charge » pas une pierre. Même s'il pense avoir besoin de « doper » ou de « spécialiser » un minéral pour une tâche précise, il ne prendra pas une pierre de son stock pour la charger de je ne sais quelle intention (à moins que dans un cas exceptionnel, la pierre le lui demande). Il se mettra plutôt en relation avec tous les minéraux qu'il a chez lui et DEMANDERA quelle pierre veut bien servir pour cette tâche. Y a-t-il dans cette pièce un individu du monde minéral dont c'est la spécialité ? Et si la réponse est négative, où pourrais-je en trouver un et à quoi le reconnaîtrais-je ? Ça, c'est du chamanisme bien compris et appliqué. Ça, c'est la recherche de la vie en harmonie avec Tout Ce Qui Est. En revanche, il est vrai qu'une fois le bon minéral trouvé, celui-ci aura tendance à se charger naturellement, de lui-même, au fur et à mesure que vous l'utiliserez. On finit par distinguer au premier coup d'œil les pierres, plumes et objets qui servent souvent de ceux qui ne sont que décoratifs ! En résumé : ne cherchez pas à acquérir la puissance, faites votre vie et la puissance viendra d'elle-même, si vous êtes bien sur Votre Chemin.

Quant au « comment trouver mon minéral totem », si vous avez été initié aux animaux totems et que vous avez lu le chapitre sur les végétaux, je ne m'en fais pas pour vous, vous saurez quoi faire.

Sachez simplement que si vous êtes patient et à l'écoute, la vie vous apportera peut-être un jour ce que l'on nomme en général la « pierre de votre chemin de vie ». C'est-à-dire LA pierre qui vous correspond plus que toute autre. Ce n'est pas exactement la même chose que les autres minéraux totems qui vous aident. Ou alors, nous dirons que c'est votre totem le plus important, principal ou que c'est l'équivalent minéral du familier chez les animaux. C'est un minéral (ce peut être n'importe quoi comme minéral, même pas précieux) qui vous montre ce qu'est votre Essence. Comment le montre-t-il ? Comment le reconnaître ? Il se pourrait qu'avant de le rencontrer dans la réalité ordinaire, même plusieurs décennies avant, on vous le montre en rêve ou en voyage chamanique. Et, évidemment, je n'ai aucune idée de ce à quoi pourra bien ressembler le vôtre, car c'est totalement personnel. Il peut avoir une forme précise et unique, qui évoquera pour vous quelque chose de spécial ou des genres de dessins. Jamie Sams, dans un de ses livres, raconte que sa pierre comportait les dessins de plusieurs de ses animaux totems. Naturellement, sans rien dessiner d'artificiel dessus. Sa pierre était ainsi, elle portait des motifs. Bref, quand vous trouverez la pierre de votre chemin de vie, vous n'aurez aucun doute, vous la reconnaîtrez, c'est tout. Elle sera pour vous une protection et une alliée supplémentaire. Dans les pires moments, le simple fait de la prendre dans vos mains vous apportera un ressourcement et un réconfort inégalables (si ce n'est par le contact de votre familier si vous avez la chance d'en posséder un ; tous les chamans n'ont pas de familier, tous les chamans ne trouvent pas leur pierre, il n'y a pas de règle...).

LEÇON 5

Comment le chaman accède à ce qu'il est vraiment ?

Une manière de voir et de vivre toute votre existence

C'est bien beau tout cela, mais ce n'est peut-être pas ce à quoi vous vous attendiez en achetant ce livre. Vous pourriez être en train de vous demander si la vie de chaman se résume à cela : trouver ses alliés et aller papoter de temps en temps avec eux, en rêve ou dans des sortes de méditations. Et communiquer aussi avec tout ce qui l'entoure dans la réalité ordinaire. Dans un sens, oui, c'est cela pratiquer le chamanisme. Tout ceci en est une part TRÈS importante. Et si c'est le point de départ du chaman, ce n'est pas un hasard : c'est parce que les animaux, les plantes, les pierres et les autres esprits enseigneront à toute personne qui communiquerait avec eux, tout ce qu'il y a à savoir pour parvenir à l'épanouissement dans tous les domaines, à la pleine conscience, à l'éveil spirituel total et à tout ce qu'on veut. Je pourrais donc parfaitement arrêter mon livre ici.

Mais d'un autre côté, si nous nous incarnons ici-bas, c'est pour nous parler, nous entraider. L'enseignement peut également se faire d'humain à humain et en utilisant tous les moyens jugés adéquats (enseignement oral direct, livres, vidéos...). Si l'on papote avec les animaux ou les brins d'herbe, on peut bien parler avec ses semblables ! Je vais donc vous révéler dans ce chapitre quelques « trucs et astuces » pour que vous avanciez plus vite.

Les gens me demandent souvent, par exemple, comment voir l'aura autour des êtres vivants ou comment développer leur intuition. Le problème est qu'il n'y a pas de recette unique, simple, facilement applicable pour tout le monde. Du genre « tu fais ça chaque matin et à part ça, tu mènes la vie que tu veux, et tu verras tu vas acquérir le don de voir l'avenir ». Toutes les facultés comme la télépathie (qui vous permettra de dialoguer véritablement avec animaux, plantes, pierres, etc. ; sans en passer par des exercices où l'on ne peut répondre que « oui » ou « non »), la voyance, l'aide à la guérison (ce que certains nomment « magnétisme ») et j'en passe, toutes ces facultés donc, ne se manifestent et ne se développent que lorsque plusieurs conditions sont réunies dans votre vie. Il n'y a pas une seule et grande chose à faire en particulier. Il y en a des tas ! Des tas de petites choses. Tout un mode de pensée et de vie à revoir. Et, quand vous y serez parvenu, peu à peu des « dons » vont émerger et grandir en vous. Je ne sais pas pourquoi c'est ainsi, je sais juste que c'est ainsi. Je vous l'ai dit dès l'introduction : être chaman c'est une manière de voir et de vivre toute votre existence.

Bien sûr, vous préféreriez peut-être ne rien changer à votre vie pour acquérir ces dons. Vous pensez peut-être : « mais, mon voisin, lui, ne fait rien de spécial, aucun exercice d'aucun genre. Pourtant il a du magnétisme depuis tout petit ! ». Il est vrai que certaines facultés apparaissent parfois sans aide. Il en va de même pour des dons plus physiques, comme la force musculaire, avant même de faire de l'exercice, certaines personnes sont très fortes depuis leur plus jeune âge, alors que d'autres sont toutes chétives, même si elles n'ont manqué de rien. Avec les capacités plus subtiles, plus « irrationnelles », c'est la même chose. Effectivement, certains individus naissent prédisposés. Mais si vous êtes né sans dons, mais que vous faites ce qu'il faut pour qu'ils émergent, vous pourriez bien vous retrouver plus doué au final que l'individu « né avec un don », mais qui n'a jamais cherché à s'en occuper. Je connais des dizaines de personnes qui ne croyaient pas en elles et ont fini transformées ! Car, tout comme nous pouvons tous nous mettre au sport ou à la musculation (à condition de trouver celui ou ceux qui nous correspondent), nous pouvons tous avoir accès à des facultés telles que la télépathie, le magnétisme et j'en passe.

Voici donc, pour satisfaire la curiosité et les envies de jeux, de petits exercices accessibles à tous, incroyablement simples, et qui pourtant permettent d'accéder à d'innombrables « secrets » parmi les plus convoités de l'univers. Des secrets qui n'ont rien de secret, en fait. Si tout le monde menait une vie réellement saine d'un point de vue physique, émotionnel, intellectuel et spirituel, ces « secrets » seraient connus de tous. Ils ne sont pas vraiment secrets. Et aucune faculté n'est réservée à des « élus ». Ces exercices amènent, tout simplement, à abandonner des choses comme les manières de penser périmées, les croyances limitantes, les préjugés. Ils font souffler un air frais dans votre cœur, nourrissent la simplicité, la quiétude, l'être. C'est alors que les choses réellement importantes émergent. Non parce qu'on a fait un pacte avec le diable, mais tout simplement, car c'est leur nature d'émerger. C'est nous qui nous évertuons, en nous coupant de nous-mêmes, à leur barrer habituellement la route. Sans cela elles auraient pu émerger depuis longtemps ! Laissez Être. Arrêtez de vouloir avoir et faire. Et alors vous Serez. C'est justement parce que c'est simple que beaucoup de gens passent à côté de cela... On nous apprend à nous compliquer la vie depuis que nous sommes enfants !

Connaître et respecter son rythme

Votre premier exercice, dans la liste de vos « devoirs d'apprenti chaman », sera d'apprendre à vous lever sans réveil. Non, je ne plaisante pas. Vous voici en train de comprendre l'importance de se réveiller sans réveil, pour les adultes comme pour les enfants : nous sommes la seule espèce à réveiller ses petits pour les envoyer au travail (car quoi qu'on en dise les crèches et écoles sont un avant-goût du travail forcé).

Jamie Sams — femme chaman et maître spirituel — elle-même avoue dans son livre *Danser le rêve* qu'à un moment le « travail » que lui avaient confié ses enseignantes était tout simplement d'apprendre à dormir autant qu'elle avait besoin et à se lever sans réveil. Et j'ai tout fait dans ma vie pour avoir moi-même la chance de pouvoir y arriver : j'ai maintenant un travail d'indépendante et je fixe mes horaires en connaissant mes heures de réveil « naturelles », en faisant en conséquence et en prévoyant le temps de m'occuper de moi, de mes animaux, etc. Tranquillement. Et l'argent supplémentaire que j'aurais gagné si j'avais pris mon travail à 8 h ou plus tôt, comme tant de gens ? Eh bien ! je n'en veux pour rien au monde ! Ma liberté, mon bien-être et ma santé n'ont pas de prix. Être tiré du sommeil par un réveil est un véritable calvaire pour tout le monde. Même ceux qui disent le supporter sans problèmes. Les corps énergétiques, qui voyagent dans le monde du rêve pendant le sommeil, sont rappelés vers le corps physique en sursaut, c'est d'une violence inouïe, l'aura n'est plus centrée autour du corps (on dit que l'aura est décalée). Parfois, des bouts du corps subtil qui voyage pendant le sommeil se perdent, à jamais si nous ne sommes pas soignés et qu'ils n'arrivent pas à revenir par eux-mêmes. Des maladies physiques et psychiques extrêmement graves s'ensuivent.

Je ne dis pas que vous ne devez jamais vous réveiller sans réveil. Je dis que cela doit rester exceptionnel.

Une histoire de conscience

Votre deuxième mission d'apprenti chaman, si vous l'acceptez, sera un grand classique : on en entend parler dans tous les stages de style méditation, zen et compagnie. Il s'agit d'apprendre à faire les choses « en conscience ». C'est-à-dire en étant entièrement à ce que l'on fait. Par exemple, faites la vaisselle en conscience, passez l'aspirateur en conscience, marchez en forêt en conscience... Vous avez certainement déjà fait cette expérience de découvrir quelque chose pour la première fois. Par exemple, la première fois que vous avez tenu une guitare et avez joué vos premières notes, lors de votre premier cours. Je vous demande de vous remémorer une scène du genre. Pas une scène stressante. Une scène qui a retenu toute votre attention, tout simplement, parce que ce que vous viviez était nouveau pour vous, mais sans émotions négatives (les situations stressantes nous font aussi nous concentrer, mais là on parle de se détendre, donc trouvez le bon souvenir). Vous y êtes ? Vous vous souvenez avoir vécu cela ? Eh bien ! C'est cela la « pleine conscience » ou « être dans le moment présent » ou autres expressions semblables. Vous allez maintenant trouver les moyens de faire cela au quotidien pour des tâches que vous avez déjà accomplies des centaines de fois, qui sont loin d'être nouvelles. Par exemple, pour faire plus facilement la vaisselle en conscience, une astuce possible est de sentir tout ce que touchent vos mains : elles prennent l'éponge (sentez l'éponge !), elles sont sous l'eau (sentez le filet d'eau qui coule, sa température, sa texture...), etc. Pour faire une promenade en conscience, il faut y aller sans musique dans les oreilles, et se concentrer sur ses pas, la manière dont on avance sur le sol, puis, écouter les chants d'oiseaux autour de nous, etc. On n'a pas dit que pour faire de la pleine conscience, la pensée n'avait pas le droit de vadrouiller d'un sujet à un autre : elle a le droit de passer de la sensation des pieds à l'écoute des oiseaux, puis à autre chose encore. Mais, toutes les choses en question doivent être en lien avec ce que vous faites présentement, pas avec la liste des courses que vous allez devoir faire ensuite ou avec la dispute que vous avez eue avec votre femme une heure avant !

Si vous éprouvez des difficultés à vous concentrer, au début, dites dans votre tête ce que vous êtes en train de faire. Par exemple, quand votre main saisit l'éponge, pensez « ma main prend l'éponge ». Ensuite, vous n'aurez plus besoin de cela, les sensations physiques vous suffiront. Et plus le temps passera, plus votre champ de conscience s'élargira : vous serez pleinement conscient de plusieurs choses à la fois (les sensations de vos pieds en marche, sur le sol, ET le chant des oiseaux, etc.). Vous pourrez également être pleinement conscient, dans l'instant présent, de plus en plus longtemps. Au début, vous allez tenir quelques secondes, puis sans que vous vous en rendiez compte, vos pensées vont à nouveau recommencer à vadrouiller vers d'autres préoccupations comme votre liste de courses, par exemple. C'est normal ! Ne vous jugez pas, ne vous dites pas que vous êtes nul, ne vous mettez pas en colère contre vous, ni rien de semblable. Contentez-vous de revenir à ce que vous faites dans le présent, et c'est tout. Faites ainsi à chaque fois que vos pensées recommencent à vadrouiller. Jusqu'à ce que la vaisselle soit finie. Ce sera déjà un exercice énorme ! Vous pouvez vous féliciter vous-même et vous offrir un cadeau chaque fois que vous l'aurez fait. Je ne plaisante pas ! Le cadeau peut être ce que vous voulez : manger un biscuit que vous aimez, regarder un film, appeler un ami, faire une sortie…

Une chose après l'autre

Troisième leçon de l'apprenti chaman (en fait, vous les prenez dans l'ordre que vous voulez, il n'y a pas de numéro) et qui est très proche de la précédente : cesser de faire plusieurs choses à la fois. Au lieu de répondre au téléphone tout en parlant avec quelqu'un, par exemple, dites plutôt « excusez-moi, je prends cinq minutes pour répondre à des appels et SMS urgents, puis je suis à vous », et vous répondez. Puis vous éteignez votre téléphone. Et vous vous consacrez alors entièrement à la personne en face de vous. Personnellement, mon portable est très souvent éteint. Sauf quand je l'allume pour voir si j'ai des messages, y répondre, puis l'éteindre à nouveau. Plus personne ne vit ainsi pratiquement à notre époque. Pourtant, il n'y a pas si longtemps que cela, c'est ce que faisaient les gens, au début de l'invention de ces téléphones. C'était un réflexe beaucoup plus répandu d'éteindre, par exemple, son téléphone dès qu'on arrivait dans un centre de soin (salle d'attente du médecin, hôpital…) ou chez des gens avec lesquels on allait passer un moment. Maintenant, les gens mettent leur téléphone sur silencieux ! Mais éteignez-le dans ce cas ! Pourquoi vous bombarder d'ondes cancérigènes pour rien, alors que de toute façon, vous n'allez pas répondre ? C'est ainsi que je me suis rendue plusieurs fois à des émissions de radio : les participants savaient qu'ils ne pourraient pas répondre quand on serait en direct en train de parler. Mais ils mettaient leur téléphone en silencieux… Le jour où ils perdront leur téléphone, ceux-là, ils feront un infarctus de stress !

MES LIMITES !

Quatrième exercice, très différent celui-là : développer vos frontières !

1. Vous allez vous mettre debout, dans un endroit où vous serez sûr de ne pas être dérangé pendant quelques petites minutes. Puis, vous allez taper d'un pied au sol : soulevez-le pour le reposer où il était, mais en

tapant un peu (pas besoin de faire un trou dans le sol). Et, en même temps que vous tapez, vous dites « c'est moi ».

2 Vous attendez une seconde, puis vous soulevez le même pied, mais au lieu de taper sous vous, vous donnez un coup de pied dans le vide devant vous. Pas besoin de lever la jambe très haut comme si vous étiez Jean-Claude Van Damme. Donnez un coup de pied dans le vide légèrement devant vous, à quelques dizaines de centimètres de vous, ne vous déséquilibrez pas (si vous êtes trop âgé ou handicapé pour lever un pied, faites-le avec une canne ; trouvez un moyen, mais faites-le, c'est important). Donc, envoyez un coup de pied devant vous en disant « c'est toi ». De qui est-ce que l'on parle ? Qui est le « toi » en question ? Je n'en sais rien. Ce peut être n'importe qui. N'importe quel autre que vous.

3 Et vous recommencez l'exercice : un coup au sol sous vous en disant « c'est moi », un coup devant vous (ou sur un côté si ça vous chante) en disant « c'est toi ». Recommencez autant que vous en avez envie. Je vous assure que c'est un jeu qui n'est pas ridicule et qui est beaucoup plus puissant qu'il n'en a l'air. Faites-le régulièrement. Puis, dès que vous vous sentirez envahi, dans une conversation, dans un lieu, n'importe quand, n'importe où, vous le referez dans votre tête, sans bouger vraiment vos pieds. Vous penserez « c'est moi » en sentant votre corps là où il est, puis « c'est toi/vous » en pensant que vous laissez aux autres ce qui ne vous appartient pas.

Cela peut servir dans des situations très diverses. Par exemple, les gens qui sont trop dans l'empathie, au point de prendre les problèmes des autres sur eux, feront cela pour garder un recul sain, leur place correcte. Quand on cherchera à vous imposer une opinion, vous ferez de même. Si vous craignez d'avoir été parasité par l'énergie de quelqu'un ou d'un lieu, faites-le aussi. Etc. C'est un jeu utile à tout le monde, mais plus encore chez les chamans, les médiums, les guérisseurs et thérapeutes de toutes sortes (du magnétiseur au médecin généraliste en passant par toutes les variétés de « psys »).

Vous avez découvert, en début d'ouvrage, une manière parmi d'autres de vous relier au ciel et à la terre. Le jeu ci-dessus vous permettra de compléter cela en établissant en plus des frontières dans toutes les directions autour de vous. En y ajoutant la conscience de l'instant présent, vous voilà fortifié, guidé, protégé.

Que l'Imagination soit avec toi

Cinquième leçon : l'imagination est plus forte que la volonté ! Donc, attention à vos moindres pensées, fantasmes, rêves… Si vous voyez tout en noir, il faut vraiment trouver peu à peu des moyens de changer cela. Si vous dites vouloir, par exemple, la santé, l'argent et l'amour, mais que toutes vos pensées sont des visions de ce qui peut vous arriver de pire, jamais vous n'attirerez à vous ce que vous dites pourtant désirer ! C'est d'ailleurs pour cela que la prière, telle que pratiquée par la plupart des gens, est un massacre : on ne peut imaginer pire que de répéter des phrases comme « mon Dieu, faites que je ne sois pas malade, que je n'aie pas d'accidents, que ma famille ne soit pas malade et n'ait pas d'accident »… Je ne vous raconte pas les mauvaises ondes envoyées à la famille ! Si vous êtes du genre à faire cela, j'espère que les membres de votre foyer connaissent l'ancrage, l'exercice des limites et bien d'autres choses encore ! Cela dit, ne culpabilisez pas si vous avez fonctionné ainsi jusqu'à maintenant, vous ne pouviez pas savoir. Et, de plus, il n'est pas dit que vous avez fait du mal à votre famille, car pour y parvenir, il faudrait que ses membres soient affaiblis. C'est comme les microbes : il y en a partout autour de nous, mais nous ne tombons pas forcément malades. C'est pareil avec les émotions et pensées déséquilibrées que nous projetons volontairement ou involontairement sur les autres.

Donc, à partir de maintenant, vous savez. Alors, commencez à changer votre mode de fonctionnement, vos pensées, votre réflexion, votre manière d'agir aussi, bien sûr (interdiction de projeter ses inquiétudes, par exemple, sur ses proches ; laissons-les vivre !). Vous n'y parviendrez pas en un jour, mais peu à peu. Et si vous voulez une chose, comme la santé par exemple, au lieu de répéter « faites que je ne sois pas malade », posez-vous plutôt tranquillement dans un lieu confortable pendant quelques minutes, imaginez et ressentez comment vous serez quand vous aurez cette chose (la santé, l'argent, un travail, des vacances, un enfant, etc.). Je dis bien « imaginez ET ressentez », car si vous l'imaginez mais qu'en même temps une autre partie de vous continue de se morfondre, de dire « à quoi bon, puisque ce n'est pas vrai », rien de bon ne vous arrivera. Vous devez vraiment vivre votre vision, ressentir votre situation, même si elle n'est pas encore réelle pour l'instant. Ne vous occupez pas du comment cela va se réaliser, alimentez seulement le sentiment de bien-être et les pensées positives de comment se sera quand vous y serez. Par exemple, si vous souhaitez vous rendre dans un endroit dans quelques jours, mais que votre voiture est en panne, voyez-vous être sur place. Ne pensez pas au comment vous allez y arriver. Ressentez et visualisez seulement comment vous serez sur place et alors l'univers se chargera de vous trouver un moyen de transport. Vous verrez ! Je ne dis pas que cela ne nécessitera pas une petite démarche de votre part, je dis simplement que grâce à votre visualisation positive, vous allez enfin y arriver, alors que, jusqu'à maintenant, aucune démarche n'aboutissait.

Si vous souhaitez comprendre pourquoi et comment cela fonctionne, lisez les ouvrages de Joseph Murphy sur le subconscient (certains ont même été enregistrés et vous pouvez en écouter la lecture gratuitement sur le net ; par exemple « Joseph Murphy : la puissance de votre subconscient » sur YouTube) ou lisez la trilogie *Conversations avec Dieu* de Neale Donald Walsch. Retenez cette règle essentielle : si vous voulez une chose, voyez-vous l'avoir et ressentez comment vous serez quand vous l'aurez !

Un autre point de vue

Sixième exercice : « regarder le vide entre les choses, pas les choses elles-mêmes ». Par exemple, le vide entre les brins d'herbe, pas les brins d'herbe eux-mêmes. Ça va vous amuser longtemps, vous verrez, c'est un jeu inépuisable ! Et qui modifie énormément la pensée, sans qu'on sache vraiment pourquoi. C'est certainement l'un des plus puissants de tous ceux proposés dans cet ouvrage. Quand on parle de « penser différemment » ou de « voir les choses différemment », là je peux vous assurer que vous y êtes !

Et deux points de vue à la fois !

Septième jeu : apprendre à considérer les deux points de vue en même temps. Par exemple : vous vous asseyez sur une chaise et vous vous dites « je sens mon poids sur cette chaise ». Cela, c'est un exercice de base que l'on fait dans les exercices de pleine conscience comme ceux présentés plus haut. Mais il est temps d'aller plus loin à présent. Vous allez vous dire « je sens comment mon corps pèse sur la chaise ET je sens comment la chaise soutient mon corps ». C'est totalement différent de sentir qu'on est sur une chaise ou de ressentir le soutien de cette chaise. Depuis combien de temps ne vous êtes-vous pas senti soutenu ? « J'écoute la musique et la musique me parle, me joue/chante quelque chose ». « J'écoute la musique, et les sons parviennent à mes oreilles ». Je peux vous assurer que vous allez entendre la musique comme jamais auparavant, vous allez vraiment avoir l'impression d'une interaction entre la musique et vous. Vous commencerez avec des situations bien physiques, puis vous appliquerez automatiquement ce jeu à d'autres domaines comme vos relations. Vous considérerez le point de vue de chacun dans une conversation, etc. Ça n'a peut-être l'air de rien, mais pratiquer tous les jours dès que vous y pensez modifie réellement et profondément le psychisme ! Vous remarquerez des choses que les gens ne voient pas ou ne veulent pas voir. Et je ne parle pas seulement du monde invisible (car, au final, c'est à cela que cet exercice vous mènera ; entre autres). Vous verrez tout ce qui se passe sur notre planète différemment, vous serez moins facilement manipulable, vos opinions se modifieront. Vous cesserez de voir des problèmes là où il n'y avait que des choses sans gravité. Et, au contraire, vous commencerez à vous rendre compte de ce qui cloche vraiment sur Terre. Mais, pour l'instant, ne vous occupez pas des buts, de l'arrivée. Jouez simplement.

Entraînez-vous à toujours trouver le deuxième point de vue dans chaque situation : ce qui se passe selon vous, et l'autre façon de voir cette même chose, l'autre face de la même pièce. « Je regarde ce paysage/ce livre, et des images/couleurs/formes parviennent à mes yeux ». Autrement formulé, « je regarde ce paysage et je reçois des images, etc. ». RECEVEZ le monde comme le monde vous reçoit. Intégrez le monde.

Grand nettoyage de printemps

Huitième conseil, et non des moindres : recevez des soins physiques et énergétiques de toutes sortes. Pour vous, votre lignée familiale, vos vies antérieures, etc. Vous pourrez franchir certaines étapes seules, mais pour d'autres, vous aurez forcément besoin d'aide. C'est un signe de force et non de faiblesse, que de faire appel aux autres. C'est une manière de reconnaître et célébrer le fait que nous ne faisons tous qu'Un ! Il ne viendrait à personne l'idée de dire « je vais faire toute ma vie seul, sans mes pieds, je n'ai pas besoin de mes pieds, je peux très bien me débrouiller sans eux ! », alors que vous avez vos deux pieds, vous n'êtes pas amputé ! De même, ce serait signe de graves troubles psycho-émotionnels que de prétendre tout faire seul sans avoir besoin de collègues et d'amis ! Et ne vous dites pas que vous n'avez besoin d'aucun soin. Même si votre santé a l'air effectivement parfaite (ce qui est exceptionnel à notre époque), vous trouverez forcément des choses à libérer, chez vos ancêtres par exemple. Des choses qui vous gâchaient la vie sans même que vous vous en rendiez compte. Quand vous serez libéré, je peux vous dire que vous sentirez la différence et que vous aurez compris le pourquoi de cette huitième consigne !

Mais, attention, il y a une consigne à l'intérieur de cette huitième consigne : recevez des soins où vous PARTICIPEZ, si possible (c'est le cas par exemple en harmonisation globale), pas des soins où l'on vous fait des choses hors de votre contrôle et de votre compréhension. Fuyez les gens qui veulent avoir du pouvoir sur vous, qui se vantent, qui jouent les importants, qui veulent vous impressionner, qui vous envahiraient « pour votre bien », si vous leur en laissiez l'occasion. Nous reparlerons plus loin, dans les chapitres sur les lieux et les soins, de la différence entre les soins où le thérapeute « fait » quelque chose et les soins où il ne fait rien, mais se contente d'être présent et d'accompagner. Vous comprendrez mieux alors. En attendant, voici une liste non exhaustive de thérapies où le praticien ne « fait rien », où son accompagnement est véritablement neutre (en tout cas si la méthode a été bien comprise et appliquée ; il y a toujours des bons thérapeutes et d'autres qui dérivent, dans tous les courants et méthodes) : ortho-bionomy, PMI (Pratique Manuelle Informative ; développée par le Dr Thérèse Quillé), harmonisation globale, médecine symbolique, sophrologie... D'autres thérapies peuvent permettre cette attitude juste, mais ça va dépendre des thérapeutes. Par exemple, certains magnétiseurs le font spontanément. Mais je dirais que c'est 50 % maximum des magnétiseurs de notre époque. Certains praticiens reiki le font, mais c'est encore moins, je crois, que le pourcentage des magnétiseurs ! Et bien sûr, vous pouvez recevoir des soins chamaniques comme ceux décrits plus loin dans ce livre, si vous avez la chance d'avoir un praticien sous la main. Un praticien qui ne « fait rien ». Là encore, ce n'est pas le cas de la majorité des gens qui se disent chamans ou pratiquants en chamanisme ! Avec beaucoup d'entraînement (en donnant vous-même beaucoup de soins, si c'est votre voie, et en en recevant beaucoup de thérapeutes différents), vous finirez par sentir immédiatement si vous êtes face à un guérisseur qui vous fait quelque chose (tournez alors les talons) ou face à un « bon », respectueux. Mais, au début, vous ne saurez pas les distinguer. Soyez très prudent.

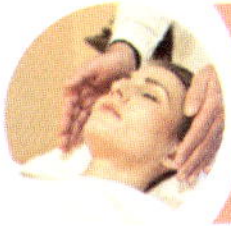

Quand l'intuition passe par le corps

Neuvième jeu : c'est ce que j'appelle parfois « passer par le ressenti global ». Sandra Ingerman dit que c'est l'exercice qui aide ses clients à « découvrir la différence entre l'intuition et les interférences mentales ». Vous allez apprendre à sentir dans tout votre être ce qui est vrai ou pas pour vous, juste ou pas pour vous, à cet instant. Installez-vous confortablement et prenez quelques respirations lentes et profondes, détendez-vous en vous concentrant sur les mouvements et les sensations de votre corps pendant que vous respirez. Fermez les yeux. Puis, pensez à quelque chose que vous aimez : votre chien, une couleur, un arbre, un objet… Une chose simple. Dites-vous « j'aime X », puis observez ce que vous ressentez dans votre corps. Ne pensez à rien, ne provoquez rien. Ressentez juste ce qui se passe, quand vous vous dites une vérité. Au besoin, dites la phrase « j'aime X » deux ou trois fois au départ. Puis attendez en vous branchant sur vos sensations, en les laissant venir.

Ensuite, levez-vous et faites quelques pas, quelques mouvements. Vous pouvez même effectuer une petite tâche quelconque : laver une assiette, ranger un ou deux livres, ouvrir la porte à votre chat, etc. Reprenez votre position confortable, détendez-vous à nouveau sur quelques respirations, fermez les yeux, puis dites un mensonge : reprenez la chose à laquelle vous aviez pensé un peu avant en disant que vous l'aimiez. Mais cette fois, mentez, dites que vous la détestez : « je déteste X ». Redites-le une ou deux fois. Et observez vos sensations, quand vous vous dites un mensonge. Je suis certaine qu'avec un peu de curiosité et de bonne volonté, vous trouverez beaucoup d'applications concrètes à cet exercice. Dans son livre sur le recouvrement d'âme, Sandra Ingerman explique qu'elle se sert de cet entrainement pour détecter quand on lui dit un mensonge et que, si elle doit prendre une décision et que son bavardage mental la perturbe, elle se dit à elle-même ce qu'elle s'apprête à faire puis elle observe si les sensations d'alarme qui signalent un mensonge se mettent en route ou pas. Si aucun signal d'alarme n'apparaît, elle poursuit sa route même si son mental « rouspète et fulmine à chaque pas ».

Le jeu, juste pour le jeu

Dixième conseil : lâchez prise ! Lâchez prise sur tout ce que vous venez de lire avant. Si vous faites tout cela pour avoir de grands pouvoirs, vous ne les aurez jamais ! Si vous faites cela juste pour l'état d'Être que cela vous procure, alors vous obtiendrez ce dont vous aurez besoin. Et même si c'est trois fois rien, vous en serez satisfait, car votre cœur et tout votre Être seront de toute façon pleinement comblés. Certaines personnes se sont adonnées à ces exercices ou à d'autres dans le but d'avoir des facultés paranormales et sont au final devenues des personnes heureuses qui ne courent plus du tout après les « pouvoirs magiques » ! Ne pratiquez pas tout cela pour les buts auxquels vous pourriez parvenir, et même sans but ne vous mettez pas la pression pour les réussir. Si vous vous crispez parce que vous n'arrivez pas à méditer, votre cas ne va pas aller en s'améliorant. Dites-vous que vous essayez simplement de vous détendre et que si ça ne fonctionne pas, ce n'est pas grave, vous ferez d'autres choses que de la méditation.

Et, au bout de tout cela, il y a des cas exceptionnels, c'est vrai. Des chamans qui acquièrent le don de contrôler la météo ou de se métamorphoser à volonté en n'importe quel être vivant. Et bien d'autres choses extraordinaires, pourtant, bien réelles ! Mais on ne se lance pas dans le chamanisme pour acquérir ces pouvoirs. On se lance dans le chamanisme pour accéder à Qui Nous Sommes véritablement. On lâche l'avoir et le faire, pour tout simplement Être. Quand nous accédons à ce que nous sommes vraiment, nous trouvons notre juste place dans l'univers et nous n'avons plus besoin de rien d'autre. Nous nous fichons de détenir des sortes de « pouvoirs magiques ». Les chamans qui parviennent à ce stade peuvent, s'ils le veulent, développer peu à peu ce genre de dons, mais ils ne le font que s'ils ont un but précis en tête pour servir l'univers tout entier. Ils ne le font que si cela apporte un vrai plus et correspond au Chemin de Vie qu'ils ont choisi. Par exemple, et en toute honnêteté, au stade où j'en suis actuellement, je ne vois vraiment pas ce que je ferais d'un don comme celui de léviter dans les airs. Mais j'imagine qu'il doit y avoir des situations, des Chemins de Vie, où cela sert. Simplement, il doit y en avoir très peu. C'est d'ailleurs pour cela que la plupart des chamans choisissent plutôt de développer le don de guérir ou se contentent tout simplement de transmettre leurs connaissances aux foules pour que chacun accède à Qui Il/Elle Est. Car si je suis seule à gesticuler dans les airs pendant que la Terre va à la catastrophe, je ne sais pas à quoi cela me sert ! Tandis qu'apprendre à soigner toujours plus efficacement et réveiller un maximum de « zombis » (gens inconscients), ça changera vraiment la face du monde.

LEÇON 6

Le tambour

Histoire et aspect physique

C'est l'un des alliés les plus importants du chaman du côté de la réalité ordinaire. Toutes les cultures ont connu le tambour chamanique sous une forme ou une autre. S'il existe des exceptions, elles doivent être rarissimes. Quand on parle de percussions, on pense tout de suite aux Amérindiens avec leur tambour ou aux Africains. En Europe, les peuples celtes et germaniques ont également connu le tambour. Peut-être sous l'influence de peuples venus plus loin de l'Est, vers la Mongolie. Peut-être sous l'influence des Samis au Nord des pays Scandinaves. Ou peut-être le connaissaient-ils déjà avant. Tout ce que l'on sait c'est que des échanges culturels ont eu lieu entre l'Europe et l'Asie au fil des millénaires. Dans certaines cultures, hommes et femmes pouvaient devenir chamans et jouer du tambour dans divers buts. Dans d'autres, ce rôle était réservé uniquement aux hommes ou uniquement aux femmes. L'important est juste de se rendre compte que l'humanité entière savait que les gens pouvaient entrer en transe et que certains instruments jouaient une part importante dans ce processus. Néanmoins, pour votre culture générale, je signale que du côté germanique, c'étaient les femmes qui étaient les plus connues pour jouer du tambour. Les hommes qui s'adonnaient à des pratiques chamaniques ou divinatoires évitaient de s'en vanter car on pouvait les considérer comme « efféminés ». Il en était ainsi chez les humains comme chez les dieux apparemment : dans le texte de la Lokasenna, à la strophe 24, le dieu Loki accuse le dieu Odin d'avoir pratiqué certaines formes de « magie » plutôt féminines. Il lui dit en se moquant « et tu battis du tambour comme les sorcières (völur ; pluriel de völva) ». Preuve s'il en était besoin, qu'en Europe on jouait aussi bien du tambour que chez les Amérindiens !

Mais à quoi ressemblent ces fameux tambours chamaniques ? Cela dépend des zones du globe. On notera qu'avant une époque très récente, ils étaient obligatoirement en peau d'animaux. Peau tendue sur un cadre de bois qui avait plus ou moins la forme d'un cercle. Par exemple, chez les Amérindiens qui sont très attachés à la forme du cercle (c'est une institution chez eux ! Tout se fait en cercle), les tambours devaient se rapprocher le plus possible de cercles parfaits. En Europe et en Asie, les tambours étaient plutôt de forme ovale, voire un peu biscornue. L'essentiel était qu'ils sonnent bien, c'est tout. Voici quelques exemples de tambours ayant existé chez les Sames (ou Samis), en Laponie :

Souvent, un losange ou un rond au centre de la peau représentait le cœur du monde. De là, quatre traits indiquaient les quatre directions sacrées, les quatre points cardinaux (c'est un principe universel dans le chamanisme, qu'on le représente ou pas sur les tambours ; nous en reparlerons dans le sous-chapitre suivant, « De nos jours »). Souvent, le long du bord de la peau, sur le cadre de bois, courait un liseré, une bande, qui symbolisait la Terre, le monde dans lequel nous vivons. Tout ce qui était dessiné sur cette bande représente donc les humains, les animaux et les arbres ou tout événement appartenant à notre plan d'existence, les éléments du quotidien, les éléments marquants du clan (avant que les lapons ne connaissent l'écriture, les tambours portaient sous forme de dessins l'histoire du clan)… Entre le centre du tambour et ce liseré était représentée la réalité non-ordinaire. En général, plus on se rapprochait du centre et plus ce qui était dessiné figurait les dieux ou les éléments comme l'air, l'eau, le tonnerre, etc. Plus proches de la bande de la Terre étaient les esprits des animaux, les âmes des ancêtres, etc. Il est possible que les tambours des völur aient ressemblé à cela. Voici un exemple de tambour chez une völva de notre époque :

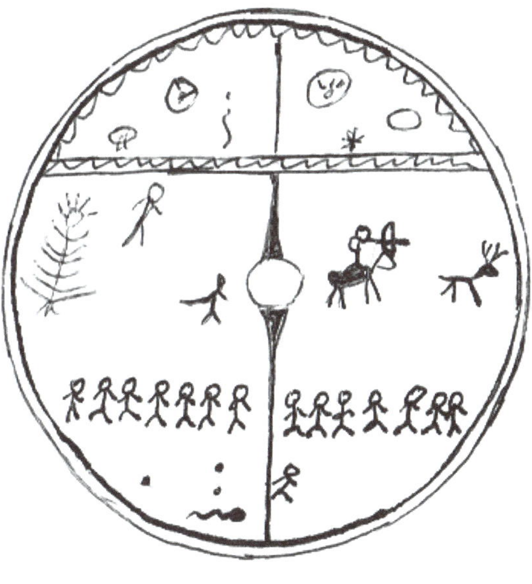

Un tambour n'est pas obligatoirement décoré. La plupart des chamans, en fait, préfèrent ne pas ajouter trop de décoration de peur que cela joue sur la tension de la toile et modifie le son. Nos ancêtres européens étaient visiblement friands de peinture, tandis que les Amérindiens, avant une époque récente, ne l'étaient pas. Pourtant, les uns comme les autres avaient des pratiques chamaniques très efficaces ! Comme toujours dans le chamanisme, il n'y a pas de règles, pas de dogmes. Les usages du tambour sont innombrables, comme nous allons le voir dans la suite de ce chapitre : on peut s'en servir pour harmoniser les lieux, soigner les gens, appeler les esprits dans la réalité ordinaire ou, au contraire, nous envoyer plus facilement dans la réalité non-ordinaire, etc.

Il faut également savoir qu'il existe des tambours à double face (une peau de chaque côté, le tambour est donc complètement fermé) et d'autres à une seule face. Dans ce dernier cas, l'arrière du tambour est également très différent d'un chaman à l'autre. Soit on y laisse les lanières de cuir qui ont servi à tendre la peau, et c'est tout. Soit on y ajoute des décorations. La plupart des gens se contentent dans ce cas d'accrocher comme ils peuvent des plumes et d'autres petits objets qui ont une signification particulière pour eux. Une fois de plus, pas de règles rigides, place à la personnalisation ! Mais les chamans qui s'initient en Asie aiment parfois garder la tradition des Altaïens qui faisaient tenir un personnage derrière le tambour, le long des lanières de cuir ou baguettes de bois qui servaient à maintenir la structure plus ou moins ronde ou ovale :

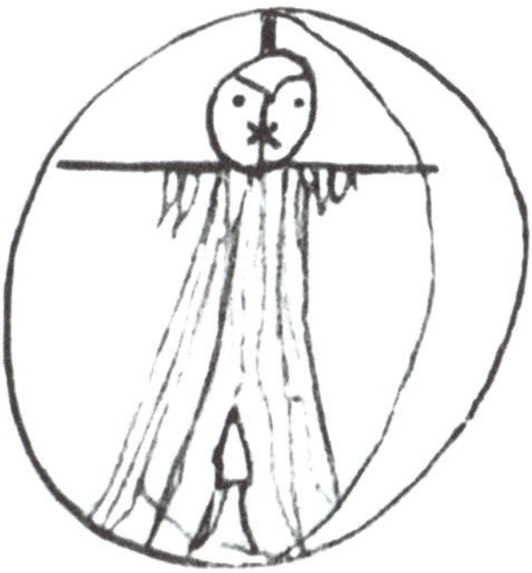

Nombreuses bandes de tissus, de toutes les couleurs

Trouver un tambour

Vous pouvez commencer à pratiquer le chamanisme sans tambour si vous le désirez. Mais quand vous en aurez un, vous réaliserez vite pourquoi c'est un élément essentiel de cette voie spirituelle. Notamment pour accéder plus facilement à la réalité non-ordinaire. Mais si vous n'avez pas besoin de cette aide, qu'il vous suffit de vous allonger et de fermer les yeux, vous pouvez vous en passer. Le problème est que vous aurez du mal à initier d'autres personnes. Le tambour est un allié de poids pour vous mettre rapidement dans l'ambiance en induisant certaines ondes cérébrales (nous allons en parler juste après, dans « induire la transe »).

Pour vous procurer un tambour, plusieurs options s'offrent à vous : en commander un sur internet (même si c'est sur un site où les instruments ne sont pas faits par des chamans, ce n'est pas grave), en fabriquer un lors d'un stage, en faire fabriquer un sur mesure par quelqu'un qui avance sur le chemin du chamanisme. Et, la grande nouveauté, c'est que de nos jours nous pouvons nous procurer des tambours vegans ! Au lieu d'être en peau, les fabricants utilisent des toiles spéciales ou des plastiques…

Personnellement, j'ai un peu tout testé : le vegan, le non-vegan fabriqué lors d'un stage, le non-vegan acheté sur thomann.de. Certains de mes amis sont allés chercher leurs tambours en Hongrie car là-bas le chamanisme est vraiment très en vogue et des artisans ou chamans fabriquent des tambours pour cinq fois moins cher que ce que vous auriez en France même sur le meilleur des sites internet ! Mais vous n'êtes pas obligé de vous compliquer la vie : même si vous achetez sur internet, votre instrument n'en sera pas moins sacré. De toute façon, que vous le fabriquiez ou pas, il va falloir aller à la rencontre de l'esprit du tambour, comme je l'expliquerai bientôt. C'est cela qui scellera votre amitié avec le tambour. Mieux vaut un tambour fabriqué de manière « profane » par une entreprise qu'un tambour fabriqué par un soi-disant chaman qui fait tout un tas de rituels dont vous ne saurez rien, auxquels vous ne participerez pas, et qui ne correspondront peut-être pas du tout à votre énergie et vous apporteront donc des ennuis !

Donc, que vous fabriquiez un tambour lors d'un stage ou que vous l'achetiez, on conseille dans tous les cas de le passer à travers la fumée de sauge brûlée. Le tambour comme la mailloche (la baguette terminée par une boule, qui sert à frapper le tambour). Cela purifiera de tout ce qui pourrait ne pas correspondre à votre énergie. Car, même si vous assemblez votre tambour vous-même, vous n'avez certainement pas tué l'animal qui a donné sa peau, tanné son cuir, fabriqué les parties en bois, etc. Donc une petite « mise à zéro » sera profitable. Le fait de sauger vous assurera que vous repartez sur de nouvelles bases, que vous allez pouvoir construire votre histoire avec votre instrument sans parasitages. Si vous fabriquez votre tambour, vous pouvez aussi glisser quelques petits morceaux de sauge séchée entre le cadre en bois et la peau, avant de tout tendre. Vous avez également le droit de glisser à cet endroit tout objet qui serait très plat et mou comme une toute petite plume par exemple. Mais, évidemment, pas d'objets plus gros, car il n'y a pas beaucoup d'espace et il ne faudrait pas déchirer la peau.

Une fois la fabrication achevée, ou parfois au cours de celle-ci, avant d'assembler la peau au reste, il faudra aller à la rencontre de l'esprit de votre tambour. Si vous achetez un tambour, c'est pareil : après l'avoir saugé, il faudra savoir quel esprit se tient à l'intérieur. On ne met pas un esprit volontairement dedans. L'esprit arrive, c'est automatique. C'est comme lorsque l'on fait des enfants : leur âme arrive toute seule dans leur corps, on n'a rien à faire. Pour contacter l'esprit du tambour, vous allez une fois de plus effectuer un voyage chamanique : allongez-vous et prenez la peau sur vous, sur votre ventre, comme un bébé (ou prenez le tambour entier si vous l'aviez acheté entier et terminé). Fermez les yeux, descendez dans le monde d'En-Bas avec vos totems et demandez tout simplement à rencontrer l'esprit du tambour. Caressez-le, dans vos bras, donnez-lui de l'amour. Interagissez avec lui. L'esprit du tambour peut être n'importe quoi : l'esprit d'un animal, d'un élément (eau, feu, tempête, orage, glace, terre, neige...), l'esprit d'un arbre, ou des arbres en général, l'esprit de la forêt, le soleil, la lune, n'importe quel astre, un concept comme la nuit, le jour, le féminin sacré, etc. L'esprit n'a rien à voir avec la peau de l'animal ou le bois utilisé. Vous pouvez avoir l'esprit d'une marmotte dans un tambour en vache et tilleul ! Parfois, le tambour vous révélera plus que son esprit, il vous dira son nom aussi.

Par exemple, lorsque j'ai fabriqué mon tambour en peau, lors du voyage pour dialoguer avec son esprit, j'ai vu immédiatement un tigre, à peine les yeux fermés. Puis, un peu après, j'ai vu à nouveau un tigre puis des oiseaux de différentes espèces, toujours en vol. J'étais sceptique, mais je lâchais prise, je savais que la solution de l'énigme finirait par arriver un jour. Quelques semaines plus tard, lors d'une retraite sacrée de trois jours et trois nuits (tiyoweh), je trouvai la solution : l'esprit était bien celui d'un tigre, le reste de ma vision était une énigme pour deviner en plus le nom du tambour. Il s'appelait Tigre Qui Vole.

Et, lorsque j'ai acquis un tambour vegan auprès de Florel Viardot (le seul à commercialiser des tambours réglables grâce à une chambre à air que l'on peut gonfler et dégonfler), le nom du tambour figurait déjà dessus car Florel reçoit souvent le nom de ses nouveau-nés et l'écrit sur le bois, à l'intérieur. L'esprit était celui du Rêve. Son nom reflétait cela : Rêves Clairs. L'un des animaux associés au rêve, et plus largement à la rêverie est le lézard. Et, justement, plusieurs jours avant d'aller chercher mon tambour, de nombreux lézards ont croisé ma route et j'ai également reçu des messages en rêve. Quand je suis rentrée chez moi avec mon nouveau tambour, j'ai effectué malgré tout le voyage pour aller rencontrer son esprit, pour le saluer. C'est la moindre des politesses ! Et alors, l'esprit du lézard symbolisant le Rêve est venu à moi et m'a fait savoir que je pourrais le faire figurer sur la toile.

Vous voyez, les esprits des tambours peuvent être très différents.

Dans tous les cas, quels que soient la matière utilisée ou le lieu de fabrication, le tambour est féminin et la mailloche masculine. Et, lorsqu'on joue du tambour, c'est un acte de création, comme l'homme et la femme faisant un enfant. Tous les chamans s'entendent sur ce point. Vous avez donc le Féminin et le Masculin réunis, l'esprit incarné dedans, et les matériaux de départ que vous ne manquerez pas de remercier au passage (remerciez l'animal et l'arbre qui ont été abattus pour que soit créé votre nouveau-né tambour). Rien ne se perd, tout se transforme. Quand vous tenez votre tambour et votre mailloche, vous tenez la mort, la vie, le féminin, le masculin, le Tout. L'Univers.

Maintenant que vous connaissez l'esprit de votre tambour, vous pouvez le dessiner si vous le voulez sur la toile, mais ce n'est pas obligé. Et il faut savoir que dans certaines cultures, c'est l'animal qui a donné sa peau que l'on dessine, et non pas l'esprit du tambour. C'est comme vous souhaitez. Vous pouvez dessiner sur la toile ou pyrograver sur le bois. Tout est possible. Par exemple, j'ai un tambour qui possède un esprit issu de la tradition germanique. J'ai peint cet esprit, ce concept, sur la peau. Et pour l'accompagner, j'ai pyrogravé des runes sur le cercle de bois. Puisque les runes sont issues de cette même tradition, je me suis dit que ça irait bien avec. À notre époque, les dessins se font le plus souvent à la peinture acrylique, au feutre acrylique ou au feutre posca. Pour l'instant, je n'ai testé que l'acrylique sur le cuir. Et sur des matières veganes, l'acrylique comme le posca conviennent. Il est important de noter une différence essentielle entre le vegan et le non-vegan : le son des tambours non-vegans ne se modifie pas ou peu même si la surface de la toile qui est peinte est importante, tandis que le son des tambours en peau risque de se modifier si une grande partie du cuir est couverte. Les chamans disent alors que ce n'est pas grave, que c'est de toute façon juste pour le tambour qui vit cela. Mais, personnellement, j'ai du mal à entendre le son se modifier après une séance de dessin. Quand on est habitué à certaines notes et que tout à coup tout devient plus aigu par exemple, on trouve en général cela disharmonieux. Je déconseille, quel que soit votre choix, de mettre une couche de peinture trop épaisse car si c'est le cas et que la surface est entièrement couverte, vous risquez de ne plus jamais jouer !

Récapitulons : vous connaissez l'esprit de votre tambour, vous l'avez peint/décoré ou non selon votre choix (ce choix peut d'ailleurs évoluer dans le temps, fréquemment les chamans rajoutent une plume, une pierre, une pyrogravure ou un dessin). Vous allez maintenant devoir trouver ce que l'on appelle le cœur du tambour : l'endroit où il sonne le mieux. Sur les tambours en peau, ce cœur peut se situer n'importe où, mais en général, pas en plein centre, ni trop près des bords. Les tambours vegans quant à eux n'ont pas de cœur bien défini en général, mais ils offrent une variété de sons tous agréables, contrairement aux tambours en cuir. Un tambour vegan est en général de plus en plus grave lorsqu'on frappe vers le centre. En allant de la périphérie au centre, on a vraiment l'impression d'avoir une gamme de notes toutes agréables et exploitables, surtout avec les tambours réglables par chambre à air qui sont vraiment uniques pour cela. Au contraire, avec les tambours en peau, on a un cœur qui sonne bien et le reste qui sonne différemment, mais n'apporte pas vraiment la sensation d'avoir des notes différentes. Trouvez le cœur et vous aurez là l'endroit le plus adéquat à frapper pour provoquer la transe ou faire des soins. Le cœur est également l'endroit où vous avez le plus de chances d'entendre des harmoniques : des sons se rajoutant au son produit par la frappe, comme une sorte de résonance. On dit alors que le tambour « chante ». Si vous ne connaissez pas les harmoniques, demandez à un pratiquant de vous montrer. Ces sons ont de nombreuses vertus thérapeutiques et éloignent les esprits qui ont une vibration trop basse (un peu comme le fait la sauge). Ils peuvent aussi induire un niveau de transe plus profond et vous descendez alors palier par palier dans votre voyage. Vous n'entendrez les harmoniques que si la peau a une tension idéale.

Pour les tambours en cuir, il faut humidifier la peau pour la détendre et obtenir un son plus grave, ou la mettre près d'une source de chaleur pour la sécher et donc la tendre et avoir un son plus aigu. Une peau complètement détendue ne donne plus aucun son. Si vous êtes resté trop longtemps sous la pluie ou la neige avec certains tambours, vous savez qu'ils ne donnent plus rien quand ils sont mouillés. Vous n'avez plus qu'à les laisser près du feu à votre retour. Mais pas sans surveillance car j'en connais qui ont fait brûler le cuir ! Donc on ne met pas trop près et on surveille. De même, on ne laisse jamais un tambour en peau en plein soleil derrière la vitre de sa voiture en plein été. Sinon, quand on revient, la toile a tellement séché et s'est tellement tendue qu'elle s'est déchiré ! Et il n'y a plus rien à faire pour réparer cela… Pour l'entretien du bois, passez de temps en temps un peu d'huile de lin. Certains en passent aussi sur le cuir. À mon sens, il faut surtout le faire si vous exposez souvent votre instrument à des conditions extrêmes comme dans les huttes de sudation par exemple. Là, effectivement, il faudra entretenir bois et peau. Si vous devez laver votre tambour, que ce soit juste avec de l'eau, ne mettez jamais de savon ou autre. Lavez doucement avec un tissu humide.

Pour les tambours vegans non réglables, une bonne marque est Remo. Mais il en existe d'autres. Vous pouvez laver plus facilement, avec plus d'eau. Et le temps qu'il fait ne modifiera pas le son. Mais c'est pourquoi il vaut mieux les essayer avant de les acheter car vous n'aurez aucun moyen de rendre le son plus grave ou plus aigu ne serait-ce que pour quelques minutes ! La toile n'a pas besoin d'entretien normalement. Le cadre en bois, selon vos activités, comme expliqué ci-dessus.

Les tambours vegans réglables par coussin d'air se lavent aussi facilement, même avec du savon s'il le faut, et seul le cadre en bois peut éventuellement nécessiter un entretien, comme toujours. Ils ne craignent pas de se prendre le déluge sur la tête. Au contraire, si vous tenez votre tambour au-dessus de vous et que la pluie tombe dessus, vous n'oublierez jamais le concert qui vous sera offert gratuitement ! Le coussin réglable permet une adaptabilité du son dont on ne se passe plus quand on a essayé. On a alors l'assurance d'avoir un tambour qui peut jouer tout le temps et par tous les temps. Si on doit prendre l'avion ou le laisser dans une voiture en plein soleil, ou pour une hutte de sudation, il suffit de dégonfler totalement la chambre à air. Ce sont des instruments que l'on achète pour la vie entière et qui conviennent à tous les rituels, tous les soins… En France, c'est Florel Viardot qui les fabrique. Vous pouvez les lui commander directement ou les acheter dans certaines boutiques qu'il fournit. Facebook Coeur de Son, ou site internet vivanceflorel.com, ou mail : conscienceflorel@gmail.com

Pour clore ce sous-chapitre, je vais résumer ce que vous devez savoir sur le tambour considéré comme individu à part entière, comme objet sacré. Je l'ai déjà dit, le tambour est féminin, « yin ». Et la mailloche est masculine, « yang » comme on dit couramment à notre époque. Quand on joue, c'est un acte de création, comme l'homme et la femme concevant un enfant. Il ne faut donc pas perdre de vue que le son du tambour est le battement du cœur du Créateur. Et aussi, en même temps, le pouls de la Terre. Après qu'un tambour soit assemblé, fabriqué, on le consacre en le passant au-dessus de la fumée de la sauge (la mailloche aussi) et en le caressant et le tapotant doucement avec une plume d'aigle. Ces plumes étant fort rares de nos jours (commerce interdit), vous pouvez demander à vos totems quelles plumes conviendraient. En Europe, on remplace facilement l'aigle par la buse, mais ce n'est pas une obligation. Quand on pose le tambour quelque part, on garde toujours la face sonore vers le ciel, par respect pour le Créateur. On peut donc poser son tambour à la verticale ou par terre, mais jamais face sonore contre terre ou contre le mur. Quand on joue et qu'on chante en même temps, on ne doit pas chanter plus fort que le tambour car on joue dans le temple du tambour qui est le temple du Créateur. Notre voix ne doit pas dépasser celle du Créateur (ce qui est tout un art quand on fait une démonstration à la radio car le tambour résonnant trop, il faut l'éloigner du micro ; les auditeurs ont donc l'impression que le chaman chante plus fort qu'il ne joue, mais en fait, dans le studio, l'équilibre est respecté).

Certains tambours ont un sens haut-bas ou droite-gauche. Tout dépend de leur usage, de l'esprit qui les habite, etc. Si aucune consigne particulière ne vous est donnée par le fabricant ou les esprits, vous n'avez pas à vous occuper de cela. Mais il est vrai que, même sans être spécialement orienté, le tambour porte en général sur lui le symbole des quatre directions sacrées. Soit elles sont dessinées sur la peau, comme dans les exemples européens vus en début de chapitre. Soit ce symbole se tient derrière la face sonore, par les quatre baguettes en bois ou les lanières de cuir réunies en quatre faisceaux qui maintiennent la structure du tambour. De nos jours, certaines manières nouvelles de tresser les lanières de cuir à l'arrière sont apparues, et il n'y a plus alors de « croix » traditionnelle. Mais ces créations ne sont pas encore majoritaires. Elles ne sont ni bonnes ni mauvaises. Encore une fois, tout est question de savoir si cela convient à l'esprit et à l'usage du tambour.

Pour ceux qui seraient attachés aux quatre directions, je vais en résumer le symbolisme. En fait, il existe sept directions en tout : le ciel et la terre (haut et bas, etc.), mais nous avons vu que tous les tambours ne sont pas orientés de la sorte. C'est en fait au chaman de manifester ces deux directions par sa reliance (voir l'exercice du chapitre « sur la Terre comme au Ciel » en début de livre). Viennent ensuite les quatre directions dont je parle et qui sont en fait les quatre points cardinaux. Et la septième direction est celle du dedans, de l'intérieur, du centre ou du temps (car certaines traditions nomment cette direction « le Présent » ; c'est également au chaman de l'incarner en maintenant son attention dans l'instant présent). Avant tout rituel, initiation ou soin, bien souvent, le chaman salue les quatre directions dans cet ordre : Est, Sud, Ouest, Nord. Ces quatre directions mériteraient un livre entier à elles seules. D'ailleurs, d'une certaine manière c'est ce que certains ont écrit (par exemple Jamie Sams dans plusieurs de ses ouvrages).

Je me contenterai de dire que l'Est représente les nouveaux départs, l'aube, le feu, l'esprit, l'éveil, la compréhension, le tout début de l'enfance, l'illumination. Le Sud symbolise l'eau et le sang, l'humilité, la foi, l'innocence, la confiance, l'enfance et nos apprentissages pendant que nous grandissons, les sentiments et émotions, mais aussi une certaine endurance car c'est l'enfant qui tombe, mais qui se relève quand même jusqu'à savoir marcher. D'où la symbolique de patience, endurance, foi, confiance... attachée à cette direction qui est celle de l'Enfant Intérieur. L'Ouest représente l'intériorisation, l'introspection ; le savoir acquis pendant notre apprentissage s'intègre, fait maintenant partie de nous. C'est aussi un temps d'évaluation pour voir si l'on est là où l'on avait prévu, espéré que cela nous mènerait. C'est le physique, le corps et tout ce qui est dense, matériel, la terre. C'est aussi la transformation, la transmutation (quand le gâteau a fini de cuire et que vous le sortez du four, il ne ressemble plus du tout aux ingrédients que vous aviez mélangés à la base). Et enfin le Nord : le mental dans le sens de « sagesse », l'air, la clarté, le repos. On contemple où tout ceci nous a menés, le niveau atteint.

Tout ceci offre un vaste champ de réflexion, de méditation, et a des applications concrètes. Si vous souhaitez approfondir ce sujet, vous pouvez vous plonger dans l'œuvre de Jamies Sams (surtout « Les 13 mères originelles », « Danser le rêve » et « Les cartes médecine ») ou regarder la vidéo « la roue de médecine » sur la chaîne YouTube « la voie des 13 mères originelles » avec Claire Arnould, ou lire « L'envol de l'aigle » de Kenneth Meadows. Mais ce n'est pas une obligation. Certains chamans travaillent beaucoup avec les directions, d'autres préfèrent d'autres chemins, d'autres symboles.

Même si je vous renvoie souvent à des sources amérindiennes, quand je trouve que le thème abordé est mieux expliqué là qu'ailleurs, sachez que les sujets abordés dans ce livre sont universels. À titre d'exemple, voici les inscriptions retrouvées sur le plus vieux tambour chamanique de Hongrie, dans le bassin des Carpates. C'est une protection invoquant la Déesse-Mère et le Dieu-Père, demandant d'éloigner le mauvais œil et de guider vers la Lumière.

On retrouve aussi ce motif sur d'autres objets que ce tambour. C'est la plus ancienne écriture runique hongroise, datant de l'époque Néolithique (le Tatarlakan, période datée de 6500 ans). Les Hongrois étant peut-être d'origine Mésopotamienne, entre autres, la déesse en question pourrait être Ishtar. On notera également, une fois de plus, les quatre directions. Décidément, c'est une institution !

Je remercie au passage Debora, amie de l'archéologie, de la Mémoire et des mondes souterrains, pour la découverte.

N'oubliez pas, comme je le dis à mes stagiaires : c'est par la relation étroite que vous développerez avec votre tambour que vous le « chargerez ». Et le tambour chargé devient un sanctuaire.

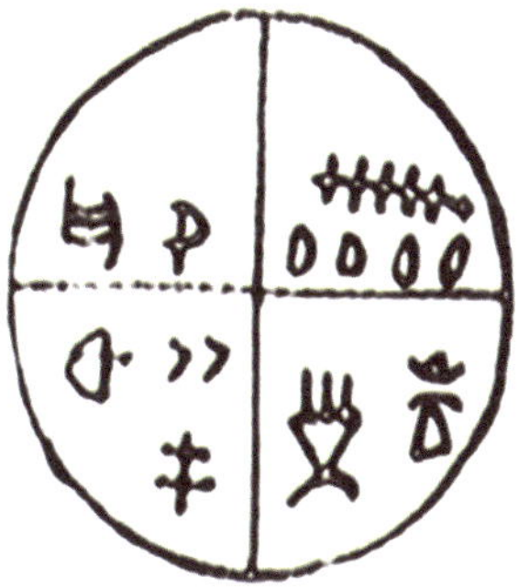

Et si vous voulez voir de magnifiques galeries de photographies représentant des tambours – anciens comme récents –, je vous conseille de vous connecter à pinterest.fr et de taper « tambour chamanique ». Un régal pour les yeux !

Comme je vous le disais précédemment, on peut avoir du mal à se passer du tambour car il est ce que j'appellerais un « facilitateur d'ondes cérébrales ». Ce n'est pas le seul instrument à pouvoir faire cela. Le yidaki (didgeridoo), par exemple, est très efficace également.

Induire la transe

On peut jouer bien des rythmes différents avec son tambour, mais le rythme de base est tout simplement fait de coups assez rapides et réguliers. Ce n'est pas très mélodique, ce n'est pas « musical », mais ce son est celui de la Terre et fait partie de ceux qui provoquent facilement la transe. Sans que l'on sache d'ailleurs pourquoi, comment. Tout ce qu'ont pu remarquer les scientifiques jusqu'à maintenant, c'est que l'écoute du tambour chamanique facilite la production d'ondes cérébrales alpha et thêta, différentes des ondes bêta qui caractérisent l'état de veille, la conscience ordinaire, lorsque l'on a les yeux ouverts et que l'on vit notre quotidien. On sait par ailleurs que les ondes thêta (4 à 7 cycles par secondes) sont liées à la créativité, à une forte imagerie mentale (d'où les « visions » des chamans) et à des états extatiques. On notera également que la fréquence de résonance électromagnétique de la terre, qui est de 7,5 cycles par seconde, est équivalente aux ondes thêta supérieures ou aux ondes alpha inférieures. Donc, quand les chamans décrivent le son du tambour comme le pouls ou le cœur de la Terre, ils ont littéralement raison ! Alors qu'il y a des milliers d'années, ils n'avaient aucun appareil de mesure pour savoir tout cela. Il semblerait donc que le tambour permette au chaman de mettre ses ondes cérébrales en résonance avec le rythme terrestre.

Concrètement, sachez que vous n'êtes pas obligé, pour entrer en transe, de jouer seulement ce rythme caractéristique de frappes rapides (rapprochées) et régulières (sans aucune variation, toujours le même rythme). Ce rythme est celui de la Terre et on l'utilise notamment pour le voyage chamanique, dans des soins ou dans les cercles de tambour (c'est-à-dire quand les chamans se réunissent pour jouer ensemble). Spécialement s'il s'agit de communier avec la terre, de lui offrir une aide à la guérison, etc.

Mais on peut également faire varier le rythme au fil du temps. Il n'existe pas de partition officielle. Le chaman joue ce qui lui vient. Il ne dit d'ailleurs pas qu'il joue, mais que c'est le tambour qui utilise son bras pour jouer, que c'est le tambour qui joue à travers lui. Dans ce cas, le rythme et la mélodie changent au fil de la séance. On peut conduire des initiations, des cercles de tambour et des cérémonies très efficaces ainsi. C'est, personnellement, la méthode que j'utilise le plus souvent. Et qu'utilisait celui qui m'a initié. On ne change pas une méthode qui gagne…

Et à part le tambour, comment peut-on entrer en état modifié de conscience ? Voici une liste – loin d'être exhaustive – de moyens :

– Les chants sacrés et divers sons (entendre ou chanter des sons gutturaux, ou des harmoniques, etc.). J'aime cette citation de Laurent Peyronnet : « Dans notre vie de tous les jours, nous pouvons toucher tout ce que nous créons car nous vivons dans un monde matériel. La seule chose que nous créons, mais que nous ne pouvons pas toucher, ce sont les sons. C'est pour cette raison que dans toutes les religions, le premier moyen de communiquer avec le monde immatériel des dieux est la musique, car elle est aussi immatérielle ».

– L'hypnose.

– La méditation.

– La respiration (soit hyperventilation, qui n'augmente pas l'oxygénation contrairement à ce que l'on croit, mais qui alcalinise le sang ; soit par des cycles de 5 secondes : on inspire sur 5 secs, on expire sur 5 secs, etc.).

– La privation sensorielle (par exemple rester dans le noir plusieurs jours de suite). C'est, d'une manière légère, mais efficace, ce que l'on utilise dans les retraites de type Tiyoweh (voir le chapitre « quêtes de vision et quêtes de guérison »).

– Le jeûne et l'immobilisme. C'est ce qui est utilisé notamment dans les quêtes de vision.

– La privation de sommeil.

– Les mouvements non frénétiques, mais répétitifs comme les balancements par exemple. Ce que j'appelle personnellement « faire l'algue », comme disait la femme qui m'y a initié (voir le chapitre « divination », partie « exercice : faire l'algue »). On rencontre également dans cette catégorie les danses des lamas, celle des derviches tourneurs. Certains réussissent aussi à induire un état modifié de conscience par le yoga ou le qi gong, etc.

– Des danses et mouvements plus frénétiques, plus rapides ou irréguliers : d'autres types de danses de nombreuses cultures (notamment chez les Mongoles), des tremblements... Je peux vous parler par expérience du tremblement provoqué : attention, il ne faut pas de contre-indications médicales telles qu'opération récente (plaies qui risquent de se rouvrir, etc.), douleurs chroniques, une partie du corps vraiment très fragile ou très abîmée, troubles cardiaques ou pulmonaires, grossesse… Les meilleures positions pour trembler sont debout, assis sur un tabouret (ou une chaise, mais sans appuyer le dos) ou, pourquoi pas, couché dans son lit (pas sur un sol dur pour ne pas se faire mal). Du moment qu'on ne se fait pas mal et que c'est confortable, c'est le principal. Quand on le sent, on commence à trembler. Au début, on n'arrive pas à faire trembler l'ensemble du corps, d'un coup, dès les premières secondes. Vous verrez bien ce qui vous vient en premier. En général les jambes et/ou les bras. Puis on garde les tremblements déjà installés et on secoue en plus le tronc, la nuque (les yeux fermés, c'est mieux)… Il ne s'agit pas de secouer en faisant des grands gestes. Plutôt d'imiter ce qui se passe quand on a une forte fièvre qui monte. L'exercice doit rester indolore et confortable ! Et il durera autant de temps que vous le souhaiterez. Je conseille néanmoins de faire une courte durée les premières fois, puis d'augmenter peu à peu pour voir ce que le corps est capable d'encaisser sans qu'un symptôme gênant ne s'installe ensuite. Procurez-vous, si ce sujet vous intéresse, le livre « Seidways » de Jan Fries (n'existe qu'en anglais ou allemand). Attention de ne pas tomber dans le piège du spectaculaire : beaucoup de personnes s'imaginent qu'une transe ressemble forcément à ce que font les chamans de Mongolie lorsqu'ils battent du tambour et gesticulent violemment parfois pendant des heures avant de s'écrouler au sol, inanimés. Mais ce n'est qu'un moyen parmi d'autres. Tout est question d'affinités. Chacun sa méthode ! En fait, « transe » est synonyme « d'état modifié de conscience » et une transe peut être douce et agréable et le public qui regarde peut ne voir rien de spécial, rien d'autre qu'une personne assise ou allongée tranquillement au sol. C'est ce que je fais, comme des dizaines de milliers de chamans à travers le monde, régulièrement. Et cela fonctionne très bien ! Je m'allonge, je ferme les yeux, je rejoins mes esprits tutélaires s'ils ne sont pas déjà là et nous faisons alors ce qui doit être fait. Rien d'extraordinaire là-dedans ! Pas de son, pas de bave aux lèvres, pas de hurlements ni de convulsions, pas de substances psychotropes... Décevant pour ceux qui sont en mal de sensations fortes... Attention également de ne pas confondre transe et possession : le chaman maîtrise tout le processus et se souvient de tout (du moins à son réveil, même s'il oublie parfois ensuite, après avoir écrit ou communiqué à l'oral).

– L'ingestion de substances enthéogènes. « Enthéogène » signifie « qui induit l'expérience du Divin ». Il s'agit de ce que le public non averti et au cerveau bien lavé qualifie de « drogue ». Nous en avons parlé au chapitre sur les végétaux.

– Rêver. C'est la voie des rêveurs et rêveuses amérindien(ne)s ou, moins connu, des dormeuses bretonnes (ici, il ne s'agissait que de femmes) : des gens qui, pour vous prédire l'avenir ou vous apporter toutes sortes d'informations, étaient incapables de vous faire de la voyance en direct, mais s'assoupissaient. Ils se réveillaient ensuite avec la réponse qu'ils vous communiquaient. Les rêveurs amérindiens ont été mentionnés et décrits par beaucoup d'auteurs. Sur les dormeuses bretonnes, il ne restait que la tradition orale avant que la revue Keltia en parle enfin au public dans le numéro 42. Quand je vous dis que ce que je décris dans ce livre est universel ! Qu'on en ait gardé une trace ou pas, je vous assure que ça l'est. La Bretagne a également connu les « écouteuses des morts » qui entraient en transe l'oreille collée aux tombeaux pour entendre les réponses que les défunts donnaient aux vivants. Malgré tout ce qu'on a écrit à ce jour sur le chamanisme, 90 % de la Tradition n'a pas encore été couchée par écrit. Et une petite partie ne se transmet d'ailleurs seulement qu'à l'oral.

Si les états modifiés de conscience vous intéressent, je vous recommande vivement « Le chamanisme, une enquête aux frontières de la transe » d'Audrey Mouge. De l'hyperventilation à de nombreuses substances enthéogènes, naturelles ou synthétiques, vous ne serez pas déçu.

Et je vous passe l'étude des traces laissées dans nos contes et légendes et dans notre Histoire par ces fameux états modifiés de conscience que TOUTES les cultures et civilisations connaissaient. D'où croyez-vous que vienne le sabbat des sorcières du Moyen-Âge ? Des femmes, s'envolant après s'être enduites d'une pommade spéciale contenant des plantes empoisonnées… Cela sent le voyage chamanique sous belladone, jusquiame et assimilées ! Elles ne s'envolaient pas littéralement évidemment ! Le corps physique, le plus dense, restait bien gentiment au sol. Certains chamans voient dans le conte « Jack et le haricot magique » la trace des voyages chamaniques de nos ancêtres celtes et germains ! Pareil pour le dieu Odin et d'autres épisodes de ces mythologies. Et pareil pour Orphée et d'autres personnages sumériens, grecs ou romains qui descendent dans le monde des morts pour y chercher quelqu'un qu'ils aimaient. Même s'il existe aussi une deuxième explication possible de ces mythes, qui est l'existence d'un vrai monde souterrain occupé par une partie de nos ancêtres (après tout, les scientifiques ont officiellement découvert il y a quelques années un océan sous-continental), cela ressemble fort au chamanisme. Quant aux prophètes juifs Élie et Élisée ou au célèbre Socrate, le livre « Anthologie du chamanisme » de Shirley Nicholson n'hésite pas à les ranger dans la catégorie « chamans ».

Le tambour dans les soins

Les tambours en peau, surtout les Amérindiens classiques, ont souvent un son plus aigu que les tambours avec chambre à air. Ils conviennent bien à la communication avec le monde invisible. Tandis que les tambours réglables représentent encore mieux la Terre Mère : ils ont un son enveloppant qui fait comme un cocon autour du patient. C'est pour ceux qui ont besoin d'un contact avec la Mère et ils sont idéaux pour les soins. Même si, au final, on peut faire des soins avec le tambour qu'on veut et appeler les esprits pareillement. Mais il est vrai que mon expérience m'a prouvé que les tambours graves enracinent fortement et relaxent efficacement les gens qui viennent en consultation.

Pour les tambours consacrés aux soins, on peut rajouter un cerclage de cuivre le long du bois, à l'intérieur de l'instrument. L'aspect vibratoire est alors accru. Mais, là encore, il n'y a aucune obligation. Et, comme toujours, libre au chaman qui utilise son tambour de le personnaliser ou non comme il l'entend. Que le tambour soit consacré aux soins ou pas ne change rien à tout ce qui a été expliqué avant.

Avec un tambour vegan réglable, on tient la mailloche à son extrémité et on ne sollicite pas le poignet. Contrairement aux frappes amérindiennes (tambour en peau) où on tient la mailloche au milieu du manche en général et où on frappe plus « brutalement » pour obtenir un son optimal. « Dans la frappe du tambour vegan, le masculin (mailloche) se posant avec souplesse et douceur, le féminin (tambour) peut alors s'exprimer au mieux, donner le meilleur de lui-même. » Florel Viardot (et c'est un homme qui le dit !)

Avant de vous expliquer une manière – parmi des dizaines de possibilités – d'amener le tambour en séance de soin, je précise que l'utilisation de cet instrument dans le domaine de la santé n'est pas obligatoire. Certains chamans se servent du tambour, d'autres non, certains utilisent leurs mains (magnétisme, etc.), d'autres non. Certains balayent l'aura de la personne qui vient consulter avec des plumes, d'autres non. Etc. La plupart se servent d'un peu tout cela selon les patients, selon les cas. Nous y reviendrons dans le chapitre « Les soins ».

Voici donc une manière d'harmoniser et enraciner une personne avec un simple tambour. Je la tiens de Florel que je remercie chaleureusement. N'oubliez pas que la plupart des gens manquent d'ancrage, d'enracinement. Or, sans cela aucune régulation durable n'est possible. Donc, on commence par les pieds : on joue du tambour devant la personne qui se tient debout, devant son chakra basal (au niveau du périnée), devant le bas de son ventre. La face sonore du tambour dirigée vers la personne. Rien que cela est un soin puissant en soi. C'est très efficace sur les personnes qui pensent encore, en passant la porte de la salle de soin, à leur liste de courses ou à ce qu'elles vont devoir accomplir le lendemain à leur travail.

Donc, faites vibrer le tambour au niveau du bas du ventre de la personne qui vient consulter. Puis, passez par-derrière, au même niveau, tout en jouant sans interruption. Le rythme peut être ce que vous voulez, ce qui vous vient sur le moment, et peut varier en cours de séance. Montez lentement le long du corps de la personne. Montez jusqu'à ce que le bord supérieur du tambour (le cerclage de bois) soit en bas du crâne de la personne qui reçoit le soin.

Passez alors directement bien au-dessus de la tête : ne jouez pas derrière le crâne lui-même car cela peut être très désagréable et contre-productif ! Donc, après être parvenu au haut du dos et à la nuque, passez directement au-dessus de la tête en mettant la face sonore du tambour vers le ciel. C'est ce que l'on appelle « passer en position pluie » car s'il pleuvait, les gouttes tomberaient sur le tambour. Ce qui serait d'ailleurs très agréable à entendre avec un tambour vegan ! Et aussi car l'énergie se déverse alors comme une cascade, comme de la pluie.

Le tambour se trouve donc perpendiculaire à la personne en soin, juste au-dessus de sa tête, et vous continuez à en jouer sans interruption bien sûr. Puis, tout en évitant encore la zone de la tête, vous redescendez, toujours par l'arrière du corps, en remettant le tambour parallèle à la personne (face sonore dirigée vers elle). Descendez ainsi jusqu'à atteindre la position de départ, au niveau du bas-ventre. Passez vers l'avant du corps et remontez jusqu'au cœur. Arrêtez quand vous le sentez.

Voici un soin simple et efficace ! À la portée de tous. Comme je vous le disais, le rythme battu peut être n'importe quoi. Il n'y a pas de partition préétablie. Néanmoins, si vous vous laissez guider (c'est ce qu'il faut « faire » justement ! Ne rien faire, se laisser guider), vous remarquerez que souvent, à la fin, au niveau du cœur, le rythme devient celui du battement cardiaque (Deux frappes puis une pause, deux frappes puis une pause, etc.). Vous remarquerez également que lorsque vous montez et descendez le long du corps de la personne, il y a en fait deux orientations efficaces possibles pour le tambour : soit face sonore vers la personne (votre main qui tient le tambour se trouve alors vers l'extérieur), soit envers de la face sonore vers la personne (votre main est alors entre la personne et le tambour ; comme sur les photos ci-dessus). La main qui tient le tambour fait alors d'elle-même un balayage de l'aura de la personne pendant que vous jouez. Cela permet, si vous avez cette sensibilité, de recevoir des informations comme des pleins et des vides dans l'aura du patient. Vous percevrez aussi que l'énergie bouge, change, que la personne se rééquilibre toute seule, et vous saurez alors quand il est temps de passer à la zone suivante, de bouger le tambour.

On peut évidemment faire ce soin sur une personne allongée. À la fin de la séance, quand le tambour s'arrête, on laisse alors le consultant allongé au moins 5 à 10 minutes dans une couverture. Cet enveloppement lui fait comme un cocon et il est ainsi laissé avec la Mère et l'intériorité. Si vous demandez à la personne de se relever immédiatement, elle repart dans le mental et ne profite pas pleinement du soin.

Ce qui est intéressant avec le tambour, c'est que tout en étant fortement relié à la Terre par ses sons graves, tout en étant l'instrument de l'enracinement, il correspond également à tous les centres énergétiques (chakras) du corps. Il peut tous les rééquilibrer.

LEÇON 7

Les offrandes

Augmentez votre boite à outils

Je ne pense pas que vous trouverez un tambour tout prêt en pleine nature, lors d'une simple promenade en forêt. C'est assez rare... Mais, en revanche, vous trouverez bien d'autres choses. Dès que vous serez lancé sur la voie chamanique, avec un bon cœur, avec humilité et joie, la nature ne manquera pas de vous faire parvenir toutes sortes d'objets. C'est ainsi, vous n'avez rien à faire, juste à Être, et le reste arrivera automatiquement. Tous les chamans vivent cela régulièrement.

Vous trouverez des pierres, des plantes, des bâtons, des plumes... La liste des offrandes que vous recevrez est illimitée. Certains trouveront par exemple une racine en forme d'animal ou d'être fantastique qui deviendra le gardien de leur habitation, d'autres recevront des perles ou d'anciennes médailles perdues par des gens et que la terre rejette peu à peu au fil des saisons, etc. En général, les pratiquants du chamanisme n'ont pas de mal à ressentir de la gratitude lors de ces rencontres qui ne sont, évidemment, jamais dues au hasard.

Là où ça commence à poser problème à certaines personnes, c'est quand l'offrande est à prélever sur le cadavre d'un animal ! On ne veut pas le mutiler ou – pire – l'écraser nous-mêmes sous les roues de notre voiture. Pourtant, c'est par les offrandes qu'on recueille plumes et autres accessoires pour nous aider, nous, au quotidien, et en second lieu pour aider les personnes en soin, harmoniser les lieux, etc. Je sais que cela vous demandera beaucoup si vous êtes une personne sensible, mais vous allez devoir comprendre que du point de vue du Monde Invisible, du point de vue de l'animal qui s'est offert lui-même, c'est bel et bien un don. Et il n'y a pas plus de « mal » pour l'Univers à offrir un animal qu'à offrir un plant de sauge ou une branche d'arbre. Vous n'avez pas à fondre en larmes et à vous répandre en excuses devant le cadavre. L'attitude juste est la gratitude. Ne dites pas « pardon ». Dites « merci ». Et prenez ce que l'on vous offre. C'est un cadeau précieux. Aussi précieux que vous l'êtes.

Bien sûr, vous n'y arriverez peut-être pas du premier coup, ne vous en voulez pas si des larmes coulent les premières fois. Mais avec le temps, avec votre progression lors de vos expériences dans la réalité ordinaire comme dans la réalité non-ordinaire, vous finirez par vraiment comprendre, par ressentir, par savoir que c'est un cadeau offert de bon cœur et vous sentirez la gratitude s'élever en même temps que vous baignerez dans l'Amour. Vous êtes aimé. N'en doutez jamais ! Peu importe comment vous appelez cela : le Tout, Dieu, le Ciel Père et la Terre Mère, l'Univers, etc. Mais Cela vous aime.

Vous êtes peut-être en train de penser : « mais c'est aberrant, comment un animal se sacrifierait-il pour que je puisse prélever ses plumes ou une touffe de poils ? Il aurait sûrement préféré vivre encore avec les siens ». Si vous avez quelque chose à sortir, sortez-le ! Exprimez-vous. Vous avez le droit de ne pas comprendre, de ne pas être d'accord, d'être triste, ou en colère, bouleversé. Vous avez tous les droits. Vous êtes Libre. Aussi Libre qu'on puisse l'Être. Aussi Libre que le Tout vous a voulu. Mais, si un jour vous acceptiez simplement d'essayer de commencer à comprendre – genre « bon, ok, je veux bien entendre c'est quoi l'explication, juste par curiosité, mais ça ne changera rien à ce que je pense moi » –, vous serez alors amené par vos totems à d'autres niveaux de compréhension, à d'autres points de vue. Et vous saurez alors que, oui, l'animal qui a regagné la réalité non-ordinaire (qui est décédé) vous a bel et bien fait un cadeau. Vous vous souvenez de cette histoire de point de vue ? On en a parlé dans le chapitre « Comment le chaman accède à ce qu'il est vraiment ».

Si, même avec le temps et une belle progression spirituelle, vous ne pouvez toujours pas accepter certaines offrandes du Peuple Animal, il serait peut-être bon de vous demander à quoi cela renvoie pour vous. Pourquoi êtes-vous toujours aussi terriblement sensible ? Je ne suis pas là pour jouer la psy de bas étage, je vous invite simplement à vous poser la question pour voir s'il y a ou non un problème à résoudre. On peut aimer les animaux et la nature (jusqu'à être vegan) et être très sensible tout en acceptant les offrandes de la Nation Animale.

Vous verrez, par expérience, que l'énergie d'un animal qui se donne à vous n'a rien à voir avec l'énergie d'une pauvre bête élevée dans une cage et abattue dans des conditions atroces ! Néanmoins, vous avez le droit de mettre des limites et des conditions aux offrandes. C'est un point capital ! Je vais vous donner un exemple : il y a de cela plusieurs années, je roulais sur une voie rapide (110 km/h) quand un geai bleu est venu percuter l'avant de ma voiture. Je ne l'ai absolument pas vu arriver. Sur le coup, je n'ai même pas vu que c'était un geai. Il m'a juste semblé que c'était un oiseau, arrivé en volant très bas. J'ai regardé dans mon rétroviseur, m'attendant à voir le corps sur la route, mais rien. Étrange… Je traverse tout mon village en pleine heure de pointe, comme si de rien n'était. À l'époque, je faisais de la garde d'animaux donc j'avais de grands panneaux publicitaires le long de ma voiture, vantant mes bons services. Vous allez voir que c'est le détail qui tue quand vous aurez la chute de l'histoire ! J'arrive chez moi, je me gare tranquillement, je descends avec le sourire, prête à saluer d'éventuels voisins par cette matinée ensoleillée… et j'aperçois le geai encastré dans le pare-chocs avant ! Je mets plusieurs secondes à réaliser, je comprends pourquoi je n'avais pas vu de corps dans les rétroviseurs : monsieur est toujours là, ailes déployées, magnifique. Et surtout magnifiquement mort et désarticulé… Un oiseau a une ossature très fragile, légère, creuse, totalement différente de celle des mammifères. J'essaye de le retirer du pare-chocs et de la grille tout en le remerciant mais en pestant quand même qu'il ait eu l'idée de s'offrir à moi de cette manière. Je n'y arrive pas. Il est tellement encastré dans la grille que je sens bien que si je tire, chaque articulation va venir séparément. Là, je perds mon sentiment de gratitude, je suis à deux doigts de vomir. Et pourtant je peux vous assurer que j'ai l'estomac extrêmement bien accroché ! Au final, je ne sais plus comment je suis parvenue à retirer ce geai de la carrosserie mais j'y suis arrivée. J'ai prélevé beaucoup de plumes puis l'ai rendu à la nature, en forêt. Et j'ai réalisé que j'avais traversé tout le village avec le corps de cet animal bien en vue sur ma voiture et les panneaux publicitaires disant que je prendrais soin de vos animaux en votre absence ! Ça crée un certain malaise, même en ayant un solide sens de l'humour… J'ai alors demandé que plus jamais un animal ne s'offre à moi de la sorte, car en plus ça risquait de ne vraiment pas être bon pour mes affaires. Et depuis, l'incident ne s'est plus reproduit. Je trouve des cadavres écrasés par d'autres et ça me suffit. Donc, mettez des limites et des conditions aux offrandes, il suffit de demander intérieurement, de le décider en vous, pas besoin d'un rituel particulier !

Une fois l'offrande acceptée, il reste à savoir ce que vous devez prélever. Car cela peut aller de quelques plumes ou poils à une queue, une patte ou une aile entière ! Et cela va vous demander d'aller encore plus loin quand il faudra prélever l'aile vous-même… En général, on sait ce que l'on doit prélever. Soit on le sait par intuition, c'est la première idée qui nous vient (même si on ne voit pas ce qu'on va en faire par la suite). Soit on le sait, car on l'a demandé avant. Par exemple, si vous venez d'apprendre que beaucoup de chamans saugent en utilisant une aile d'oiseau et que vous voulez avoir une aile ou sentez qu'un jour vous en aurez une, vous ne serez pas étonné qu'un oiseau mort croise votre route.

Il n'y a pas de rituel préétabli pour recueillir l'offrande. En général, on fait cela au calme, dans le respect de l'animal. On sauge la pièce où on le fait et les ustensiles utilisés, on remercie l'animal et on coupe, on y va, pas le choix. Vous pouvez allumer des bougies ou non, vous pouvez avoir du matériel (ciseaux, couteaux…) exclusivement dédié au prélèvement des offrandes animales ou non, etc. Tout cela n'a pas d'importance. Ce qui compte c'est ce cœur à cœur en pleine conscience avec l'animal qui s'est offert. Cet instant est sacré en lui-même, pas besoin d'en rajouter.

Maintenant, pour les détails pratiques, sachez que si vous coupez un membre (ce n'est pas valable pour des plumes isolées ou des poils), il faudra ensuite le mettre au congélateur pendant quelques jours, dans un sac de congélation, pour tuer d'éventuels parasites. Puis vous le décongelez et le recouvrez entièrement de gros sel. Tout le monde ne congèle pas, mais l'étape du sel est obligatoire. Quand la partie recueillie sera complètement séchée, déshydratée, vous n'aurez plus qu'à vous en servir. Vous pouvez la laisser isolée ou l'inclure dans d'autres objets (sur un tambour, ou un bâton, rajouter des tissus, perles et autres décorations à cette partie offerte, etc.).

Bien sûr, vous pouvez aussi acheter des objets déjà prêts pour éviter de croiser trop d'offrandes sur votre route… Chacun son style !

Pour compléter ce chapitre (du point de vue pratique et technique comme sur le fond), je vous invite à regarder la vidéo « les offrandes reçues du peuple animal » sur la chaîne YouTube « la voie des 13 mères originelles » avec Claire Arnould et Alice Debernard. Et à vous trouver un taxidermiste près de chez vous ! Croyez-moi, ça peut servir…

LEÇON 8

Les soins

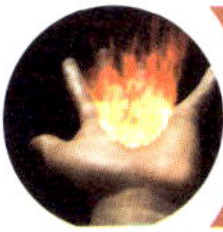

Mieux percevoir l'énergie

Quittons les cadavres, revenons à l'énergie qui entoure les vivants. Au chapitre des végétaux, vous avez déjà pratiqué un exercice qui consistait à approcher peu à peu un arbre, à sentir son champ énergétique autour de lui (ce qu'on appelle son « aura ») et à entamer le dialogue. Nous allons faire un exercice semblable sur les humains. Nous pourrions le faire avec un animal, mais il risque de bouger et ce sera donc moins simple pour vous. Pour un débutant, un être humain sera idéal. Il y aura donc deux prérequis à ce qui va suivre : que vous maîtrisiez l'ancrage-centrage comme expliqué dans le chapitre « sur la Terre comme au Ciel » et que vous ayez à vos côtés un cobaye volontaire.

Nous allons commencer par un grand classique que l'on retrouve partout ou presque, en qi gong, dans les stages de magnétisme ou autres techniques, etc. : frottez vos deux mains l'une contre l'autre. Pas trop vite, prenez votre temps. Un peu comme si vous les passiez sous l'eau pour les laver. Frottez l'intégralité de vos mains, mais insistez plus sur les paumes (frottez paume contre paume). Faites cela le temps que vous voulez. Si vous n'avez pas d'intuition à ce sujet, que vous ne savez vraiment pas quand arrêter, disons qu'il serait bien de le faire pendant une minute. Puis, écartez vos mains, mais en laissant toujours les paumes l'une en face de l'autre. Écartez tout doucement. Jusqu'à une vingtaine de centimètres environ. Puis rapprochez-les un peu, de quelques centimètres. Lentement. À chaque étape, notez vos sensations. Que ressentez-vous ? Du chaud ? Du froid ? Des sortes de fourmillements ? L'impression d'avoir comme un ballon entre les deux mains ? On sent qu'on appuie sur quelque chose, sur ce « ballon », quand on rapproche un peu les mains l'une de l'autre. Et c'est le cas ! Ce n'est pas une illusion. Vous êtes bel et bien en train de jouer avec une boule d'énergie créée par le frottement de vos mains au début de l'exercice. Le frottement des mains met en route le magnétisme, l'énergie de la personne, et active la sensibilité.

Vous pouvez frotter à nouveau vos mains et rejouer avec la boule autant de fois que vous le voulez ! Ce jeu ne sera plus nécessaire quand vous aurez de l'entraînement et sentirez sans difficulté les énergies. Mais, au début, il vous sera d'une grande aide. Chaque fois que vous perdrez éventuellement le contact avec un champ énergétique, que vous ne le sentirez plus, rappelez-vous le jeu du frottement des mains et de la boule d'énergie ! Cela vous aidera à dialoguer avec un arbre, à soigner une personne, etc.

Quand vous vous serez lassé de cet exercice, demandez à votre cobaye de se tenir debout sans bouger devant vous. Les bras le long du corps, détendu, face à vous, à 1,50 m environ. Et approchez-vous de lui en mettant vos mains en avant. Avancez doucement jusqu'à percevoir « quelque chose ». Je ne peux pas vous dire quoi, car cela dépend des gens : une température différente, une pression (comme si vos mains touchaient quelque chose de subtil, mais néanmoins présent)… Ce « quelque chose » peut être plus ou moins proche de la personne, car plus vous vous avancez vers elle et plus son aura devient dense et palpable. Certains percevront donc un changement alors qu'ils auront les mains à un mètre du corps de leur cobaye, d'autres à seulement 5 cm. L'essentiel est de rencontrer une frontière, quelque chose à palper.

Avoir réussi cela est déjà bien. Je vous invite à renouveler l'expérience aussi souvent que vous le pourrez et avec des personnes différentes. Et des arbres également. Mais, avant de quitter définitivement votre cobaye, un dernier petit exercice : vous avez les mains contre son aura, je vous suggère de les bouger de haut en bas. Lentement. Percevez la forme de l'aura autour du corps. Si vous n'arrivez pas à suivre la frontière contre laquelle vous avez buté, vous pouvez reculer les mains puis les déplacer vers un autre endroit du corps, chercher la frontière à ce nouvel endroit. Si, par exemple, vous vous étiez approché au début au niveau du torse, enlevez vos mains, reculez de quelques dizaines de centimètres, puis avancez à nouveau, mais avec les mains plus hautes, vers les épaules, ou de chaque côté de la tête.

Pour l'instant, il ne s'agit pas de guérir qui que ce soit. Vous développez simplement votre ressenti. Et la seule chose qui vous fera progresser est l'entraînement. Je n'ai pas d'autre recette miracle à fournir : recommencez encore et encore sur des tas d'humains, d'arbres et d'animaux. Jusqu'à ce que votre ressenti s'affine. Vous percevrez alors des choses différentes dans l'aura : parfois, le cobaye du jour aura des zones « vides », comme des trous dans son aura. D'autres endroits plus chargés que la moyenne, plus « pleins », qui débordent par rapport au reste de l'aura. Parfois, vos mains rencontreront une zone désagréable pour vous ou le cobaye. Une zone « poisseuse » ou sur laquelle vous ne parvenez pas à mettre de mots, mais vous n'avez pas envie de rester à son contact. N'y restez pas ! Bougez ! De même, si le cobaye ressent un symptôme désagréable depuis que vous avez vos mains à cet endroit précis, qu'il le dise immédiatement et que vous changiez. C'est un jeu ! Tout se fait dans la joie, la curiosité, le plaisir. On n'est pas encore en soin ! D'ailleurs, même les soins peuvent se faire dans la joie, la curiosité et le plaisir.

Vers plus de respect et d'écoute

Pour cet exercice, vous aurez également besoin d'un cobaye et ce sera obligatoirement un humain, car vous allez devoir communiquer, échanger verbalement avec lui. Il sera allongé. Idéalement sur une table de massage, car ainsi il sera placé assez haut par rapport à vous et vous pourrez faire le tour de la table. À défaut de ce matériel, trouvez une autre astuce, ce que vous voudrez, mais vous gagnerez vraiment à avoir une table de massage. De toute façon, si vous vous destinez aux soins, ce sera un investissement à faire.

Le cobaye est donc allongé sur la table, à peu près à hauteur de vos hanches. Vous vous ancrez-centrez, comme à l'exercice du chapitre « sur la Terre comme au Ciel ». Ne faites jamais rien de chamanique ou d'énergétique sans être relié aux deux pôles, calme et stable avec votre respiration et votre conscience posées dans votre ventre. Je ne le redirai pas systématiquement, mais vous devez être dans cet état de reliance et de présence. TOUJOURS.

Le cobaye est attentif lui aussi. Hors de question que l'un d'entre vous écoute de la musique avec des écouteurs ou réponde à ses SMS pendant ce jeu ! Soyez tous les deux attentifs à vos émotions, sensations corporelles, pensées, etc. Vous allez vous approcher de la table, peu importe par quel bout. Très lentement. En demandant à votre cobaye ce qu'il ressent. Si c'est ok pour lui ou si vous êtes trop proche par exemple. À lui de trouver la distance qu'il préfère. Pas de complaisance. Pas de « oh, ça n'a pas d'importance, tu peux approcher autant que tu veux ». Non ! Il y a forcément une distance minimale à respecter, au-delà de laquelle le cobaye finirait par se sentir mal à l'aise, aurait besoin d'espace au bout de quelques minutes. Ne serait-ce qu'à un centimètre de sa peau, en le collant. C'est normal, notre champ énergétique est ainsi fait.

Mais il est vrai que les sensations agréables ou désagréables ne se manifestent pas toujours partout. Par exemple, il est possible qu'en approchant votre cobaye par les pieds, il ne perçoive vraiment pas de distance où cela deviendrait inconfortable (alors que si vous approchez par la tête, par exemple, il sentira un besoin de mettre de la distance entre vous et lui). Maintenant que vous vous êtes plus ou moins avancé, déplacez-vous. Peu importe que ce soit dans le sens des aiguilles d'une montre ou l'inverse. Choisissez au pif et commencez TRÈS lentement à faire le tour de la table. En faisant régulièrement des pauses. Faites une pause dès que vous percevez que, là, quelque chose a changé. Et demandez au cobaye s'il perçoit aussi un changement ou non.

Vos ressentis peuvent ne pas être synchrones, cela n'a aucune importance. Vous allez simplement constater que vous croiserez des zones désagréables, inconfortables, pour vous. Des zones où vous ne resterez pas, bien sûr, bougez ! Des zones agréables, plus confortables que la moyenne, où vous resteriez volontiers quelques minutes. Et vous pouvez le faire, si votre cobaye est d'accord. Des zones neutres. Etc. Peu à peu, vous développerez toute une gamme de sensations, de nuances… Et, du côté cobaye, c'est pareil : il ressentira de l'inconfort, de la joie, et bien d'autres choses. Il se peut qu'une zone désagréable pour lui ne vous semble pas si inconfortable (voire soit carrément confortable). C'est ainsi. Les goûts, les couleurs, les ressentis ne se discutent pas. C'est un peu comme s'il détestait un vêtement que vous adorez ou ne trouvez pas si laid que cela. Ça ne veut rien dire de spécial, il n'y a rien à interpréter ni à changer. C'est juste ainsi. Par ce jeu, vous découvrez tous deux les zones où l'approche est plus facile, ou l'interaction entre vous peut se faire plus aisément.

Vous pouvez refaire encore un ou deux tours si vous le souhaitez. Puis, mettez-vous d'accord avec votre cobaye sur une zone où vous êtes confortables ou au moins neutres tous les deux.

Par exemple, « c'était mieux quand tu étais à côté de mon genou gauche ». Dirigez-vous alors vers le genou gauche, très lentement, et posez une main sur le genou, si le cobaye accepte d'être touché. Sinon, restez simplement là, en présence, ancré et centré, quelques instants. Puis mettez fin à l'exercice et, si possible, échangez : le cobaye devient celui qui fait le tour de la table et vice versa. Même si le partenaire ne se destine pas aux soins énergétiques, expliquez-lui que c'est important pour vous de ressentir ce que cela fait d'être sur la table. Vivez toujours autant que possible les deux facettes de chaque expérience, car c'est par la comparaison et la sensation que l'on se découvre, que l'on vit, que l'on comprend... et que l'on se connaît au final.

Si vous faites à nouveau cette expérience un autre jour avec le même cobaye, vous verrez que le résultat sera différent. De même qu'il sera différent avec un autre cobaye bien sûr.

Et maintenant ? Toujours pareil : entraînez-vous ! Cet exercice vous aidera à savoir approcher les êtres vivants, les lieux, etc. Au moins, quand vous donnerez un soin, vous ne vous demanderez pas par quel bout commencer et vous ne serez pas tenté d'appliquer à la lettre des protocoles qui par définition ne peuvent pas être universels, ne peuvent pas correspondre à tout le monde. Par exemple, « commencez toujours par la tête, ensuite passez à la nuque, ensuite faites ceci, et faites cela, restez deux minutes à tel endroit en imposant les mains et quatre minutes à tel autre... ». La plus belle voie (et la plus efficace) est toujours celle de la personnalisation, de l'adaptation.

Au contact du corps

Vous serez votre propre cobaye, pas la peine d'appeler quelqu'un à l'aide. Vous allez déplacer votre conscience à l'intérieur de votre corps et vous mettre à l'écoute de votre ressenti. Il est donc très important de vous installer confortablement, d'être sûr de ne pas être dérangé (téléphone éteint, porte fermée avec un écriteau « ne pas déranger » s'il le faut...). Vous pouvez vous installer comme vous voulez : assis, debout, couché, sur un transat... Mais si vous êtes debout, vous aurez peut-être du mal à vous détendre vraiment. Et si vous vous allongez, attention de ne pas vous endormir.

Évidemment, commencez par vous relaxer, vous centrer, vous relier au ciel et à la terre comme dans l'exercice expliqué dans le chapitre « sur la Terre comme au Ciel ». Posez ensuite une de vos mains sur une de vos cuisses. Peu importe que vous soyez directement sur la peau ou qu'il y ait du tissu entre la cuisse et la paume de la main. Fermez les yeux. Ressentez votre peau, portez votre attention sur votre toucher. Ne jugez pas ce que vous ressentez. Ne pensez pas, par exemple, « ma peau est trop froide » ou « il y a bien trop de graisse en dessous, je sens les capitons ». Pour l'instant, ne pensez pas à ce qu'il y a en dessous. Ressentez simplement la couche la plus superficielle comme si vous la découvriez pour la première fois. Dites « bonjour » à votre peau.

Puis, quand vous le voudrez, demandez à votre peau si elle est d'accord pour que vous la traversiez et descendiez un étage plus bas. Normalement, la réponse est toujours oui si vous êtes bienveillant envers votre corps. Visualisez des doigts de lumière qui « quittent votre main physique » et descendent un cran plus bas, dans la couche du derme du dessous. Votre « vraie main », bien physique, matérielle, ne peut pas faire cela, à moins que vous vous arrachiez la surface de la peau avant ! C'est pourquoi vous aurez besoin de vos « doigts de lumière ». Si vous n'arrivez pas à visualiser des choses, vous n'avez qu'à ressentir tout simplement que vous descendez plus bas. Quel est votre ressenti dans cette couche du derme ? Il n'y a pas de « bonne » ou de « mauvaise » réponse. L'important est juste de prendre conscience de la façon dont VOUS ressentez cette partie de votre corps. Est-elle plus chaude que la précédente ? Quelle impression vous donne-t-elle ? Comment la qualifieriez-vous en un mot ou en quelques-uns ? Y a-t-il une couleur, une odeur ou une note de musique qui vous vient à l'esprit ? Cela vous fait-il penser à un souvenir ou une sensation agréable (que vous arriviez à mettre des mots dessus ou pas) ? Même si cela vous paraît désagréable, ne jugez pas, n'essayez surtout pas de CHANGER quoi que ce soit. Laissez ÊTRE tout simplement. Et, quand vous le voulez, passez à la couche du dessous, l'hypoderme.

Quand vous vous trouvez dans un endroit agréable, vous pouvez rester autant de temps que vous voulez. Si vous êtes dans un endroit désagréable, remerciez cette couche de vous avoir laissé traverser et passez à la suivante. Essayez de penser à demander si vous avez la permission, si votre corps veut vous laisser aller plus loin ou pas. Après avoir ressenti votre hypoderme, vous rentrez dans un muscle de la cuisse. Peu importe lequel, selon l'endroit où votre main est posée, vous n'avez pas besoin de connaître forcément le nom de chaque partie de votre anatomie de manière détaillée. Le muscle est lui aussi fait de plusieurs couches : une externe, un genre « d'emballage » fin, une membrane. Puis viennent les fibres musculaires en dessous. Vous pouvez peut-être sentir des vaisseaux sanguins dans les muscles ou des couches de graisses avant d'arriver dans un muscle ? Explorez votre corps. Nous n'avons pas tous le même, donc adaptez-vous. Si vous tombez sur une couche sans savoir ce que c'est exactement, ce n'est pas grave, cela n'a aucune importance. Explorez, jouez ! C'est un jeu !

À force de descendre, vous finissez par arriver jusqu'à l'os et, là encore, il y a la couche externe, ce qu'on entend en général par « os », une couche dure. Puis, à l'intérieur, il y a la moelle, rouge, vascularisée, etc. Allez jusqu'à la moelle et remerciez intérieurement, avec votre cœur, toutes les couches traversées, pour tous les bons services qu'elles vous apportent, tous leurs bons fonctionnements. Puis, refaites le trajet en sens inverse, remontez à la surface, à votre rythme. Remerciez, dites « au revoir ». Ouvrez tout doucement les yeux, comme des stores que l'on relève peu à peu.

C'est un exercice d'écoute de son corps, de soi, de respect, de pleine conscience et de bien d'autres choses encore qui servent à chaque être humain ! Que tout le monde devrait connaître. Et qui servent d'autant plus à ceux qui manifestent la volonté d'aider leur prochain.

Peut-être avez-vous ressenti des émotions agréables, ou peut-être avez-vous pris conscience de certains problèmes. Peut-être votre corps en a-t-il profité pour vous glisser un message. Ou pas. Peu importe. Il n'y a pas de but à cet exercice, pas d'autre « but », en tout cas, que d'écouter et de regarder simplement « comment c'est » sans rien vouloir changer. Juste un regard neutre, une prise de conscience sans jugement. Un peu comme lorsque vous êtes prêt à écouter quelqu'un, quoi qu'il dise ou montre. Et peut-être ne dira-t-il rien d'ailleurs ! Mais, simplement, si votre corps a profité de votre écoute pour vous parler, prenez bien note de ce qu'il vous a dit et apportez-lui ce qu'il faut s'il a une demande particulière.

La simple écoute, le simple « regard neutre » tout en étant centré et ancré (relié au ciel et à la terre) est en fait un soin en soi ! Rien que d'avoir exploré une partie de votre jambe sans rien demander, votre corps en a peut-être déjà profité pour réguler des choses. C'est très courant. Par exemple, si vous aviez une contracture à la cuisse, vous pouvez avoir ressenti que les tissus étaient plus relâchés sur le « trajet du retour » que lorsque vous les avez traversés au départ. Sans que vous n'ayez rien fait pourtant ! Cela s'explique par la capacité d'autorégulation du corps (comme du psychisme ou de n'importe quelle partie de votre Être d'ailleurs) : bien souvent, il n'y a pas besoin de « faire », mais juste de montrer.

Le Dr Arthur Lincoln Pauls, le fondateur de l'ortho-bionomy®, prenait souvent cet exemple pour expliquer ce processus d'autorégulation : un jour, alors qu'il marchait dans la rue, une femme qui portait un panier de linge et qui avançait devant lui perdit une chaussette sans la voir tomber. Arthur l'interpella, elle se retourna. Il lui désigna tout simplement la chaussette d'un geste, elle regarda par terre, la ramassa, remercia et repartit. Il n'avait pas eu besoin de lui dire « vous avez perdu une chaussette, vous devez vous baisser, tendre le bras pour la ramasser, la saisir, la mettre dans votre panier, vous relever et partir ». Non. Arthur n'a eu qu'à montrer le problème et la dame a réparé ce qu'il y avait à réparer toute seule. Eh bien, le corps fonctionne aussi comme cela : par l'exercice auquel vous vous êtes livré, vous ne faites qu'explorer et parfois vous remarquez un problème, comme Arthur indiquant la chaussette. Votre corps prend alors conscience de son déséquilibre et fait ce qu'il faut pour y mettre fin. Tout comme la dame s'est très bien débrouillée seule pour ramasser son linge ! Cette philosophie : « être et accompagner de manière neutre, simplement montrer » et non pas « faire » est CAPITALE pour bien des raisons que vous allez comprendre au fil de cet ouvrage. Et, malheureusement, elle est trop peu répandue. Je ne l'ai rencontrée qu'auprès de certains chamans, dans l'ortho-bionomy®, dans la PMI (pratique manuelle informative, développée actuellement par le Dr Thérèse Quillé) et dans quelques autres techniques (et le thérapeute est aussi important que la technique, car j'ai déjà vu des praticiens reiki faire beaucoup de bien et un praticien en ortho-bionomy® faire beaucoup de mal ! Méfiez-vous des charlatans, fiez-vous à vos ressentis !). Cette philosophie est loin d'être répandue dans les stages de magnétisme et autres enseignements énergétiques. Heureusement, certains magnétiseurs sont dans l'Être et la neutralité automatiquement, depuis leur début, sans qu'on leur ait appris. Mais tous ne sont pas ainsi ! Et ceux qui « font » des choses à leurs patients causent beaucoup de dégâts ! Nous y reviendrons dans la suite de ce chapitre.

Pour revenir à votre entraînement, je vous invite bien sûr à recommencer régulièrement cet exercice à d'autres endroits de votre corps. Vous noterez les résultats. Et vous remarquerez également, en jouant, que vous pouvez déplacer vos doigts de lumière dans toutes les directions. Vous pouvez poser votre main sur votre ventre en début d'exercice, mais être appelé vers une zone très éloignée, comme la glande thyroïde, à la base du cou, par exemple. Sans bouger votre main physique de votre ventre, votre main de lumière pourra se rendre à la thyroïde et l'écouter. Vivre cela et s'y entraîner est très important si vous souhaitez vous lancer dans les soins énergétiques. Par exemple, certaines parties du corps trop douloureuses ne pourront pas être approchées directement, même certaines cicatrices très anciennes. Vous pourrez alors soit garder les mains à distance et travailler depuis l'aura, comme nous allons le voir maintenant. Soit travailler au contact du corps, mais en posant vos mains loin de la zone inconfortable. Ne faites JAMAIS de forcing, respectez toujours la personne que vous avez sur la table !

Un premier soin aurique

C'est bon, vous avez le droit de vous y mettre : appelez des cobayes, vous allez leur donner des premiers soins.

Demandez-leur d'être debout face à vous et scannez leur aura. Voyez si vous ressentez des pleins, des vides, des zones différentes des autres, etc. Chez certaines personnes, vous sentirez même un décalage ! Par exemple, en mettant une main de chaque côté du crâne, vous sentirez l'aura à deux centimètres de l'oreille droite, mais à dix centimètres de l'oreille gauche. L'enveloppe énergétique est donc fortement décalée vers la gauche. Pour l'instant, ne faites rien, notez simplement les informations recueillies. Puis, demandez au patient de s'allonger sur la table, dans une position confortable. N'hésitez pas à mettre un coussin sous la tête et un autre plus allongé (un boudin) sous les genoux. Prévoyez des couvertures au cas où le patient se refroidirait en cours de séance, etc. Le confort du patient c'est 25 % de votre séance réussie !

Commencez la séance en approchant la personne allongée par un endroit confortable ou au moins neutre (comme expliqué avant : « Vers plus de respect et d'écoute »). Puis, à partir de là, déplacez vos mains vers les zones du corps qui appellent. Si aucune intuition ou aucun ressenti ne vous vient, demandez à la personne ses problèmes de santé et allez vers les zones malades. En étant relié au ciel et à la terre et en mettant votre respiration et votre conscience au niveau du ventre, vous devenez un canal par lequel l'énergie circule. Vous « faites canal » comme on dit. Vous n'avez rien à faire d'autre. Ni envoyer des intentions de guérison, ni quoi que ce soit, ni psalmodier des prières, ni visualiser quoi que ce soit, etc. L'énergie va arriver tout naturellement par votre intermédiaire vers les zones malades. L'énergie ira là où on aura besoin d'elle.

Et ce qui devra s'évacuer s'évacuera tout seul également. Posez juste les mains vers les zones qui appellent, le temps que vous jugerez nécessaire. Des fois, le corps se régule très vite, d'autres fois, il met plus de temps. Laissez-lui le temps de comprendre, de se remettre. Ou de profiter, tout simplement, car ça peut être agréable pour lui et il a le droit de se faire plaisir ! Si vous sentez qu'on appelle vos doigts de lumière pour aller dans les profondeurs du corps, allez-y.

Mettez quand même une limite de temps pour ne pas fatiguer la personne sur la table, car vous ne savez pas à quel point elle est sensible ou non à l'énergie. Pour commencer, faites des séances de 30 minutes maximum. D'autant plus que l'exercice n'est pas tout à fait terminé ! Laissez la personne allongée sur la table, dans une couverture si elle l'accepte, pour profiter du soin et rester dans les sensations de son corps. Puis, invitez-la à se relever lentement. Certaines personnes tournent un peu, c'est rare, mais ça peut arriver. Laissez-leur du temps. Proposez-leur un verre d'eau si elles ont du mal à revenir totalement à elles.

Recommencez alors l'analyse de l'aura : vous constaterez que certains déséquilibres que vous aviez perçus se sont rééquilibrés par le travail au contact du corps ! Eh oui, nous sommes des êtres incarnés, nous avons besoin d'être touchés. C'est déjà au moins 50 % du travail de fait, si ce n'est 100 % pour certains patients !

S'il reste des déséquilibres, vous allez procéder à un rééquilibrage aurique. Prenons pour commencer le cas de l'aura décalée. Ici aussi, tout se fait dans l'écoute, la douceur et le respect. Le respect ne passe pas seulement par la politesse lorsque l'on s'adresse à la personne qui vient nous consulter. C'est beaucoup plus profond et subtil que cela. Le respect passe également par la manière d'être au cours d'une séance. Même animé d'une bonne attention, si vous placez vos mains de part et d'autre d'une aura décalée pour la pousser vers le corps et donc la remettre en place, d'une certaine manière vous ne laissez pas le choix au corps, au patient, et vous ne lui laissez pas la possibilité de se rendre compte de son déséquilibre et d'y remédier par lui-même. « Remettre une aura en place » est ce qu'on voit dans beaucoup de livres sur les soins énergétiques et ce que l'on enseigne malheureusement dans 99 % des stages de magnétisme et compagnie. Mais ce n'est pas du bon chamanisme ! En revanche, « accompagner une aura », oui ! Plutôt que de pousser l'aura en direction du corps, le praticien en chamanisme va lui donner une très légère pression dans l'autre sens, comme pour la pousser encore un peu plus loin du corps, la décaler très légèrement davantage. Un réflexe va alors s'enclencher automatiquement : vous allez sentir, sans problème, la main toujours au contact de l'aura de votre cobaye, que cette dernière revient d'elle-même vers le corps, dans l'axe d'origine. Accentuer très légèrement le trouble de départ a permis au corps énergétique de se rendre compte qu'il était en déséquilibre et de remédier seul à son problème. Comme si l'on poussait légèrement une personne mal assise sur une chaise et qu'elle en profite alors pour se remettre un peu plus d'aplomb. Vous n'avez rien fait. Vous avez montré, accompagné et laissé au corps la possibilité de se rééquilibrer.

Attention, chez certaines personnes l'aura peut prendre plusieurs minutes à revenir en place. Soyez patient ! Et si ça ne bouge pas, eh bien, on respecte, on ne force pas. Ça marchera peut-être lors d'une deuxième séance. De toute façon, si vous prenez l'aura entre vos deux mains pour la recentrer de force, en faisant quelque chose, ça ne tiendra pas ! À la prochaine séance, vous constaterez sans surprise qu'elle est repartie dans sa position problématique.

Tandis que si vous vous contentez de n'être qu'un intermédiaire comme je vous l'ai enseigné et que c'est bel et bien le patient qui fait tout le travail sans même s'en rendre compte, les résultats sont durables.

C'est un peu comme avec l'histoire de la dame qui avait perdu son linge (sous-chapitre précédant) : si un thérapeute, même bien attentionné – ce n'est pas le problème – passe tout le temps derrière cette femme, ramasse son linge et le lui remet dans son panier, elle n'a rien vu, rien appris, le problème peut durer toute une vie ! Ça, c'est ce que font beaucoup de praticiens dans bien des domaines, faute de connaître une autre méthode. Le chamanisme, l'ortho-bionomy® ou la pratique manuelle informative préfèrent interpeller la dame, qui se retourne alors et règle seule son problème. Et si elle en vient à se faire interpeller souvent, elle va finir par moins remplir son panier à linge, ou en acheter un plus grand, ou lui ajuster un couvercle pour arrêter de perdre des objets... C'est également ainsi avec les techniques énergétiques réellement neutres, comme ce que je viens de vous transmettre : à force de s'autocorriger, le corps (physique ou énergétique, peu importe, le corps dans sa globalité) finit par trouver un nouvel équilibre, des astuces diverses pour ne plus revenir vers ses tensions. Quand un équilibre peut être retrouvé en tout cas. Je ne nie pas que, parfois, le corps soit tellement abîmé qu'il lui est difficile de retrouver son équilibre de jeunesse. Mais même dans de tels cas, l'accompagnement neutre soulage efficacement et le patient peut bien souvent espacer peu à peu ses séances. Un mieux-être très net s'installe même quand le total bien-être n'est pas possible sans aide plus ou moins régulière.

À savoir : l'aura peut être décalée dans n'importe quelle direction. Vers la droite ou la gauche, vers l'avant ou vers l'arrière, ou à la fois vers la droite et vers l'arrière, etc. Tous les cas de figure existent. Et elle peut aussi pivoter à partir d'un point du corps. Par exemple, elle peut être « en diagonale » : décalée vers la droite au niveau de la tête et vers la gauche au niveau des pieds, comme si elle avait pivoté en diagonale au niveau du bassin. Aussi, quand vous débuterez, je vous invite à regarder si elle est décalée à la tête puis aux pieds. Scannez plusieurs endroits pour tenter d'avoir une image d'ensemble. Elle peut aussi être décalée vers le haut (très courant, les gens manquant d'enracinement) ou vers le bas (rarissime). La méthode de soin reste la même : augmenter le déséquilibre, pousser légèrement l'aura dans le sens de son déséquilibre pour déclencher les réflexes auto-correcteurs du patient. Par exemple, si l'aura est trop vers le haut (on sent qu'il y a un vide aux pieds, parfois jusqu'en haut des jambes chez les personnes pas du tout enracinées), cherchez le bas de l'aura. Admettons que chez votre patient vous commenciez à sentir l'aura à partir du milieu des mollets, poussez alors encore plus l'aura vers les genoux (un tout petit peu, même pas 1 cm), et attendez que le corps comprenne l'information et se régule tout seul comme un grand. Vous sentirez que l'aura pousse sur votre main. Laissez votre main revenir en direction des pieds en accompagnant l'aura à son rythme. Cela peut être plus ou moins rapide selon les gens. Vous pouvez scanner une aura chez une personne debout ou allongée sur la table. Les deux se font.

Après l'aura décalée, voyons maintenant les vides et les pleins. Il existe plusieurs manières de procéder dans ce cas. Je vais vous en donner quelques-unes, mais vous en découvrirez encore d'autres par vous-même.

1) Poser les deux mains ou une seule au contact du vide ou du trop-plein trouvé, si ce n'est pas désagréable pour vous ou votre patient, et écouter la zone. Tout simplement. Comme vous le faites quand vous posez vos mains au contact du corps et que vous écoutez tout en étant ancré et centré, dans l'instant présent, attentif et neutre envers ce qui se passe sous vos doigts. Cela marche aussi dans l'aura. Et cela peut suffire. Si vous sentez des mouvements énergétiques s'installer, par exemple, que votre main est repoussée, suivez ce mouvement. S'il n'y a pas de mouvement, eh bien, ne bougez pas ! L'équilibre va se mettre en place tout seul. Plutôt que de vouloir enlever des parasites de l'aura ou faire je ne sais quoi, les choses s'enlèveront

d'elles-mêmes, se transmuteront d'elles-mêmes. Plutôt que de vouloir donner de l'énergie en la visualisant, l'énergie arrivera d'elle-même pour remplir les vides, au rythme qu'il faudra. Les choses SE FONT. Et non pas : « vous faites des choses ».

2) Posez une main au contact du déséquilibre décelé dans l'aura. Et, avec votre deuxième main, cherchez un endroit plus loin, toujours dans l'aura. Un endroit qui a un rapport avec ce déséquilibre. Ce peut être n'importe où. Plus ou moins éloigné de votre première main, plus bas, plus haut, dans n'importe quelle direction, etc. Comment trouver ce point en rapport avec le même déséquilibre ? Vous le saurez. C'est comme quand vous visitez des maisons en vue d'en acheter une. Vous ne savez pas trop laquelle vous plaît le plus parmi celles visitées. Puis, vous en visitez une supplémentaire. Et vous vous dites « c'est là » ! Vous ne savez pas pourquoi, mais c'est la bonne. C'est un peu la même chose avec cet exercice aurique. Vous baladez votre deuxième main et tout d'un coup, c'est là ! Vous venez de trouver les deux bouts du problème en quelque sorte. Vous en avez un sous chaque main. Laissez vos mains là où elles sont, mais faites-les pivoter si besoin pour que les paumes soient presque face à face, ainsi, un courant énergétique va pouvoir s'installer de lui-même entre vos deux mains et drainer le problème de santé. Si vos mains se mettent à bouger d'elles-mêmes, à pivoter un peu ou à se balancer au même rythme l'une avec l'autre, laissez faire. Si elles demandent à changer un peu de position, laissez faire. Laissez-vous guider. Suivez les mouvements qui s'établissent d'eux-mêmes. Ne vous demandez pas pourquoi vos mains font cela, à quoi cela correspond, ce que cela veut dire. Nous ne sommes pas là pour interpréter. Nous n'avons pas à rentrer dans l'intimité du patient. C'est son histoire, pas la nôtre. Nous, nous sommes juste là pour faire canal. Comme toujours, ce n'est pas vous qui faites quelque chose : vous vous contentez d'Être et le travail se fait tout seul à travers vous. Et,

à un moment, ce travail s'arrêtera. Vous pourrez alors vérifier si le déséquilibre dans l'aura a bien disparu. Parfois, les gros déséquilibres ne disparaissent pas complètement. Par exemple, il reste encore un vide ou un trop plein, mais beaucoup moins qu'avant. Ou alors, une zone anormalement chaude est encore un peu tiède, mais ça s'est nettement amélioré. Du moment qu'il y a amélioration c'est bon, n'insistez pas. Le corps finira de réguler complètement dans les heures ou les jours qui suivent. Sinon, au pire, vous ferez un soin supplémentaire dans les jours ou semaines suivantes.

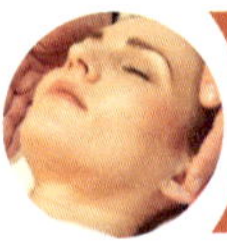

Progresser dans les soins

La prochaine étape, au fil de votre pratique, sera d'apprendre à passer du contact du corps à l'aura et vice versa. Il n'y a pas de méthode pour apprendre cela. Vous le ferez de vous-même, ça viendra. Par exemple, un jour où vous serez au contact du corps, vous aurez l'envie d'écarter une main, voire les deux, ou vous sentirez qu'elles sont repoussées. Suivez cette envie, faites-le ! Et vous vous trouverez alors à travailler avec l'aura, plus ou moins à distance du corps, cela dépend des cas. Quand le travail aurique semble fini, revenez au contact du corps, là où étaient vos mains au départ, pour bien terminer cette partie du soin, pour la conclure. Puis passez à la suite du soin. À force de vivre ces expériences, vous développerez votre intuition et sentirez ce que l'on appelle parfois le « fil conducteur » de la séance. Il n'y aura plus un moment consacré au contact du corps et un autre à l'aura. Les deux types de soins s'enchaîneront et alterneront durant toute la séance et vous commencerez à exceller dans votre domaine !

On peut ainsi, par la simple écoute, tout en étant centré et attentif au moment présent, faire tout ce que les énergéticiens divers et variés font « en forçant », qu'ils le reconnaissent ou non. Relancer l'énergie dans n'importe quel organe ou partie du corps, remédier à divers parasites énergétiques, retirer des corps étrangers de l'aura, reboucher des fissures énergétiques au niveau de cicatrices qu'elles soient récentes ou anciennes, harmoniser les chakras (des centres énergétiques du corps situés le long de l'axe vertical, le long de la colonne vertébrale et aussi sur le devant du corps)… Je ne peux pas tout expliquer dans ce livre, j'organise des stages, comme beaucoup d'autres praticiens en chamanisme, pour transmettre tout cela.

Néanmoins, je voudrais vous transmettre encore un jeu supplémentaire qui vous aidera, je l'espère, à toujours trouver l'attitude juste de neutralité et d'écoute. À ne pas tomber dans le « faire ». Vous aurez besoin d'un cobaye pour cela. Demandez-lui de s'allonger sur la table de massage. Installez-le de manière confortable avec coussins et tout ce qu'il pourrait vouloir. Mettez-vous assis, face au sommet de son crâne. Mettez une main de chaque côté de sa tête, à une distance approximative de 5 à 10 cm de lui, de chaque côté (installez-vous confortablement, si vos bras sont dans l'air vous allez avoir des tensions au bout de plusieurs minutes, il serait judicieux de vous poser, car si vous êtes en tension l'énergie ne circule plus bien à travers vous). Vous êtes donc sur un travail aurique et non au contact physique. Et… c'est tout ! Ne faites rien. Comme d'habitude quoi. Laissez les sensations venir (vous êtes évidemment ancré, centré, etc.). Sont-elles identiques au niveau de votre main gauche et de votre main droite ? Comment décririez-vous vos sensations à droite ? À gauche ? N'en parlez pas à votre cobaye, c'est juste une réflexion pour vous, pour que vous restiez attentif à votre ressenti. Au bout d'un temps plus ou moins long (au mieux quelques secondes, le plus souvent quelques petites minutes), vous allez sentir des spirales d'énergie qui vont venir chatouiller vos mains. Vos mains sont en fait en plein dans ces spirales qui se déroulent de part et d'autre du crâne. Ne bougez pas vos mains. Ne faites rien ! Continuez de rester attentif, présent, relié au ciel et à la terre, jusqu'à ce que les spirales vous donnent des sensations identiques dans vos mains, jusqu'à ce que ce soit symétrique. Voilà une énorme différence entre le travail effectué dans le respect et avec l'autocorrection du patient et les courants énergétiques de type magnétisme ou reiki qui, eux, vous disent de faire des spirales à l'endroit du corps qui est malade ! Vous avez mal à la tête après une journée de travail, je tends mon doigt et hop, je vous dessine une spirale sur le front ! C'est très invasif comme méthode ! Le meilleur soin énergétique, le plus doux, le plus agréable à recevoir, et le plus efficace est celui où « les spirales se font », et non pas celui où « je fais des spirales ». Pourquoi vouloir faire des spirales puisqu'elles sont déjà présentes partout naturellement dans notre aura de toute façon ? Pourquoi ne pas préférer relancer ces spirales déjà existantes ? Cela paraît plus logique. Évidemment, en écrivant cela, je sais que je ne vais pas me faire que des amis… Mais je ne jette la pierre à personne, je vous invite juste à une réflexion sur votre pratique, dans l'intérêt de vos consultants. Testez la méthode que je décris dans ce livre au lieu de tout rejeter en bloc. Que risquez-vous ?

Après avoir aidé par votre simple présence à relancer les spirales de chaque côté du crâne, mettez une main devant la figure de la personne et une autre derrière son crâne, toujours à distance (pour l'arrière du crâne, passez sous la table ; le matériau de la table n'empêchera pas l'énergie de circuler, ne vous inquiétez pas). Et… même jeu !

Puis, déplacez votre chaise sur un côté du patient, toujours au niveau de sa tête, mais sur le côté. Et poursuivez le jeu avec une main à quelques centimètres du sommet de son crâne et l'autre à quelques centimètres de son menton. Vous avez déjà harmonisé les spirales qui sont l'une en face de l'autre de chaque côté du crâne, puis celles qui sont l'une en face de l'autre sur l'axe avant-arrière du crâne, maintenant c'est au tour de l'axe haut-bas.

APRÈS UN SOIN

Expliquez à la personne qui est venue en consultation que les énergies vont continuer à se mettre en place et à provoquer des changements pendant 2 à 4 jours, qu'elle le sente ou non. Surtout, qu'elle ne force pas pendant ce temps, physiquement comme émotionnellement : ce n'est pas le moment d'aider des amis à déménager, de couper tout le bois pour l'hiver, de faire son ménage à fond dans toute la maison ou de voir des personnes dont on sait qu'elles vont nous perturber !

Après une séance, il peut y avoir pour le patient des effets secondaires physiques (courbatures, douleurs, insomnie ou gros besoin de sommeil…) ou émotionnels (cafard, angoisse…), mais c'est rare. Ce n'est pas plus de 5 % des patients qui ont ce genre de symptômes si le travail s'est déroulé avec respect. Sinon, si on applique les protocoles que l'on rencontre dans beaucoup de formations en soins énergétiques, les effets secondaires deviennent légion. Et je ne suis pas la seule à l'avoir remarqué. Ainsi, une de mes amies issue de la tradition des guérisseurs polynésiens a voulu, pour se donner bonne conscience, pour pouvoir dire à ses patients qu'elle avait reçu une formation officielle, participer à un stage de magnétisme. On lui a imposé un protocole (faire toujours les mêmes choses, aux mêmes endroits, pour tout le monde) : les gens avec lesquels elle a fait cela (alors qu'elle ne le voulait pas, ne le sentait pas) ont eu une régulation en dents de scie pendant 3 jours (c'est-à-dire avec des hauts et des bas, pas agréables). Ils ont été très mal ! Elle a alors comparé en secret avec des volontaires sa méthode qui consiste tout simplement à suivre les zones par lesquelles ses mains sont attirées : que du bonheur, tout s'est passé sans effets secondaires ! Pourtant ses formateurs insistaient pour qu'elle suive le protocole. D'après eux, c'est comme ça qu'on fait et pas autrement, c'est ainsi que c'est efficace ! Heureusement qu'elle ne les a pas écoutés. Et c'est une formation de magnétisme connue ! Les foules accourent ! Cela fait peur. Quand je pense à ce genre d'événements, un proverbe me revient en tête : « arrêtez le monde, je veux descendre ».

Pour revenir à nos patients, après la période de 2 à 4 jours qui suit la séance, le corps travaille pendant encore trois semaines environ, mais moins fort. Les éventuels effets désagréables s'estompent peu à peu.

En ce qui concerne les résultats, ici aussi tous les cas de figure sont possibles : soit le trouble disparaît pendant la séance ou très peu de temps après. Soit il s'estompe peu à peu au fil des jours et semaines qui suivent, soit rien ne semble bouger et un beau matin le patient se lève guéri (dans les semaines qui suivent le soin). Ou encore, éventuellement, le trouble disparaît puis revient à plusieurs reprises pendant la période où l'énergie travaille encore, toute seule (cela arrive pour certaines douleurs). Etc. Mais, une fois de plus, tout ceci est rare quand on sait comment travailler. Il y a beaucoup moins d'effets désagréables ou d'effet yoyo quand on a une simple attitude d'écoute et de canal que lorsque l'on force les choses. Néanmoins, même quand l'attitude du thérapeute est juste, il est vrai que certaines personnes très sensibles aux énergies régulent avec des effets secondaires ou des douleurs. Cela reste minoritaire heureusement !

Dans l'idéal, il ne faut pas reprendre un patient avant trois semaines pour poursuivre, s'il le faut, le traitement du même trouble, puisque son corps va mettre à profit cette période pour continuer de s'autoréguler jusqu'au bout. Si vous l'avez traité pour un mal de dos et qu'il s'est fait une entorse au bout d'une semaine, c'est différent, vous pouvez le reprendre immédiatement. Mais vous ne le reprendrez pas tout de suite pour son mal de dos. Mais ce que je vous dis là est une généralité. Allez-y à l'intuition, car vous verrez qu'il y a d'assez nombreuses exceptions à cette règle d'espacement de trois semaines. Dans certains cas, au lieu de faire des séances d'une heure toutes les trois semaines, on peut faire une courte séance de 20 minutes, par exemple, toutes les semaines. C'est ce qui fonctionne bien avec les gens sous chimiothérapie ainsi qu'avec les gens atteints de troubles comme la fibromyalgie, la sclérose en plaques, etc. Au début, on les voit de façon rapprochée, puis ils peuvent tenir de plus en plus longtemps sans soin. Des mois parfois ! Mais, là encore, il n'y a pas de généralité. Vous apprendrez à vous adapter. Vos totems vous enseigneront beaucoup de choses dans vos voyages chamaniques pour que vous puissiez gérer au mieux chaque patient dans la réalité ordinaire.

Toute une philosophie de vie à revoir

Comme vous l'aurez compris, le chaman ne fait pas un travail SUR, mais un travail AVEC. La différence est absolument colossale entre les deux.

Et encore, quand je dis « fait un travail » c'est une expression due à la limitation imposée par le vocabulaire humain. En vrai, il ne fait rien. Il n'y a rien à faire. Il n'y a qu'à être.

Et si on laissait les choses être, combien notre monde serait changé ! Cela n'a peut-être pas l'air si incroyable que cela, mais c'est pourtant un des plus grands enseignements donnés à l'humanité. Si vous lisez, par exemple, le livre d'André Stern « Et je ne suis jamais allé à l'école, histoire d'une enfance heureuse », vous allez tomber sur les fesses quand vous réaliserez à quel point nous massacrons littéralement nos enfants avec nos histoires d'école ! Si nous les laissions jouer, ils apprendraient tout par le jeu, à leur rythme, et deviendraient des adultes bien plus équilibrés que nous le sommes tout en sachant parfaitement lire, écrire, compter, etc. Si les femmes arrêtaient d'accoucher dans les hôpitaux pour prendre leur temps, sans pousser, à la maison, elles vivraient des accouchements orgasmiques et je ne vous décris pas la différence que cela ferait pour les bébés (pour comprendre, lire « Pour une naissance sans violence » de Frederick Leboyer). Autre exemple : il existe en Allemagne, près de la frontière française, un refuge pour chats qui est hors du commun : les chats sont en liberté. Vraiment. Ce n'est pas qu'ils sont lâchés sur la propriété du refuge qui serait vaste, mais entourée quand même d'un haut grillage avec des anti-retours de 70 cm. Non. C'est qu'ils sont vraiment en liberté ! Aucune barrière d'aucune sorte. Et quand l'un de mes amis a demandé, éberlué, à un employé « mais, ils ne se sauvent pas, les chats ? », il lui a été répondu simplement « mais non, ils ne se sauvent pas » avec la plus grande décontraction comme si ce qui était dit là était l'évidence même.

Ce ne sont que trois exemples parmi des millions d'autres. Ils visent à vous faire prendre conscience d'une chose ESSENTIELLE, au sens littéral du terme car nous touchons là à l'Essence de notre âme et de notre incarnation sur cette Terre : il n'y a rien à faire, il n'y a qu'à être ! Et à laisser être. L'humain doit arrêter de se prendre pour celui qui sait et qui doit à tout prix faire un tas de choses pour que tout se passe bien, ou s'améliore ! C'est l'inverse qu'il faut « faire ». Arrêtez de faire, de vouloir pour l'autre, d'imposer, de pousser, de tirer. Laissez la nature être et contentez-vous de l'accompagner ! Comme on dit, si vous tirez sur le poireau pour « l'aider à pousser », c'est l'inverse qui se produit : vous le tuez !

André Stern et Frederick Leboyer, sans le savoir, sont de grands chamans des temps modernes. Les gens qui s'occupent du refuge allemand dont je parlais sont des chamans. Peter Wohlleben, qui a partagé son expérience dans le best-seller « La vie secrète des arbres », est un chaman : il a réalisé à quel point les arbres et tous les êtres qui peuplent la forêt sont bel et bien vivants. Et il est parvenu à une conclusion incroyable pour notre époque : c'est notre manière de « gérer » les forêts qui est la source de tous les problèmes qu'elles rencontrent ! Si nous avions gardé nos forêts originelles, nous n'aurions rien à faire, il n'y aurait pas d'épidémies, etc. Au moindre souci, tout se réharmoniserait de lui-même en peu de temps.

Nous créons les problèmes et ensuite nous les entretenons ! Et nous cherchons encore à trouver des « solutions », et nous ne comprenons pas pourquoi cela ne marche pas. Et si on laissait les choses être et que l'on apprenait humblement de nos observations ? Si, au lieu de croire qu'on est là pour faire des choses, on laissait les choses en question nous raconter qui elles sont, comment elles vivent, comment elles peuvent nous aider et s'aider elles-mêmes ? Car, au final, c'est nous qui avons besoin d'aide et tout à apprendre !

Le chaman n'est pas dans la compétition ou la lutte, mais dans la participation volontaire et la coopération. « L'homme d'aujourd'hui s'est séparé de la nature parce qu'il a voulu la maîtriser. Il a fait de sa vie un combat en oubliant qu'elle pouvait être communion. [...] L'énergie est employée pour exprimer ce que l'on est. Il s'agit du pouvoir de « donner ce que l'on est » plutôt que celui d'« obtenir ce que l'on veut ». L'harmonie est un pouvoir qui équilibre le développement de l'individu avec celui du Tout ». Kenneth Meadows

Voici un petit récapitulatif d'idées à vous ancrer dans le crâne :

- Surtout, gardez-vous bien d'engager une « lutte » contre le « mal ». Nous en reparlerons au sujet des entités, dans le chapitre sur les lieux (sous-chapitre « Harmonisation quand ça chauffe un peu plus »).
- N'agissez pas « contre » quelque chose, mais plutôt « pour » son contraire. Exemple : ne manifestez pas contre la guerre, manifestez pour la paix. Ne combattez pas contre vos ennemis, combattez pour votre famille, agissez pour la protection de votre famille. Etc.
- Aller dans le sens du déséquilibre pour simplement montrer, faire prendre conscience de ce qui ne va pas (je me mets juste en contact avec une zone ; au pire, s'il n'y a toujours pas de réaction de la part du corps, j'accentue le déséquilibre, le décalage par exemple ; juste un peu).
- Transmuer (ou plutôt « laisser transmuer », car en disant « transmuer » tout court vous allez encore avoir l'impression que vous avez un pouvoir, que c'est vous qui « faites »).
- Saugez quand même si besoin (nous en reparlerons au sujet des lieux) ; aérez vos pièces, laissez entrer la lumière, ne laissez jamais une pièce dans laquelle vous vivez et/ou soignez continuellement dans le noir, créez un rythme, une alternance, entre les moments où c'est fermé à la lumière et les moments où l'on ouvre. L'alternance entre les deux pôles, c'est la vie. Et, justement, voyez la polarité (deux pôles complémentaires et utiles) et non la dualité (comme dans « le bien et le mal »). Vous saurez que vous êtes sur la « bonne » voie, celle de l'Être plutôt que celle du faire (pas seulement pour les soins, mais de manière générale), à ce genre de signes :

- Vous saurez que recevoir n'est pas la même chose qu'acquérir ou prendre. Et vous recevrez beaucoup.
- Vous ne chercherez plus (le bon arbre parmi les autres, par exemple), vous répondrez à un appel.
- Vous « ferez » de moins en moins de choses, vous Serez de plus en plus. Et les choses autour de vous s'arrangeront toutes seules, presque sans votre participation, pour ainsi dire.
- Vous aurez conscience simultanément, de plus en plus souvent, des deux points de vue de toute situation. Comme dans le chapitre « comment le chaman accède à ce qu'il est vraiment » : l'exercice où on considère les deux facettes de chaque situation, par exemple « je sens comment mon corps pèse sur la chaise ET je sens comment la chaise soutient mon corps ».
- Vous ne ferez plus rien comme les autres : ni les soins, ni les prières, ni les bénédictions de la nourriture… Vous ne verrez plus les minéraux comme avant, ni les végétaux et champignons, ni les animaux, ni vos semblables, ni la vie elle-même…

LAISSER-FAIRE ET NON-INTERFÉRENCE :

« L'intention de celui qui prie pour autrui est souvent pleine de désirs personnels pour le bien-être de l'autre. Lorsque nous prions pour un accomplissement que nous désirons dans la vie de quelqu'un d'autre, il se peut que nous interférions avec son libre arbitre, et même avec la place qu'a cette personne dans le Plan Divin. Lorsque nous demandons la guérison de quelqu'un, il est préférable de rester neutre sur la façon dont cette guérison va se faire. Lorsque nous prions pour que

quelqu'un trouve la force de changer, il nous faut laisser ouverte la façon dont son libre arbitre va ou non faire ce choix. Si nous rendons grâce pour l'amour et la guidance qui sont offerts à une personne et demandons que ces dons soient reconnus et utilisés pour elle pour le plus grand bien, nous sommes en train de pratiquer la non-interférence.

Lorsque nous envoyons des pensées d'amour à un autre, sans jugement ni critique, nous lui laissons sa pleine liberté de choix. S'il n'y a aucune attente ni demande, il n'y a aucune raison pour que les gens se rebellent et se blessent, ou blessent les autres dans leurs avancées, en voulant démontrer la nécessité d'être dégagé de toute interférence extérieure ou pour montrer le caractère indésirable de toute interférence.

Les meilleures intentions prennent souvent la forme d'un comportement de contrôle, alors que nous pourrions tout aussi facilement remettre notre inquiétude au Créateur. L'intervention divine se manifeste lorsque nous nous sortons de son chemin et la laissons agir.

Y a-t-il un domaine de votre vie où vous pourriez davantage laisser libre cours aux choses pour que l'intervention divine puisse se manifester ? » Jamie Sams

Un exemple concret avec un exercice d'harmonisation de la nourriture : au lieu de la magnétiser en visualisant qu'on lui envoie de l'énergie ou en faisant un symbole dessus, plutôt que de réciter machinalement les mêmes phrases, les mêmes prières, faites l'essai de prendre la nourriture dans vos mains jointes, paumes tournées vers le ciel. Et attendez. En étant relié au ciel et à la terre et pleinement présent à cette nourriture. Regardez-la, sentez le poids du plateau dans vos mains, vous êtes AVEC elle. Sans rien vouloir, sans rien chercher. Et attendez jusqu'à ce que tout cela soit fini. Que « quelque chose ait changé ». Que la nourriture et vous soyez apprivoisés en quelque sorte. « Vous êtes AVEC elle », et non pas « vous faites un travail SUR elle ». Ce n'est pas du tout la même chose.

N'OUBLIEZ PAS VOS AMIS

Après toute cette progression, tous ces jeux, j'espère que vous n'avez pas oublié vos alliés ? Vos totems. Votre tambour si vous en avez un… Comment faire un tout avec ces éléments ? Comment assembler ? Si vous n'avez pas encore trouvé par vous-même, voici quelques idées pour vous mettre sur la voie. Mais ce ne sont que des suggestions ! Le mieux est de trouver VOTRE manière de faire des soins et de combiner éventuellement tous ces éléments. Vous n'êtes pas obligé de tout prendre. Par exemple, vous pouvez n'utiliser votre tambour que pour vos voyages chamaniques, pour des cérémonies, pour jouer en pleine nature quand vous en avez envie et pour des cercles de tambours, mais pas pour les soins. Vous pouvez faire vos soins seulement avec vos mains.

La majorité des chamans brûle de la sauge dans la pièce une fois le patient arrivé. C'est un moyen de nettoyer les énergies de la pièce et du consultant. Vous faites parfois le ménage physique (aspirateur, etc.), pensez au nettoyage énergétique ! Et, surtout, ce peut être un moyen pour la personne qui consulte de faire le vide. Lors des séances chamaniques, j'aime présenter le bâton de sauge allumé devant la personne et l'inviter à tirer un peu de fumée vers elle avec ses mains, en pensant à tout ce qu'elle veut nettoyer, ranger, libérer, laisser derrière elle. Sur tous les plans (émotionnel, mental, spirituel). « Ce peut être ne serait-ce que le moyen symbolique pour vous de laisser vos pensées de côté le temps du soin, et vous les retrouverez après si vous le souhaitez ». Mais je peux aussi le faire moi-même en poussant la fumée avec des plumes de corbeau par exemple (très bonnes nettoyeuses).

Sauger n'est pas une démarche superstitieuse due à la croyance qu'il y a forcément un « mal » dont on doit se protéger. C'est un acte sacré et symbolique. Un peu comme pour aider une personne à apprendre à méditer : si quelqu'un n'y arrive pas « comme ça », spontanément, vous lui donnez des astuces. Comme, par exemple, de se concentrer sur sa respiration, de sentir les mouvements de son ventre. Ou de faire de la méditation « active » : sentir le contact de l'eau sur ses mains pendant qu'on fait la vaisselle, etc. Grâce à ces astuces, la personne parvient enfin à vivre l'instant présent en conscience. Avec la sauge, c'est pareil, c'est un petit rituel pour ramener les gens à eux-mêmes et à ce moment de soin qu'ils s'offrent.

Certains chamans « appellent » l'aide des quatre directions en se tournant vers les quatre points cardinaux et en saugeant dans ces directions avant un soin. Comme avant les cérémonies sacrées d'ailleurs. Mais ce n'est pas obligé. J'ai mis « appellent » entre guillemets, car en fait c'est une expression : on ne convoque rien, c'est plutôt un rituel pour nous, pour que nous nous mettions en contact avec ces directions, que nous prenions conscience d'elles, que nous sentions leur soutien qui est en fait là en permanence. Le chaman n'est pas un mage qui s'imagine détenir des pouvoirs et devenir de plus en plus puissant. Le chaman cherche à Être, à rentrer de plus en plus dans la pleine conscience. Il sait qu'il ne fait rien. Qu'il n'est au mieux qu'un intermédiaire.

Le tambour peut être très utile pour enraciner les personnes « perchées », les artistes qui ne touchent plus terre, les gens tout le temps devant un écran, les personnes amoureuses qui ne touchent plus le sol tellement elles sont sur leur petit nuage, les gens qui n'arrêtent pas de penser à leur travail, à leur liste de courses, à… Stop ! Demandez-leur le motif de leur consultation puis invitez-les à faire silence pour goûter à leur expérience, à leur soin. Et donnez-leur le soin décrit dans le chapitre sur le tambour (partie « le tambour dans les soins »). Puis, poursuivez le soin sans tambour, comme vous l'entendez. Par exemple, juste avec vos mains.

Il est aussi possible de ramener les gens à leur corps par le tambour si vous voyez qu'ils « partent » pendant le soin. Les séances seront plus efficaces s'ils restent présents à leur corps. Ce qui n'empêche pas de vivre en même temps une expansion de la conscience ! Les deux ne sont pas incompatibles. Au contraire ! Vous n'irez jamais aussi haut que lorsque vos racines seront fortes. Si vous n'avez pas de tambour, vous pouvez ramener le patient à lui-même par d'autres moyens. Par exemple, toucher une partie de son corps : poser doucement la main sur son épaule, venir peu à peu et doucement (mais fermement) lui masser les pieds… Le meilleur moyen de garder une personne présente est tout simplement de verbaliser. De l'obliger à parler régulièrement pendant le soin. Pas tout le temps, mais régulièrement : « la distance à laquelle je suis par rapport à vous vous convient-elle ? M'autorisez-vous à vous toucher l'épaule ? Comment la table soutient votre corps ? Posez une main sur vous-même, c'est comment maintenant chez vous ? Je pose la main sur votre genou, venez contracter votre genou dans ma main. » Il ne s'agit pas de parler de la pluie et du beau temps, mais de ramener tout le temps le patient à son CORPS ! Car c'est là que tout se passe. Le seul problème est que cette astuce ne peut pas être employée sur tous, car certaines personnes trop bavardes ne comprennent pas que l'on ne fait pas cela pour qu'elles énumèrent une fois de plus leurs problèmes, mais pour qu'elles reviennent justement à l'instant présent et à elles-mêmes... De plus, certains chamans n'aiment pas parler pendant les soins, ils demandent le silence à leurs patients. C'est aussi une démarche possible. Vous ferez comme bon vous semblera. Mon rôle est simplement de vous montrer autant que possible la diversité des outils pour que vous les testiez, puis choisissiez en connaissance de cause. Je vous recommande malgré tout fortement la verbalisation presque continue avec les personnes schizophrènes et/ou atteintes d'autres troubles psychiatriques graves si vous travaillez un jour dans ce milieu ! Et, sans aller jusqu'à la schizophrénie ou assimilés, si vous avez un jour sur la table un consultant qui est visiblement en train de partir bien loin et qui vous sort une phrase telle que « oh, je me sens si bien, c'est comme si je flottais, etc. », je vous suggère de le ramener par une phrase du style « tout en goûtant à cette expansion, comment c'est dans votre corps ? ». En résumé, vos patients peuvent partir aussi loin qu'ils le veulent, mais veillez à ce qu'en même temps ils aient de bonnes racines !

Et les animaux totems, les anges et les guides dans tout cela ? Faut-il les appeler à l'aide ? Si vous êtes perdu, bien sûr que oui ! Mais, une fois de plus, le chaman n'a rien à faire, juste à Être. Si vous vous ouvrez un peu à un certain plan, tout en restant avec votre patient et à ce qui se déroule pendant la séance, vous remarquerez qu'il n'y a rien à appeler : ils sont là depuis le début. Ils sont toujours avec vous. Simplement, VOUS aviez déplacé votre conscience ailleurs, vous ne les aviez pas remarqués. Ils ne seront pas forcément tous présents. Viennent ceux qui veulent, et sans que l'on choisisse. Vous commencez à connaître la règle par cœur maintenant, non ? Les choses se font, ce n'est pas vous qui faites quelque chose. Donc, ne vous préoccupez pas des animaux ou des anges. Qu'ils soient vos totems ou ceux du consultant ou ni l'un ni l'autre, vous en sentirez (ou verrez, sous forme de lumière ou de brume par exemple) parfois passer un. Par exemple, quand il y a des choses à nettoyer dans l'aura des personnes qui viennent me consulter, des énergies stagnantes, un corbeau ou une corneille de la réalité non-ordinaire arrive en volant et traverse la zone à nettoyer sur le patient. La personne n'a pas idée de ce qui vient de lui passer à 2 cm du nez ! Et moi, je laisse faire. Ne vous étonnez donc pas de voir toutes sortes de créatures, pas que des animaux, débouler dans la pièce. C'est normal. Et il n'y a rien à interpréter. Même si des fois on sait que tel animal est là plutôt pour faire du nettoyage, plutôt pour ceci, plutôt pour cela, cette histoire appartient au patient. Je n'aime pas les chamans qui verbalisent trop de choses en donnant leur avis sur tout, car c'est une manière – volontaire ou non, consciente ou non – de prendre du pouvoir sur leur patient. « Il y avait tel animal, ça veut forcément dire ça pour vous ! ». Non, désolée, je ne suis pas d'accord. On peut dire ce qu'on a vu, on peut à la rigueur expliquer qu'en général ça signifie cela ou a tel effet, mais on précise bien ensuite que la signification peut être différente d'une personne à l'autre. Si le patient vous demande ce que cela veut dire selon vous, je vous invite à lui répondre seulement « et vous, qu'en pensez-vous ? Qu'est-ce que cela évoque pour vous ? ». C'est tout ! Invitez-le à reprendre le pouvoir sur sa vie et à ne le confier à personne d'autre. Bien sûr, il y a des chamans qui ont de vraies informations qui leur viennent durant une séance (par flashs, voix, intuitions, dialogue en direct par télépathie avec les esprits...). S'ils ont ce don, c'est pour qu'il serve. Mais attention malgré tout à la manière de verbaliser. Certains praticiens ont le don de gonfler leur ego par leurs fameux pouvoirs dont ils vous parlent toutes les 5 minutes et c'est vite lassant selon moi. Ils fatiguent et on les voit venir à 10 km ! D'autres, au contraire, font cela très bien, avec une telle humilité que le doute n'est pas permis sur la pureté et la vérité de leur démarche, et aident beaucoup de gens. Par ailleurs, sachez que vous n'êtes pas obligé de verbaliser ce que vous voyez à vos consultants si vous pensez que ce n'est pas nécessaire. Et, si vous voulez parler avec eux en fin de séance, invitez-les à prendre la parole en premier pour ne pas les influencer et pour qu'ils gardent leur propre pouvoir, leur autorité sur leur vie et sur leur corps.

Notez également que, bien que vos totems, anges et guides divers soient à vos côtés en permanence et se permettent parfois une intervention (comme l'exemple que j'ai donné un peu avant sur le corbeau ou la corneille), ils vous aideront plus si vous leur demandez officiellement de l'aide. Car ils respectent votre libre arbitre et donc n'interviennent pas ou peu si vous ne leur faites aucune demande. Simplement, si vous leur demandez quelque chose, ajoutez une phrase telle que « si c'est pour le plus grand bien de cette personne » ou « si c'est juste pour lui ». Un peu comme lorsque vous demandez quelque chose durant un voyage chamanique : vous appelez à l'aide, mais restez neutre sur ce qui doit se passer et sur comment cela va se passer pour parvenir à votre but. Ce sont les esprits qui savent et qui vont se mettre à l'œuvre ou vous dire comment procéder. Vous ne faites pas. Vous demandez à ce que les choses se fassent (comme elles devront se faire et non comment vous voudriez qu'elles se fassent). Nuance !

Parmi les amis du praticien en chamanisme se trouvent également les plumes ! Si vous avez déjà reçu des soins par des chamans qui les utilisent ou assisté à des cérémonies/rassemblements (notamment amérindiens), vous avez constaté que les chamans utilisent des plumes principalement de deux manières (outre les plumes sur les costumes et objets) : ils s'en servent pour pousser la fumée de la sauge là où ils veulent l'envoyer, et ils balayent parfois l'aura des gens avec, en faisant des mouvements rapides en général. Tellement rapides et vifs que souvent on entend le bruit que les plumes font dans l'air. Parfois, ils ne se contentent pas de balayer l'aura dans les zones où ils sentent qu'il y a des choses à harmoniser, ils touchent la personne ou l'objet à soigner ou consacrer avec les plumes. Ils tapotent, caressent… Vous pouvez faire de même. Suivez votre instinct : c'est un peu comme de savoir quand il faut toucher physiquement le corps d'un patient ou quand il vaut mieux être à distance dans l'aura. Et, bien sûr, vous pouvez prendre n'importe quelle plume (ou assemblage de plumes que vous ferez tenir ensemble par le dispositif de votre choix ; ou aile entière et empaillée) et c'est à vous de demander pourquoi cette plume est venue à vous, à quoi elle peut servir en soin, etc. Mais il est vrai que depuis les milliers d'années que l'humanité pratique le chamanisme, on commence à remarquer qu'en général telle plume a plutôt tel effet. Mais il peut toujours y avoir des exceptions ! Donc, juste pour vous donner des idées au cas où vous sécheriez totalement, mais sans affirmer que ce qui suit est forcément vrai pour vous, voici un petit résumé du potentiel de quelques plumes :

- La plume sacrée par excellence est celle de l'aigle, symbolisant tout ce qu'il y a de plus élevé, de plus lumineux, de plus accompli, le Divin lui-même. Elle nettoie de toute énergie néfaste et attire toutes les énergies bénéfiques. Mais le commerce de ces plumes est maintenant interdit. On n'en trouve que sur d'anciens objets créés avant l'interdiction et ce commerce est suivi de prêt. Les prix sont exorbitants. Mais si vous trouvez une plume en visitant un parc ou une volerie, sur le sol, tombée de l'aile d'un oiseau en vol, rien ne vous interdit de la garder ! Vous avez parfaitement le droit de la ramasser.

- Colibri : joie, amour, beauté, insouciance, vivacité, mais tout en gardant sa grâce.

- Colombe : paix, amour, Féminin sacré, communication avec le monde d'En Haut.

- Pigeon : dialogue avec la nature, équilibre entre nature et civilisation, message du monde d'En Bas ou au sein de la réalité ordinaire. Et aussi, comme le pigeon revient toujours à la maison : retour chez soi (pour retourner dans son lieu, son nid ; ou au sens figuré de « retour à soi »), etc.

- Pic-vert : chasse les énergies négatives.
- Coq : courage, force, combativité, Masculin, solaire.
- Tous les rapaces et autres oiseaux carnivores (corbeaux, corneilles...) : nettoyage et, souvent aussi, communication avec le monde des morts.
- Pour les oiseaux noirs comme les corbeaux, corneilles ou merles s'ajoute à cela le pouvoir de transformation physique (changer de forme ; rare, réservé aux grands chamans) et la faculté d'aller au Grand Vide d'où tout a émergé et là où toutes les réponses se trouvent (le lieu de l'Éveil, de l'Être).
- La famille des geais (dont le magnifique et célèbre geai bleu d'Amérique du Nord et le geai des chênes Européen, également appelé geai bavard. Ces deux geais ont inspiré le « geai moqueur » des films Hunger games) : lanceur d'alerte, semeur et écolo. Apporte la clarté dans les temps troublés ou dans une situation sombre, disperse dépression et tristesse, redonne espoir, avertit que quelque chose ne va pas, rétablit l'équité, jardinier de la nature et grand ami des arbres dont il transmet parfois les messages aux humains. Nourrit l'essence des personnes et les aide ainsi à évoluer.
- Poule : confort et harmonie du foyer, abondance, fertilité, Féminin sacré.
- Canards, oies et autres oiseaux proches qui migrent : tous les rites de passage, les initiations, y compris l'important passage de l'enfance à l'état adulte. Mais aussi, aide à trouver sa voie. Temps du renouveau, aller loin, explorer, être tenace et ainsi réaliser ce que les autres jugeaient impossible. Prudence et

méthodologie, mais tout en privilégiant le mouvement et l'action (ne pas se figer).

- Tous les oiseaux qui volent haut (aigle, vautour) et/ou qui ont une vue perçante (tous les rapaces) : prendre de la hauteur, du recul, trouver l'équilibre entre la synthèse et le détail, alléger, respirer, voir sous un autre angle ou en considérant tous les points de vue à la fois, etc.

- Faisan : créativité, attirance, beauté, personne à fort magnétisme, qui attire les foules, plaît facilement, etc.

Tout ceci peut être valable autant pour les soins que pour décorer votre tambour ou tout autre objet cérémoniel ou médicinal dans un but précis.

De même, les essences de bois ont des propriétés : le pommier pour purifier ; le bouleau pour purifier aussi et renouveler (lancer ou relancer la croissance, les nouveaux départs, etc.) et pour le voyage chamanique ; le chêne pour la force, la stabilité et l'endurance ; le noyer pour l'adaptation aux grands changements (deuils, déménagement, travail…) ou aux cycles, etc.

Et les minéraux bien sûr. Toute pierre rouge, noire et blanche symbolise la Déesse et le Féminin sacré (Triple Déesse, 3 âges de la femme, etc.). Ce peut être n'importe quelle pierre pourvu qu'elle ait ces trois couleurs et vous plaise : jaspe bréchiforme (= bréchique), marbre-picasso certains jaspe-mokaïtes… La larvikite est la pierre du royaume des morts, car du pays où elle vient on en fait les pierres tombales. La pierre de lune pour le Féminin, la cyclicité, la naissance, les rites de passage… La pyrite pour le Dieu et le Masculin sacré. Le cristal de roche pour le Monde d'En Haut (la direction d'En Haut), la guérison, la Lumière, la purification, la protection. Et un de ses compléments possibles, l'obsidienne noire, pour le Monde d'En Bas, la dissolution, la compréhension, la libération, le Grand Vide.

L'améthyste pour la paix, l'Éveil, la clarification, la méditation. Le jaspe rouge ou brun, aussi pour le Monde d'En Bas, l'enracinement. La labradorite pour protéger et guider les thérapeutes pendant les soins, pour la canalisation et la protection au sens large. La zoïsite à rubis pour la régénération, l'apaisement, le Cœur (physique, énergétique, chakra...), le côté artistique. L'astrophyllite pour le monde du Rêve, mais aussi pour le cycle hormonal féminin. Le lapis-lazuli ou la turquoise pour la protection contre les influences néfastes, pour la médiumnité, pour l'expression (du chakra de la gorge au troisième œil), la concrétisation. Etc.

La forme des pierres et des autres objets peut aussi jouer, avoir une signification :

- Le triangle pour le Féminin sacré.
- La spirale pour bien des significations (entre autres parce que les mouvements énergétiques se font en spirale et parce que le cercle peut symboliser le féminin et la ligne droite le masculin ; la spirale, combinaison du cercle et de la ligne, est alors un symbole équivalent à celui du yin et du yang).
- Le cercle reste l'une des formes les plus appréciées des chamans partout sur le globe. Pour les Amérindiens, c'est parce qu'il symbolise « le Cercle de Vie ». Ce concept et ce sentiment d'appartenance qui nous disent que nous sommes tous unis et égaux, qu'aucun n'est plus important que l'autre : humains, animaux, pierres, végétaux, esprits... Toute la Création ! Dans certaines branches du chamanisme asiatique, le cercle est sacré, car les chamans de ces régions considèrent que le corps du chaman est au centre du rituel, car en fait c'est en lui que se déroulent les voyages chamaniques. Et c'est à travers lui que se font les échanges entre le visible et l'invisible. C'est pourquoi certaines figurines sibériennes représentent les chamans avec un trou dans l'abdomen ou le plexus. Chez les Iakoutes par

exemple, le plastron en métal que porte le chaman lors des rituels est percé d'un trou. Etc. C'est en référence à ces traditions que des chamans d'aujourd'hui portent des pierres ou d'autres matériaux en forme de cercle sur eux ou les suspendent à leurs tambours, hochets, ailes ou assemblages de plumes…

- Etc. !

Si vous souhaitez utiliser les minéraux en soin, pour vous comme pour vos patients, je vous recommande pour bien débuter de lire mon ouvrage « La puissance des pierres » aux éditions Bussière, puis d'acquérir d'autres livres sur la lithothérapie. Regardez également la vidéo du Dr Luc Bodin « Luc Bodin – les pierres du chaman », sur YouTube. Elle ne dure que quelques minutes et vous aurez les informations essentielles pour commencer ! Visionnez également la vidéo « Pierres taillées et contrefaites » de Julia Boshiero sur sa chaine YouTube, pour éviter les faux minéraux et les arnaques.

Les bougies peuvent symboliser bien des choses. Par exemple, que la matière solide (cire) est liée à l'esprit (flamme) ; que nous sommes toujours soutenus et guidés ; elles peuvent marquer le fait que nous soyons maintenant ouverts à un enseignement, réceptif, attentif à partir du moment où on a allumé la mèche, volontaire ; elles peuvent incarner l'élément feu si vous avez besoin de matérialiser les quatre éléments le temps d'une cérémonie…

Comment faire un soin à distance

Vous avez peut-être entendu parler de magnétiseurs ou de chamans qui pouvaient « faire des soins à distance ». Les gens qui ne sont pas dans le monde des thérapies alternatives ont bien souvent du mal à se représenter comment une telle chose est possible. Surtout quand on sait que l'éloignement n'a aucune importance dans la puissance des soins : la séance que je donne à une personne qui est à Moscou est autant efficace que celle que je donne à ma cousine à quelques villages de distance de mon domicile !

Pour tester le soin à distance, je vous conseille d'avoir préalablement bien développé votre ressenti (au niveau de vos mains) en vous entraînant sur beaucoup de consultants en chair et en os, présents physiquement devant vous dans la pièce. Quand vous percevrez de plus en plus facilement l'aura autour des gens qui viennent vous consulter, trouvez-vous un cobaye volontaire pour un soin à distance. Il n'a pas besoin de vous dire où il sera quand vous lui donnerez la séance. Cela n'a aucune importance. Qu'il fasse sa vie comme si de rien n'était. Quant à vous, mettez-vous dans la pièce où vous faites vos soins habituellement, devant votre table de massage, et appelez l'aura de votre cobaye. Vous n'avez pas besoin de le faire à haute voix. Dans votre tête, cela suffit. Dites-vous une phrase comme « je veux scanner maintenant l'aura de X, je demande à ce qu'elle soit allongée sur la table devant moi ». Puis approchez vos mains de la table, vous allez être surpris d'y rencontrer effectivement un champ énergétique ! Votre cobaye, où qu'il soit, n'a rien perdu. Vous ne lui avez rien pris. Son aura est toujours autour de lui, là où il se trouve. Pour parler avec une métaphore informatique, vous n'avez pas fait un couper-coller, mais un copier-coller. Votre cobaye est toujours lui-même, un et entier, mais cela n'empêche pas d'avoir maintenant devant vous toutes les informations possibles sur ses corps énergétiques.

Vous n'avez plus qu'à donner une séance à cette enveloppe aurique, comme vous le feriez si le patient était physiquement présent. Utilisez vos mains comme vous le faites habituellement. Saugez si vous en ressentez le besoin. Servez-vous de plumes, de pierres, de votre tambour, de ce que vous voulez. Faites vraiment comme si la personne était présente en chair et en os. Vous pouvez demander à l'aura de changer de position, dire par exemple « maintenant je veux s'il-vous plait, l'aura debout à cet endroit-là, tournée dans telle direction ». Et, quand le soin est terminé, renvoyez l'aura à son propriétaire. Simplement en pensant quelque chose comme « X, je vous rends votre aura, la séance est finie, au revoir ». Le monde de l'énergie suit la pensée et ne connaît ni temps ni distance ! Je ne sais pas comment cela fonctionne.

Je sais juste que cela fonctionne et que tout le monde peut le faire, aussi incroyable et magique que cela paraisse. En fait, c'est très naturel, ce n'est pas de la magie.

Le cas particulier du recouvrement d'Âme

Le recouvrement d'Âme, appelé aussi « rappel d'Âme », est un soin à part, typiquement chamanique à l'origine, même si ces dernières années d'autres thérapeutes commencent à s'y intéresser. Le chamanisme part du principe que sous l'effet de forts chocs physiques et/ou émotionnels, notre Âme peut se morceler. Un ou plusieurs bouts se détachent du reste, entrainant divers symptômes, notamment une perte de vitalité ou des troubles psychologiques. Cette idée est difficile à faire comprendre aux Occidentaux dont la pensée est marquée par le monothéisme, même si l'on est athée. Pour la plupart des gens, on a une seule Âme, elle est indivisible, si elle est dans notre corps on vit, si elle n'y est plus on meurt. Et ce n'est pas totalement faux puisque même les chamans qui croient en un morcellement possible affirment que si plus de la moitié de l'Âme part, la personne meurt effectivement. Mais ceci n'aide pas à comprendre le phénomène du morcellement. L'idée de perdre un bout de la seule chose en nous qui soit « véritable », « éternelle », est effectivement un peu dérangeante. Les chamans d'aujourd'hui débattent parfois de l'existence du morcellement d'âme. Tous ne sont pas d'accord sur la réalité de ce phénomène. Personnellement, je prends les choses en « bonne scientifique », venant du milieu de la biologie. J'ai testé le recouvrement d'Âme, pour moi et pour certains de mes consultants. J'ai constaté lors des voyages chamaniques effectués pour retrouver des « bouts » qu'effectivement je trouvais et ramenais bien quelque chose. Est-ce réel ? Est-ce symbolique ? Je n'en sais rien et je m'en fiche. Du moment que les gens vont mieux ! J'observe donc que le recouvrement d'Âme opère bel et bien, qu'il se passe quelque chose. Je ne nie donc pas la réalité du phénomène. Oui, normalement, l'esprit scientifique bien appliqué c'est cela : ne pas nier ce que l'on constate, puis après seulement chercher à comprendre comment ça marche, d'où ça vient, etc. Exactement l'inverse de ce que font les soi-disant scientifiques d'aujourd'hui et qui conduit entre autres à délaisser les « médecines douces », car elles sont « inexplicables ». Imaginez que les scientifiques n'aient jamais réussi à expliquer le mouvement des planètes dans l'espace, car ils auraient trouvé cela... inexplicable justement ! Heureusement que les vrais pionniers de l'astronomie et de la physique ont étudié leur sujet avec un autre état d'esprit : « on constate que les corps célestes se déplacent, on l'accepte, on ne peut le nier, donc maintenant cherchons comment cela fonctionne » !

Pour en revenir au recouvrement d'Âme, nous nous retrouvons donc avec un paradoxe : ce que j'appelle « Âme » est cette partie éternelle de l'Être, notre noyau (d'autres courants l'appellent « Esprit », peu importe le nom qu'on lui donne, ce noyau existe bien). Et pourtant, il peut se fragmenter. Il existe une explication à ce paradoxe, mais elle est un peu compliquée à faire saisir à la plupart des gens : l'Âme, la vraie, est bel et bien une et indivisible, mais d'une certaine manière elle n'est pas avec nous, sur le plan terrestre. Elle reste dans les mondes non matériels, dans l'Absolu. Et, un peu comme la Lune – qui est dans le ciel – se reflète sur un plan d'eau (mais elle n'est pas vraiment dans cette eau, elle est toujours suspendue dans l'espace en réalité), notre Âme fait comme un reflet sur le plan terrestre, sur l'individu que nous sommes dans cette vie, mais tout en restant en fait dans l'Absolu. Ce « reflet d'Âme » est soumis aux lois du monde matériel. C'est normal, c'est le but : les Dieux et Déesses que nous sommes ont créé le monde matériel pour venir y jouer. Mais ce n'est qu'une illusion. En même temps que nous jouons dans la matière, nous sommes toujours « suspendus » dans le Ciel d'où nous venons tous et auquel nous retournerons. À cette Âme, il ne peut rien arriver « réellement ». Mais nos reflets sur cette Terre, eux, peuvent jouer à bien des choses. Et s'il leur arrive un coup dur, ils peuvent effectivement se fragmenter. Comme si vous jetiez un caillou dans le plan d'eau où la Lune se reflète, elle va sembler onduler, se briser, etc. Mais la véritable Lune, dans l'espace, n'a pas bougé et se fiche totalement des cailloux que vous lancez dans les étangs ! De même, l'Âme peut effectivement se morceler, même si ce morcellement ne se produit que dans le plan terrestre, matériel, pendant que nous y vivons dans un corps de chair et d'os.

Et ce n'est pas parce que ce morcellement n'est pas vraiment « réel » qu'on ne doit pas s'en occuper. Si vous vous brisez une jambe dans un accident, votre Être Véritable, dans le monde

Absolu, n'est pas vraiment touché. Si vous mouriez suite à cet accident, vous prendriez très vite (voire immédiatement) le recul face à cela, et vous ne vous soucieriez plus du tout de tout ce que vous avez fait dans votre vie ni de votre jambe qui a fini brisée. Mais si vous n'en mourez pas (ou le temps que la mort vienne vous chercher), vous allez trouver très important de vous occuper de la fracture ! Si quelqu'un passait en vous disant « ce n'est pas important mon gars, ce n'est qu'une illusion de toute façon, il n'y a rien à faire », je pense que vous n'auriez qu'une envie : lui retourner votre main dans la figure ! Et vous n'auriez pas tort. D'une manière identique, je suis de ceux qui affirment que le morcellement de l'Âme est réel, même si ce n'est que dans la réalité relative du monde matériel, pas dans l'Absolu. Et qu'il faut y remédier !

Le recouvrement d'Âme est l'un des points forts du chamanisme. Il se pratique depuis la nuit des temps. Les chamans ont toujours rappelé l'Âme des malades, des gens accidentés, traumatisés… Et, ce qui est amusant, c'est que la sagesse populaire (bien plus sage que ce qu'elle veut admettre) garde une trace de ces phénomènes dans des expressions comme « quand il est mort, c'est une part de moi qui est partie avec lui », « depuis mon agression, c'est comme si je n'étais plus moi-même, comme s'il me manquait une part de moi », « j'ai été brisé », etc. Eh bien oui, c'est cela ! Il vous manque des petits bouts ! Et pour les récupérer, rien de tel qu'une bonne séance de recouvrement.

Avant un recouvrement, le chaman parle avec la personne pour savoir ce qui s'est passé dans sa vie. En tout cas, c'est plus simple quand on veut gagner du temps. Mais il est possible également d'effectuer un recouvrement pour quelqu'un qui connait parfaitement son traumatisme, mais qui ne veut pas vous le dire. Je l'ai déjà fait et c'est très intéressant. En ne sachant rien, au moins, on est sûr que le mental ne s'en mêle pas, on se laisse totalement guider par nos totems et autres alliés. Sauf que si la personne a vécu plusieurs traumatismes, vous risquez de ne pas recueillir les bouts d'Âme de celui sur lequel elle veut travailler en ce moment. Et puis, le dialogue entre le chaman et son consultant crée du lien. Si le patient vient en parfait inconnu, c'est compliqué pour les deux partis de créer un peu d'intimité. Car, par exemple, le praticien en chamanisme va devoir toucher la personne qui vient le consulter, lui prendre la main, ou le poignet, pendant le recouvrement proprement dit. Le chaman doit s'assurer du sérieux de la démarche du patient, de la véracité de ses propos (évitez les mythomanes !), etc. En résumé, à moins de faire une séance de recouvrement avec une personne que vous connaissez déjà un minimum, je vous conseille de ne pas y aller à l'aveuglette. Le patient n'est pas obligé de vous donner tous les détails de son problème, ne lui faites pas revivre son traumatisme, cela ne sert à rien. Mais il faut au moins savoir l'âge approximatif auquel s'est arrivé et de quoi on parle exactement (opération, accouchement difficile, agression, accident, maladie, perte d'un emploi vécue de manière dramatique…). Le chaman doit également s'assurer que la personne ne sera pas seule chez elle après le recouvrement, car des « effets secondaires » peuvent arriver. Ce n'est pas systématique, mais rappeler un bout d'âme n'est pas anodin. On rappelle une part qui était partie suite à une blessure donc après on va devoir la chouchouter… et vivre avec ! Par exemple, quand je ramène avec mes patients des parts d'eux enfant, il n'est pas rare que « l'enfant intérieur » se réveille dans la soirée qui suit. Cela peut se traduire de différentes façons. Par exemple, ils ont une forme olympique et ne peuvent pas s'endormir. Ils sont fatigués à cause de la séance de recouvrement, mais en même temps une « part d'eux » ne veut pas aller au lit, veut jouer, peindre, aller marcher pieds nus sur le gazon, etc. Parfois, les « effets secondaires » sont moins drôles : une ultime crise d'angoisse, car le bout d'âme ramené se demande si tout est vraiment bien fini, si l'on est en sécurité maintenant. Etc. Il vaut donc mieux que le patient ait de la compagnie, disons pour les 24 h qui suivent le soin, mais surtout le soir, quand tout se pose et que l'on revient aux sensations de notre corps. C'est là que des sensations, images, phrases ou autres peuvent surgir plus facilement ou plus intensément. Si cela arrive, que la personne ne panique pas, qu'elle parle à ses parts d'elle qu'elle vient de retrouver. Elle n'est pas obligée de le faire à haute voix s'il y a du monde dans la pièce ! Mais qu'elle parle avec. Qu'elle explique que oui, c'est bon, c'est ok, on est en sécurité. Ou que, « écoute, là je suis fatigué, je dois vraiment aller au lit, mais je te promets que demain on ira marcher pieds nus dans le jardin ». Je sais, dit comme cela, ça fait schizophrène, mais je vous assure que c'est normal et que ça aide. Prenez-le comme un jeu, décontractez-vous ! Vous verrez, le lendemain tout sera rentré dans l'ordre.

Une fois connaissance faite et bonnes bases posées, le chaman et la personne peuvent passer au recouvrement d'Âme proprement dit. Les deux s'allongent l'un à côté de l'autre. Donc, en général, les recouvrements se font sur des matelas au sol ou sur deux tables de massage l'une contre l'autre. On peut passer de la sauge dans la pièce et autour de chaque humain présent, avant, si on le souhaite.

Le chaman pose une de ses mains sur la main ou le bras de la personne. Et il part en voyage chamanique ! Pendant ce temps, le patient n'a rien à faire d'autre que de rester allongé et de se détendre, en restant attentif aux éventuelles sensations qui pourraient parcourir son corps. Le chaman va voir ses animaux totems et leur demande leur aide pour retrouver le ou les bouts d'âme perdus pour telle personne. Et ensuite, il n'y a plus qu'à suivre et écouter les totems ! S'il faut appeler d'autres esprits à l'aide ou vos anges, ils le feront. S'il faut vous avertir de quelque chose, ils le feront. Et ils vous emmèneront là où sont les morceaux d'Âme à ramener ! Ils savent TOUT. Vous n'avez qu'à suivre. C'est pas magique ça ? Il est impossible au départ de savoir combien de temps le voyage chamanique va durer et combien de bouts le chaman va ramener. Les morceaux d'Âme peuvent se trouver dans n'importe quel plan, n'importe quel monde. Par exemple, planant avec les Anges ou les

Etoiles dans le monde d'En-Haut. Ou bien emmitouflés dans les bras confortables d'un ours dans le monde d'En-Bas (surtout si la personne aime beaucoup les animaux). Ou de l'Autre Côté du Voile, du côté des morts, avec le papy décédé juste avant la naissance ou quelques années avant le traumatisme. Ou dans le passé : c'est le cas classique des enfants qui ont mal vécu un déménagement lorsqu'ils étaient petits. Ils voulaient rester dans l'ancienne maison, refusaient le déménagement, et après cela leur vie a changé : ils ont « la poisse », ou ils tombent malades physiquement ou psychologiquement. Signe qu'ils ont perdu un morceau d'Âme. Et quand le chaman se lance à sa recherche, il se retrouve dans l'ancienne maison justement ! Le corps de l'enfant qu'on a forcé à déménager est parti avec ses parents, mais un gros morceau d'Âme est resté dans la maison, dans cette partie de l'espace-temps. Vous voyez, quand je parle de « traumatisme », il peut s'agir de choses que les adultes ne qualifieraient pas de « graves ». Pourtant, la perte d'un doudou, c'est un coup à briser un bout d'Âme pour un bébé ou un jeune enfant !

Pour revenir à notre chaman en voyage, il va donc à la recherche des bouts d'Âme, qui apparaissent en général comme une image de la personne qui vient consulter, à l'âge où le traumatisme s'est produit. Par exemple, si vous avez perdu un bout d'âme vers deux ans suite à une opération chirurgicale, le chaman trouvera ce morceau sous la forme d'un bébé. Ensuite, vient la négociation pour ramener l'Âme :

- Parfois, elle est prisonnière d'une entité qui ne veut la relâcher. C'est le cas notamment de beaucoup de gens qui ont été agressés. Bien souvent, l'agresseur est possédé dans une plus ou moins grande mesure par une ou plusieurs entités qui le poussent à ses mauvais comportements. Et qui peuvent parfois retenir un bout d'Âme au passage. C'est le cas aussi des gens sur lesquels on a jeté une malédiction ou qui ont perdu un bout d'Âme suite à un pacte avec une mauvaise entité. Il convient alors de suivre les conseils de ses animaux totems, car ce sont EUX qui indiquent la marche à suivre : tenter de négocier avec l'entité qui retient l'Âme prisonnière, prendre le bout d'Âme discrètement et s'en aller avec, ou batailler contre l'entité. Je ne vous recommande la dernière option que si tout le reste a échoué. De plus en plus de chamans partout dans le monde utilisent la manière douce : parlent, offrent de la Lumière à la place du bout d'Âme à récupérer, négocient, utilisent le lien qu'ont les gens et plus particulièrement les enfants avec les animaux…

- D'autres fois, le bout d'Âme ne compte pas revenir, car il est très bien là où il est ! L'enfant dans sa maison, ou l'adolescent sur son nuage, allez les faire revenir ! On négocie, on explique que maintenant tout a changé. Que l'autre partie a grandi, a un travail, une belle maison qu'elle préfère à sa maison d'enfance, même si cette première habitation sera toujours dans son cœur, etc. En résumé : on vante tout ce qu'on peut ! Les animaux totems aident beaucoup dans ces cas, car les animaux apaisent facilement.

En bref, on improvise selon les situations ! On peut se retrouver n'importe où, et les choses qu'on peut vivre dans ces voyages sont illimitées. Il peut arriver vraiment tout et n'importe quoi.

Et, quand le morceau d'âme accepte de revenir, vous pouvez le prendre par la main… ou l'enfermer dans un objet ! C'est au choix. On appelle cela un « attrapeur d'Âme ». Ce peut être n'importe quoi : un joli morceau de bois sculpté ou décoré (ou pas), un cristal (très en vogue ces derniers temps), un animal totem en argile, en bois, en métal (dans certaines régions asiatiques, l'attrapeur est le tambour lui-même)… Le chaman possède cet objet en vrai, dans la réalité ordinaire, dans le plan matériel. Et quand il part en voyage chamanique, il le tient dans sa main (et de l'autre, il tient son patient je vous le rappelle). Et, lorsqu'il arrive dans le monde d'En-Bas, auprès de ses totems, il tient ce même objet sur lui, dans la réalité non-ordinaire. Cet attrapeur peut aspirer et accueillir le morceau d'Âme à ramener. Il n'est pas rare que plusieurs morceaux d'Âme reviennent au cours d'une même séance. Le chaman en retrouve d'abord un, puis on lui dit qu'il faut aussi aller en chercher un autre. Et ainsi de suite ! Ramener plein d'humains de plus ou moins grande dimension (de plusieurs âges) peut être un peu compliqué. C'est pourquoi les chamans ont des attrapeurs ! On met tout le monde dedans et on continue le voyage en toute sécurité.

Quand le voyage s'achève (quand les guides et/ou totems disent que c'est fini, que tous les bouts ont été rassemblés), le chaman revient à lui, rouvre les yeux, dans la réalité ordinaire. Les morceaux d'Âme rapportés se trouvent alors dans l'attrapeur, le « bien réel », matériel, dans la main du chaman. Le praticien prend alors son attrapeur d'Âme, se penche vers la zone du cœur de son patient avec l'attrapeur contre sa bouche, puis souffle dessus avec la conscience qu'ainsi les bouts d'Âme quittent l'attrapeur pour se retrouver enfin à nouveau dans le corps du patient. En général, on souffle plusieurs fois. Mais le détail est laissé libre à chaque chaman. Chacun a sa méthode. Après le cœur, le chaman se déplace et fait de même au sommet du crâne du patient, dans la zone de la fontanelle.

Il explique ensuite à la personne que le soin est terminé. Mais il l'invite à ne pas se relever pour l'instant. Si possible même, à ne pas ouvrir les yeux. Le chaman joue alors du tambour, du hochet, du bol tibétain ou de tout autre instrument de musique avec lequel il a l'habitude de travailler. Cette manœuvre a pour but de « fixer l'âme » comme on dit. Tandis que la personne respire profondément et absorbe plus profondément l'Essence qui lui a été restituée. Cela ancre le travail. Il faut laisser la personne au contact de son corps, ne pas parler immédiatement avec elle, c'est important !

Le patient peut ensuite prendre tout le temps qu'il veut pour se relever. Il est invité à boire un verre d'eau et à manger quelques biscuits s'il en a besoin. La nourriture est un bon moyen d'ancrage et de retour à la réalité ! Et, en général, après tout cela et seulement après, le chaman et lui échangent sur ce qui s'est passé lors du recouvrement. Il est impossible d'évaluer par avance la durée d'un recouvrement d'Âme ! Du moment où la personne arrive pour la consultation à celui où elle repasse la porte dans l'autre sens, il peut s'écouler 2 heures comme 4 heures !

La suite appartient au patient. À lui de couver son Âme dans son entièreté jour après jour. À lui de tout faire pour que l'Âme ne parte plus. Il est rare que le même morceau reparte un jour. Seulement dans des cas extrêmes où un traumatisme identique au premier se reproduit (et encore, ce n'est pas systématique). Au patient également d'être prêt à vivre avec les morceaux d'Âme retrouvés. Quand le morceau d'Âme que vous aviez perdu à l'âge de 3 mois à cause d'un chien qui vous a fait peur revient, cela vous enlève votre phobie des chiens. C'est un plus, vous revivez, c'est génial ! Mais quand le morceau d'Âme que vous aviez perdu lors d'un viol revient et que vous vous rendez alors compte que vous aimez les hommes alors que cela fait dix ans que vous vivez avec une femme, et qu'il va falloir expliquer à la miss que vous n'êtes plus sûre de votre choix, c'est moins drôle… Parfois, des femmes battues qui n'ont pas encore quitté leur conjoint violent au moment du soin se rendent vraiment compte de l'horreur de leur situation lorsqu'elles rentrent chez elles avec une Âme entière. C'est un choc en général pour elles (« comment j'ai pu ne rien voir avant ? comment j'ai pu vivre ainsi pendant 7 ans ? »). Elles quittent leur conjoint dans l'heure, mais on ne peut pas dire que leur soirée de recouvrement soit tranquille ! Chaque patient vivra son aventure. Mais le chaman sera gentil d'assurer quand même un suivi pour les cas où il y aurait besoin… Certaines personnes auront besoin d'un peu d'aide. Parfois, juste d'une oreille à qui raconter leur vie dans les jours qui ont suivi le recouvrement.

À bien noter : certains thérapeutes s'intéressent maintenant au recouvrement d'Âme ou le pratiquent sans le savoir ! Tout soin durant lequel ou après lequel une personne dirait « je n'ai plus été la même après », « j'ai l'impression de renaitre », « j'ai l'impression qu'une part de moi s'exprime à nouveau », est un soin où un morceau d'Âme est revenu ! Cela peut vous arriver n'importe quand, car en fait certains bouts d'Âme n'ont besoin de rien ou presque pour revenir. Quand certaines thérapies aident à libérer réellement un traumatisme (c'est le cas par exemple de certaines hypnoses, de l'harmonisation globale®, de la médecine symbolique© et d'autres), en fait elles font revenir les bouts d'Âme correspondants. Comment tout cela fonctionne reste très mystérieux….

Exemple de recouvrements

1) Exemple avec un humain. C'est un exemple où je navigue « à l'aveuglette » : je n'ai aucune idée du traumatisme qu'a pu vivre la personne, une femme dans la quarantaine. Nous nous allongeons l'une à côté de l'autre, nous fermons les yeux, j'ai mon cristal attrapeur d'Âme dans la main droite et je prends le poignet droit de la femme dans ma main gauche. Comme pour tout recouvrement, la pièce est plongée dans le noir. Seule une petite bougie nous veille. Je descends dans le monde d'En-Bas, c'est ma louve qui vient à ma rencontre. Mes autres animaux totems ne semblent pas être dans les parages. J'expose le problème à ma louve. Elle m'invite à monter sur son dos puis avance rapidement dans une direction précise. Le paysage devant nous se brouille, comme s'il se transformait, ou comme si nous traversions un genre de portail pour passer dans une autre région de la réalité non-ordinaire. Le temps que je dise « ouf », nous sommes effectivement dans un autre paysage. Sous les arbres en lisière de forêt, avec une caverne au loin dans un coin où il n'y a plus d'arbres, où une petite prairie est dégagée. Ma louve totémique me dit de descendre et de faire comme elle. Nous nous aplatissons derrière les hautes herbes pour ne pas être vues. Elle m'explique « voici la caverne du Prédateur, ici tu dois toujours procéder avec discrétion ». Je remarque alors une énorme silhouette noire, de forme humaine, qui semble faire une ronde à l'extérieur de la caverne pour en garder l'entrée. Nous attendons qu'elle passe. Ma louve me dit de me tenir prête. Elle s'élance en direction de la caverne en empruntant un chemin précis, je suis sur ses pas. Nous entrons. Tout est noir, extrêmement sombre. Ce n'est pas étonnant pour une caverne, mais ici il y a un détail en plus : une espèce de substance noire et gluante partout sur le sol et les murs. Je prends conscience qu'au fond de cette grotte, à quelques mètres devant moi, sont engluées des tas d'Âmes de centaines de personnes. Il faut pouvoir localiser le bon morceau d'âme, celui de la femme qui me consulte. Souvent, dans ces cas, un objet appartenant aujourd'hui à la personne apparaît sur le bout d'Âme égaré. Ici, c'est un bracelet que porte la femme qui me consulte (un bracelet qu'elle a maintenant, dans la réalité ordinaire) qui se retrouve dans cette caverne, au poignet d'une adolescente d'environ 12 à 14 ans selon moi. Pas besoin de négociation, je sais qu'elle est volontaire pour rentrer. Simplement, elle n'a pas pu revenir par ses propres moyens jusqu'à présent. Il lui faut un petit coup de pouce. J'explique à cette jeune fille que ma louve et moi sommes là pour la ramener. Je tends une main vers elle, elle me tend la sienne. J'arrive à la tirer hors de son étrange vase noire et gluante. Je la hisse devant moi sur le dos de ma louve et nous nous dirigeons vers la sortie. Avant de l'atteindre, je sens le petit corps de la fille qui est comme en train de me glisser des mains. Je comprends qu'elle a peur de croiser l'entité noire qui rôdait à l'entrée. Je la sers fort contre moi, je la rassure, lui dit qu'avec ma louve il ne peut rien nous arriver, et que de toute façon nous allons nous échapper en douce, que le méchant monsieur ne verra rien. Elle se détend, ma louve se met à galoper. Nous rentrons par le même chemin qu'à l'aller, avec son seuil entre deux mondes. Je reviens dans le paysage que je connais habituellement dans le Monde d'En-Bas. La porte s'est refermée derrière nous. Je descends de mon loup, regarde le visage de la jeune fille encore barbouillé. D'autres de mes animaux nous rejoignent. Ils entreprennent de lui lécher le visage, ce qui la fait beaucoup rire. Une fois nettoyée, je remarque sa ressemblance frappante avec ses filles, qu'elle a de nos jours dans la réalité ordinaire. Je n'avais pas fait attention à cela jusqu'à présent. C'est pourtant vrai qu'elles se ressemblent toutes les trois ! La fille devient Lumière puis est aspirée par mon cristal. Je reviens à moi, j'ouvre les yeux, de retour dans notre chère réalité ordinaire. J'insuffle les morceaux d'Âme. Quelques minutes après la pause musicale, je raconte ce que j'ai vécu à la femme venue me consulter. Elle me dit qu'elle n'est pas étonnée, que cela correspond bien à son traumatisme et à son ressenti depuis (« je me sentais engluée justement, c'est vraiment le mot ! »). Cette séance lui a permis de franchir une étape importante dans sa guérison.

Comme vous l'aurez probablement compris, dans ce genre de voyages chamaniques, ce que le chaman voit peut être réel ou symbolique. Par exemple, on peut voir un mur, car la vie du patient s'est arrêtée à cette époque ou parce qu'il a l'impression d'être prisonnier ou dans une impasse. Ou alors, il peut vraiment y avoir eu un mur très élevé en ce lieu, lieu que le chaman décrira donc à son patient à la fin de la séance pour comprendre exactement ce qui s'est passé.

2) Exemple avec un chien handicapé. Il s'agit d'un chien de type Shih tzu, un mâle de 5 ans que nous appellerons Elie. Il souffre de kératites et d'ulcères aux yeux. Concrètement, cela signifie que ses yeux n'arrêtent pas de couler et ce n'est pas un liquide clair comme de l'eau ! Entre l'aspect purulent et l'odeur, personne n'aimerait être à sa place... Il a eu une commotion cérébrale deux ans auparavant. Mais, surtout, il a de graves troubles du comportement. Cela date de sa naissance, ce n'est pas lié à la commotion. Dès sa naissance, il a été rejeté par sa mère et donc nourri au biberon. Il devient très agressif si on veut le toucher, encore plus au niveau de la tête que sur le reste du corps. Il n'interagit pas avec l'être humain, jamais (les gens qui l'amènent me disent que c'est un peu un « chien autiste » si l'on peut dire). Il a une peur panique des autres chiens. Tout dans le comportement que j'observe fait effectivement penser à des troubles mentaux et comportementaux très profonds. Je n'avais jamais vu un chien comme lui avant, ce genre de cas étant rare et facilement euthanasié... Les gens qui amènent Elie ne sont que sa famille d'accueil. Car bien sûr, avec de tels problèmes, il a été abandonné. Le souci est qu'il n'est pas adoptable en l'état. Personne n'en voudrait, ce que je peux comprendre. Le couple d'accueil me consulte donc pour ce que je fais le plus : de l'harmonisation globale® et de l'ortho-bionomy®. Grâce à la première méthode, je trouve l'origine du trouble neuronal d'Elie : un mauvais développement, tout simplement, durant la grossesse de la mère. J'harmonise également « l'interaction avec les autres êtres vivants » (je ne devine pas cette problématique comme par magie, je trouve la phrase exacte grâce à un test musculaire ; voir mon livre « Harmonisation globale pour l'animal » aux éditions Bussière). Puis j'utilise mes soins énergétiques classiques, issus de l'ortho-bionomy® mais pendant lesquels mes animaux totémiques ou mes anges aiment intervenir. Je conseille de l'homéopathie pour stopper les larmoiements. La séance s'arrête là, comme dans la plupart des cas. Je ne fais pas du recouvrement d'Âme tous les jours, car on n'en a pas forcément besoin. Le gros de mes consultants vient pour des troubles physiques tels que des sciatiques ou des problèmes émotionnels, mais qui ne nécessitent pas forcément un recouvrement. Le recouvrement ne vient que pour compléter une série de soins pour les gens qui veulent aller plus loin et accéder à un véritable mieux-être, ou quand les soins classiques semblent échouer. Je ne prévoyais donc pas forcément de pratiquer un recouvrement pour Elie même si c'est le genre de cas extrêmes pour lesquels cette technique est la bienvenue ! Mais, dans les jours qui suivent, lors d'un voyage chamanique, mes totems me font savoir qu'Elie va mieux, mais qu'il lui faudrait quand même un recouvrement d'Âme. Sur le coup, j'ai du mal à croire qu'une amélioration soit possible ! Pourtant, j'apprendrai plus tard que c'est vrai, dans les jours qui ont suivi le soin, il s'est littéralement métamorphosé. En attendant, me voici partie pour un recouvrement pour un animal qui n'est même pas dans la pièce à côté de moi. Il existe en effet une astuce pour rendre son Âme à distance à un être vivant qui ne peut pas être physiquement présent. De toute façon, garder un animal immobile, couché contre le chaman sans le déranger est compliqué. Donc on utilise fréquemment d'autres astuces pour les bébés agités ou les animaux (vous allez voir plus loin).

Je me retrouve une fois de plus sur le dos de ma louve totémique et un serpent passe devant nous. Pour les chamans, cet animal n'a rien de diabolique, il est plutôt sage et guérisseur. Donc je le prends comme un bon présage. Ma louve saute dans une sorte de vide et je réalise alors que nous flottons dans l'espace. Et devant mon visage flotte un chiot sans yeux, tout grisâtre, enchevêtré dans une matière indéfinissable. Je tente de l'aspirer dans mon cristal, mais il reste collé, relié à cette matière étrange. Elle couvre une grande surface, un peu comme une toile d'araignée, elle part dans tous les sens. J'ai alors l'idée de l'enrouler en un seul faisceau pour y voir plus clair. Je réalise que cela fait comme un cordon ombilical qui rentre dans le ventre du chiot. Je coupe le cordon et noue bien les deux extrémités. Je peux enfin aspirer ce qui est manifestement un bout d'Âme d'Elie quand il était dans le ventre de sa mère. Le paysage change, nous basculons ma louve et moi dans un genre de forêt. Nous nous installons par terre près d'un ruisseau, je fais sortir le chiot du cristal et soigne ses yeux, ou plutôt l'emplacement qui devrait contenir des yeux. J'utilise le même genre de soins énergétiques que je pratique dans la réalité ordinaire avec les êtres vivants qui viennent me consulter. Tout à coup, un chiot plus avancé en âge, joueur, lumineux et transparent, arrive vers moi. Il se laisse attraper et mettre dans le cristal sans souci, il était visiblement là pour cela ! Je replace également le chiot dans mon cristal attrapeur d'Âmes. Ma louve me fait traverser une autre rivière, un peu plus loin. Mais arrivée sur la berge, il n'y a rien à part la végétation et une lumière tellement forte qu'elle m'aveugle. Je ne saisis pas ce qui peut bien appartenir à Elie ici. Mais grâce à mes totems, j'ai une astuce pour ce genre de cas : je tends mon cristal devant moi et demande à l'Univers d'y placer ce que je dois ramener, même si je ne sais pas ce que c'est. Je vois alors une flamme rentrer dans le cristal. Ma louve me ramène à mon point de départ dans le Monde d'En-Bas. Le serpent nous accueille. Je reviens à moi, dans la réalité ordinaire. Comme Elie n'est pas là physiquement, j'utilise la même technique que pour faire des soins à distance : j'appelle son aura et, quand elle est devant moi, je souffle les bouts d'Âme dedans, au niveau du cœur et de la fontanelle. Puis je renvoie l'aura à son propriétaire.

Si vous êtes chaman, je ne vous recommande pas, malgré tout, de faire des recouvrements exclusivement à distance, surtout pour les êtres humains quand ils peuvent se déplacer pour venir vous voir. Car, pour ceux qui refusent de voir un thérapeute autrement qu'à distance (cela existe !), on est en droit de se demander à quel point ils sont prêts à s'impliquer dans leur guérison. Un recouvrement d'Âme est l'une des choses les plus sacrées qui puisse vous arriver. Vouloir le faire à distance alors que vous pourriez vous déplacer c'est un peu comme vouloir vivre votre naissance à distance ! Ce qui n'est évidemment pas possible… Je ne pense pas que vous soyez arrivé sur Terre comme par magie en claquant des doigts. Certains passages ne peuvent être vécus qu'au sein de la matière.

Si vous souhaitez approfondir l'art du recouvrement d'Âme, je vous conseille de lire l'excellent ouvrage de Sandra Ingerman « Recouvrer son Âme et guérir son moi fragmenté ». Je ne peux pas tout vous expliquer sur cette technique dans ce livre. Vous aurez par l'ouvrage de Sandra tous les détails, réponses et exemples qu'il vous faudra si vous désirez vous lancer dans ces soins pointus. Cette femme leader spirituel donne de nombreux ateliers et formations à travers le monde et plusieurs de ses élèves le font également. Mais ne perdez pas de vue, comme toujours, qu'une des meilleures formations reste l'accord des esprits. On ne se lance pas sur ce genre de voie pour plaisanter ou satisfaire son égo. Et si le feu vert des esprits vous est donné, vous trouverez d'une façon ou d'une autre des personnes pour vous former, et le monde invisible vous formera également. En assemblant tous les morceaux du puzzle, vous créerez votre art, votre manière propre d'opérer.

Avant même que vous vous intéressiez au chamanisme ou au recouvrement d'Âme, des signes pourraient vous être donnés pour vous préparer à cette voie. Par exemple, lors d'une transe vécue pendant un soin essénien, quelques années avant mon initiation chamanique, un cadeau m'a été remis, dans la réalité non-ordinaire : on me remit une boîte contenant mon fameux cristal attrapeur d'Âme. Je ne savais pas encore de quoi il s'agissait à l'époque. Je suis ensuite tombée nez à nez avec sa version « réelle », bien matérielle, dans une boutique de minéraux que je visitais et je l'ai acheté. Je ne savais toujours pas à quoi il allait servir ! Puis la solution m'a été donnée lors d'un voyage chamanique : source de Lumière, « aspirateur » quand l'Âme a été très morcelée et qu'il y a des bouts partout, transmetteur à bien des niveaux (j'aime le sortir lors des initiations que je donne, il facilite bien des choses), attrapeur même pour d'autres éléments que des morceaux d'Âme. Mon cristal sert également à me rappeler que je suis capable de voir ce qui est caché à la conscience ordinaire. Il aide aussi mes totems à se « recharger en Lumière » après un passage difficile (certains voyages chamaniques ou soins très éprouvants d'où l'on ne sort pas sans parasites énergétiques malgré toutes les précautions), etc. Quel que soit votre attrapeur d'Âme, vous n'en finirez jamais de découvrir à quel point il vous correspond et tout ce que vous pouvez faire avec.

Quelques infos à connaître sur le recouvrement d'Âme

Pour clore ce chapitre, je vais évoquer brièvement différents points importants à connaître sur le rappel d'Âme. Ainsi, vous perdrez moins de temps à demander à vos totems et guides si telle ou telle chose est possible.

On peut aussi rappeler l'Âme d'une plante, d'un minéral, d'un ensemble de végétaux (l'Âme de groupe, l'égrégore comme certains l'appellent, d'une plantation de maïs par exemple).

La « malchance » (les gens qui accumulent les ennuis) est un signe de perte d'Âme, mais souvent aussi de perte de son animal totem ! On peut donc partir à la recherche de l'animal de la personne et le lui rendre exactement comme un bout d'Âme (insuffler au niveau du cœur et du sommet du crâne).

Dans le phénomène de l'Âme morcelée, il n'y a pas que les bouts que l'on perd. Il y a aussi ceux que l'on détient alors qu'ils ne nous appartiennent pas ! La nature a ses lois. Que vous les connaissiez ou non, ces lois fonctionnent. Par exemple, si vous avez brisé mentalement ou moralement quelqu'un par le passé, il est possible que son Âme se soit fragmentée et que des morceaux se situent à différents endroits dans votre aura, votre champ énergétique. Si vous avez eu des troubles du comportement qui vous ont poussé à la violence physique, vous avez certainement volé sans le savoir des bouts d'Âme de vos victimes. Et il y a aussi les parasites énergétiques et entités qui squattent notre aura sans que nous ayons rien fait de mal. Juste parce que nous avons traversé un lieu pas très harmonieux à une période où nous étions fatigués (notre champ énergétique était affaibli et n'a pas pu lutter efficacement, un peu comme le système immunitaire qui est débordé par les microbes), ou parce que quelqu'un pratiquant les arts occultes nous veut du mal, ou pour bien d'autres raisons ! Concernant les morceaux d'Âme que vous auriez arrachés à quelqu'un sans le vouloir (à votre ex-mari lors de vos disputes…), sachez qu'il est possible que vous procédiez à des rituels pour les rendre au propriétaire. Soyez créatif, laissez place à votre cœur et à votre imagination : vous pouvez par exemple méditer quelques instants pour vous poser, allumer une bougie, puis déclarer votre volonté de rendre à un tel tout ce que vous pourriez lui avoir pris, demander à l'Univers de lui ramener ses bouts d'Âme là où il se trouve et quand il sera prêt (l'Univers peut stocker ce qu'il faut, ne vous en faites pas !)…

On peut faire du recouvrement pour des lieux « qui n'ont pas d'Âme » comme on dit. Eh oui, ça se sent, même pour les non-chamans ! Cela peut se faire par voyage chamanique, mais aussi par l'aménagement des lieux, par une technique comme le Feng Shui ou la géobiologie. Tout comme je l'expliquais à la fin du sous-chapitre précédent, on fait parfois du recouvrement d'Âme sans le savoir et sans chamanisme ! Il suffit que vous décoriez votre habitation en conscience, avec amour – même si vous ne connaissez rien en Feng Shui et assimilés – pour commencer à tisser une belle relation avec l'esprit gardien du lieu et apporter plus de vie et d'harmonie !

Nous perdons tous de nombreux fragments d'Âme au cours de notre vie. Mais ils reviennent tous seuls avec le temps. Dès que le choc est passé, que nous nous chouchoutons, que nous guérissons... C'est un processus naturel comparable à la cicatrisation : la plupart du temps, vous cicatrisez très bien tout seul des bobos que vous vous faites. Mais lors de blessures graves, il peut y avoir besoin de chirurgie. Les séances de recouvrement sont l'équivalent de cette chirurgie, dans les cas graves et exceptionnels qui n'ont pas cicatrisé jusqu'à maintenant. De plus, si l'on a besoin d'un recouvrement, ce n'est que quelques fois au cours de notre vie. On ne fait pas cela tous les mois ! Une fois que les morceaux les plus « importants » ont été ramenés, le reste suit. Il n'est donc pas nécessaire de traquer jusqu'au dernier atome perdu. Il suffit de réenclencher le processus d'auto-guérison de l'Âme. Par ailleurs, on ramène rarement plus de cinq ou six morceaux d'Âme en une seule séance, car des souvenirs ou de la souffrance reviennent parfois avec (même si la plupart du temps il n'y a que des sensations agréables). Et, même sans souffrance, c'est un gros soin qui peut fatiguer les gens et les « mettre à l'ouest » pour quelques jours. Ça chamboule, ça remue ! Mais, quoi qu'il arrive, en tant que chaman, vous n'aurez pas à vous poser la question du nombre de bouts à ramener. Vos totems et guides vous expliqueront ! Ils sont là pour cela.

Il est conseillé au patient de s'abstenir d'alcool et de substances psychotropes pendant les 24 h qui suivent la séance de recouvrement. Pour rester un maximum dans son corps et ancrer ainsi le travail.

Pendant le voyage où l'on cherche les bouts d'Âme, ou après, il est possible de demander aux morceaux ramenés s'il y a des changements à mettre en œuvre pour qu'ils restent. Par exemple, changer de travail, quitter son conjoint, compléter par d'autres soins, peindre, se réjouir, célébrer, etc. Ce peut être n'importe quoi ! Parfois, des petits rituels seront donnés par les esprits : se passer de la sauge ou du citron sur le corps pour symboliser la purification, les liens rompus avec tout ce qui était toxique, etc. Tout ceci sera expliqué si besoin au chaman par ses alliés. S'il n'y a pas d'instructions supplémentaires, c'est que pour l'instant le recouvrement suffit.

Concernant les morceaux d'Âme qui reviennent par eux-mêmes, la plupart du temps, nous ne nous rendons pas compte du phénomène, surtout si ce ne sont pas de gros bouts. Mais, dans le cas d'un recouvrement spontané important, les gens peuvent sentir que « quelque chose s'est passé ». Ces recouvrements sans soin spécifique peuvent être déclenchés plus ou moins volontairement. Par exemple, j'ai rencontré parmi mes consultants un homme qui est resté à l'hôpital de sa naissance à ses deux ans pour cause de graves troubles immunitaires. Il a subi d'innombrables examens médicaux et traitements, cas qui provoque toujours une fuite de l'Âme. Le bébé qu'il était alors en était arrivé à un tel stade de brisure qu'il ne se rebellait plus contre aucun soin. Dès qu'une personne en blouse blanche entrait dans la pièce, il tirait la langue et tendait un bras, tellement habitué à ce qu'on l'ausculte et lui fasse toutes sortes d'analyses. En même temps, au quotidien, il n'avait aucune conscience du danger. Même dans les années qui suivirent, il ne développa absolument pas ce genre de lucidité. À l'âge de 5 ans, il fut renversé par une voiture (heureusement sans trop de gravité). Etrangement, cet événement le rappela dans son corps ! Le choc, au lieu de passer inaperçu ou de le briser encore plus, provoqua un sursaut de Vie et d'auto-guérison. Amené à l'hôpital pour des examens, il manifesta pour la quasi première fois de la rébellion en se débattant face à l'infirmière. Il eut la chance de tomber d'ailleurs sur une femme très compétente qui expliqua à sa mère que le comportement de son fils était positif ! Après cela, il développa enfin la conscience du danger et un tas de comportements et compétences prouvant qu'il habitait bel et bien son petit corps. Ceci est évidemment un cas exceptionnel ! Ne vous amusez pas à traumatiser davantage les gens déjà abimés… Il y a peu de chance que cela les aide !

Vous pouvez en revanche tenter de rassembler des morceaux d'Âme qui vous appartiennent sans aller vous jeter sous les roues d'une voiture. Il n'y a pas de rituel type. Chacun fait comme il le sent. Certains, en cours de thérapie ou alors que celle-ci touche à sa fin et qu'ils sentent qu'il y a encore un petit quelque chose qui n'est pas rentré dans l'ordre, se mettent au calme pendant quelques jours loin de tout et créent un ou plusieurs rituels signifiants par rapport à leur situation, à leur sensibilité. Il suffit parfois de se rendre sur un lieu et de rappeler les parcelles égarées. Une femme à qui j'avais parlé de la manière dont l'Âme peut se sauver retourna sur son lieu de travail. Elle avait perdu son emploi suite à des problèmes de santé importants et avait compris d'elle-même qu'une partie de son Âme pouvait se trouver sur les lieux. Elle avait fait la paix avec cette partie de sa vie, avec les souffrances physiques et morales endurées au travail à cause de sa maladie. Elle pouvait retourner totalement en paix sur les lieux alors que quelques années auparavant cela lui aurait été impossible. Elle y alla donc. Elle s'arrêta tout simplement devant les grilles et appela son Âme par ses propres mots, ceux qui lui venaient, sans rien prononcer à voix haute. Elle sentit une sorte de chaleur agréable se propager dans son corps et commença à avoir de légers vertiges qui ne l'effrayèrent pas. Elle resta ancrée et patienta. Tout lui fut agréable du début à la fin. Les effets ressentis se calmèrent. Elle retourna à sa voiture et rentra chez elle. Vous voyez, un recouvrement peut être simplissime et beau !

Et, si vous êtes praticien en chamanisme, il n'est pas impossible que vous recouvriez spontanément des morceaux d'Âme lors de vos propres voyages chamaniques et alors que vous ne demandiez rien. Vos animaux vous signifieront qu'ils ont quelque chose à vous remettre, ou ils vous diront d'accomplir un ou deux actes ou de vous rendre à un endroit, puis vous sentirez les bouts revenir et vous réaliserez alors ce qui est en train de se passer. C'est ainsi que je fus un jour conduite par l'un de mes totems, dans la réalité non-ordinaire, dans la cour d'une école. Je mis quelques secondes à réaliser que c'était la cour de mon ancien collège. Je dus monter dans une salle de classe et je me trouvai face à moi adolescente ! Je compris alors que j'avais visiblement égaré une partie de moi dans les couloirs... Cela me surprit beaucoup, ayant toujours adoré l'école et étant très bonne élève ! Je ne peux pas non plus me plaindre d'avoir subi des brimades de la part de camarades ou de professeurs. Il n'y avait pas de raisons pour qu'un bout d'Âme se trouve à cet endroit. Pourtant, il y était. Je remarquai alors que cette image d'adolescente devant moi semblait comme endormie, dans une sorte de brouillard. Je compris immédiatement le symbolisme : ce morceau que j'avais devant moi représentait ce que la Maïté naïve, à l'aise dans le système, car ayant eu plus ou moins comme tout le monde le cerveau lavé, avait rejeté ou laissé s'endormir. Mon ancien moi, au cerveau lavé, croyant ce qu'on nous enseigne à l'école, croyant les médecins, croyant le système et croyant AU système, gobant beaucoup de mensonges véhiculés par la dictature mondiale et n'étant pas, à l'époque, au courant de l'existence de cette dictature. Cet ancien moi donc, avait endormi ou laissé s'endormir la part sauvage et instinctive qui sans cela l'aurait gêné, poussé à la rébellion, lui aurait ouvert les yeux sur certaines choses... Je dus prendre ce bout d'Âme par la main, lui exposer du mieux possible la situation et lui dire que maintenant il était libre, le trainer jusqu'à l'extérieur du collège. Alors il reprit des couleurs, respira, puis se fondit avec moi. Ce fut un grand enseignement pour moi, car je ne pensais pas qu'on pouvait réellement trouver des morceaux d'Âme de bons élèves dans les lieux d'enseignement ! Comme quoi, quand j'expliquais aux gens que l'Education Nationale lave le cerveau des enfants et que s'ils ne s'en plaignent pas ce n'est pas bon signe, j'étais littéralement dans le vrai ! Le Système brise nos Âmes, nous transforme en moutons, et cela se voit. C'est vérifiable. Pour ceux qui cheminent sur une voie spirituelle en tout cas. Mais, ce qui est intéressant selon moi dans cette histoire, ce n'est pas que l'anecdote puisse servir à « prouver » la nocivité de notre société et à alimenter des querelles. Car rien n'est tout blanc ou tout noir. Tout n'est pas à jeter dans l'époque où l'on vit. Il ne faut pas se prendre pour une blanche colombe face aux horribles méchants – même s'il est vrai que ceux qui dirigent actuellement la planète n'ont rien à envier aux pires psychopathes. Non, ce que je trouve intéressant, c'est qu'au moment où mon morceau d'Âme se fondit en moi, j'eus la certitude que si je n'avais pas changé de voie il y a des années, si j'étais restée la bonne élève du Système, ce bout ne serait évidemment pas revenu... et ne m'aurait pas manqué ! On parle souvent dans le domaine du recouvrement des gens qui se sentent « incomplets », « vides », « insatisfaits », etc. Quoi qu'ils fassent. Car ce qui leur manque est vraiment essentiel à leur vie. Mais on ne parle pas des morceaux qui semblent partir tout simplement parce que nous prenons un chemin qui ne leur convient pas. Sans réel traumatisme derrière. Un peu comme si l'on naissait avec une Âme très vaste, aux multiples devenirs possibles, puis que certains bouts s'endorment ou se sauvent tout simplement, car on part dans telle ou telle direction. Et, si nous n'avions pas choisi cette direction, ces bouts seraient restés, mais d'autres seraient certainement partis ! Ce qui est logique quand on pense que nous sommes littéralement des Divinités incarnées : il faut bien, pour « jouer le jeu d'être un simple humain » perdre ou mettre en pause certains aspects de notre Être Véritable, nous réduire volontairement, faire « comme si » nous étions incomplets, « comme si » nous n'étions pas des Dieux, passer du « Je Suis Dieu » au « je choisis d'être Martin Dupont le temps d'une vie ».

Le domaine du recouvrement d'Âme est incroyablement vaste et ne semble pas connaître de limites !

Souriez, vous êtes sacré !

Avant de continuer notre petit tour de tout ce qui peut rentrer dans le champ du chamanisme, assurons-nous que vous n'avez pas trop les chevilles qui enflent. En effet, comme dans beaucoup de métiers, mais plus encore dès que l'on rentre dans la spiritualité ou les soins un peu « ésotériques », on assiste à une flambée des égos.

Quand je disais en introduction de ce livre que beaucoup de gens sont d'avis qu'avec « un truc soi-disant sacré, on ne plaisante pas », j'étais sérieuse : sérieuse sur le fait que trop de personnes pensent ainsi. C'est malheureux. Dans le chamanisme, on ne se prend pas au sérieux. Pas trop en tout cas. Bien sûr, il y a des moments où on ne rigole pas, face à la maladie grave, face à certains esprits, face à certains problèmes dont on ne trouve pas l'issue. On est humains. Mais il faut abandonner l'austérité et décrisper les zygomatiques quand on avance sur le Chemin de la Vie. Comme dit Jamie Sams, il faut équilibrer sacré et irrévérence. Jusqu'à se rendre vraiment et profondément compte que l'irrévérence, c'est sacré aussi, justement.

L'un de mes amis illustre bien cela : quand il revient d'un site sacré vraiment puissant, où il a rencontré beaucoup d'esprits, il ne dit jamais quelque chose de sérieux comme « il y avait tellement d'esprits, j'étais subjugué, j'ai vécu des choses extraordinaires là-bas, etc. ». Non. Il allume une cigarette, il se plante devant vous avec son pantalon large, son gros pull et son bonnet (la simplicité incarnée) et il vous balance avec un sourire radieux « je suis allé au Donon il y a trois jours. C'est Disneyland là-bas ! » L'illumination et le rire d'enfant qui parcourent alors son visage en disent plus long que tous les discours sur la réalité, la profondeur et la joie de son expérience.

Alors, les voyages chamaniques, les recouvrements d'Âme, le développement personnel et les expériences mystiques, c'est bien joli, mais décoincez-vous ! Et, si vous êtes côté patient, ne vous laissez pas impressionner par les thérapeutes ou aidants divers qui vous prendraient de haut ou vous imposeraient leurs croyances comme un absolu sans aucune concession. Comme on reconnait l'arbre aux fruits qu'il porte, soyez avant tout attentif à vos ressentis pendant et après les soins que vous recevez. Bien sûr, il y a parfois des « effets secondaires » après un soin. C'est rare, mais ça arrive. Des courbatures ou d'autres symptômes physiques, ou des débordements émotionnels tels qu'une petite mélancolie ou de franches crises de larmes… Ce n'est pas forcément la faute du praticien qui vous a donné une séance. Cela peut être la manière qu'a votre corps de gérer comme il peut les régulations en cours, quand il y en a beaucoup qui s'enclenchent à la fois. Ces troubles éventuels doivent rester dans la limite du vivable. Et, surtout, doivent disparaitre en quelques jours. Et les problèmes pour lesquels vous consultiez à la base doivent évidemment s'estomper au fil des séances, ou au moins se stabiliser en ce qui concerne les maladies graves. Si aucun bien ne vous est fait, changez de méthode ou de praticien ! Un véritable guérisseur ne le prendra pas mal. Il vous expliquera qu'effectivement certaines personnes ne sont pas réceptives à certaines techniques alors que d'autres feront des miracles sur elles. Il vous encouragera à aller voir ailleurs et vous aidera même en vous conseillant des collègues s'il pense qu'ils pourraient vous aider.

J'ai déjà vu des thérapeutes se sentir agressés par l'humour de leur patient au point de riposter violemment verbalement et d'être prêts à claquer la porte à peine arrivés au domicile pour leur donner une séance. J'ai reçu des patients qui m'ont dit avoir fait 15 séances à 80 euros chez des ostéopathes sans obtenir la moindre amélioration. Mais ils continuaient, car le praticien leur disait que, si, cela marchait ! Mais si cela marche, vous devez le sentir bon sang !

J'ai vu des gens désespérés payer 180 euros pour un soin de 30 minutes… qui ne leur a rien fait. Et le pire est qu'ils continuaient de croire au « pouvoir » de ce genre de thérapeutes !

Je ne peux pas fixer un prix en dessous ou dessus duquel vous pourriez être sûrs que vous êtes en face d'un charlatan. Il y a des arnaqueurs qui font payer 15 euros une séance d'une heure et il y a des gens très efficaces et pleins de compassion qui font payer 70 euros les 30 minutes (au moins, quand vous ressortez de chez eux, vous allez mieux !). Ces derniers sont honnêtes et prêts à faire de fortes réductions si la personne n'a pas les moyens de payer, simplement ils ne l'affichent pas sur leur porte. On ne peut donc pas juger les praticiens à leurs tarifs ou à leurs éventuelles réductions et opérations commerciales. Mais, tout de même, restez dans le raisonnable ! Les extrêmes doivent vous alerter : payer 200 euros pour 30 minutes de soin, débourser 3000 euros pour une initiation qui va durer à peine 2 jours… Si l'on vous propose cela, fichez-vous ouvertement de la tête de la personne qui vous le demande ! Vous lui montrerez que vous n'êtes pas un pigeon et vous en profiterez au passage pour tester son sens de l'humour, qui doit être un minimum développé si c'est une personne « spirituellement très élevée » !

Que vous soyez patient ou praticien, riez le plus possible (même si l'on a tous nos limites, c'est normal), ne vous prenez pas trop au sérieux et ne vous lancez pas dans des soins ou des stages dans lesquels un élément ou un autre (prix, philosophie…) renforcerait votre ego, vous rendrait austère ou vous ferait perdre votre pouvoir en faveur du thérapeute ou de l'animateur.

Quand vous partez en voyage chamanique, soyez également prêt à en entendre de toutes sortes question humour ! Je me rappelle d'une journée durant laquelle j'avais donné l'initiation des Lanvaettir (les esprits des lieux) à un groupe. L'une de mes amies, chaman confirmée, a voyagé à cette occasion dans différents endroits de la réalité non ordinaire. Mais tous les esprits gardiens qu'elle rencontrait étaient assez sérieux. Elle demanda à ses animaux totémiques si tous les esprits des lieux étaient ainsi. Ses animaux l'emmenèrent alors en esprit jusqu'à une école primaire. Le gardien qui se présenta avait la forme d'un enfant. Il entama la conversation en demandant à mon amie : « tu connais la blague du ventre ? ». Elle lui répondit que oui. Il fut déçu et lui dit que normalement les gens répondent « non ». Mon amie lui proposa de recommencer et ce fut reparti pour un tour : « tu connais la blague du ventre ? ». Elle répondit « non ». Et, bien sûr, l'esprit enfant conclut : « Elle est bidon ». Quand vous revenez d'un tel voyage, soit vous avez de l'humour et du lâcher-prise, soit vous vous posez des questions sur votre santé mentale et sur le chamanisme…

Une autre de mes amies chamans avait posté sur Facebook une image où deux rochers se parlent :

« Comment tu t'appelles ?

– Tu peux m'appeler Yves.

– Yves comme Yves Rocher ?

– Lui-même. »

Quelques jours après, elle communique avec l'esprit d'une ancienne carrière abandonnée près de chez elle : on y est presque entièrement encerclé de falaises très hautes, avec des tas de roches au sol, notamment à l'entrée. Mon amie demande son nom à l'esprit du lieu. Il lui répond « Yves », tout en lui faisant comprendre que, oui, c'est une référence à sa publication Facebook ! Il faut croire que la réalité non-ordinaire est connectée aux réseaux sociaux…

Quant à moi, je me souviens d'un voyage chamanique que j'avais effectué pour me préparer à un rituel collectif quelques jours plus tard. Je demande à l'un de mes animaux si je dois faire quelque chose de spécial en vue de la cérémonie :

« Tu dois te départir de ta mauvaise humeur [j'avais du mal à conserver le moral, étant en train de me séparer de mon petit ami].

– Un conseil spécial pour y arriver ?

– Reste enchantée. »

Oui, forcément, si je suis enchantée, je suis de bonne humeur ! En fait, c'était un joli jeu de mots pour me rappeler de « ne pas perdre ma magie » (mon enchantement), comme on me l'avait déjà dit quelques semaines avant. Je comprends donc ce que ce conseil renferme, à quels enseignements passés plus détaillés il me renvoie, ce qu'il signifie pour moi. Je remercie et repars pour la réalité ordinaire. J'ouvre les yeux… et je vois mon lit couvert de boue à cause de mon chien qui vient de rentrer dans un état lamentable ! Sans personne pour lui essuyer les pattes, il ne s'est pas démonté, il a décidé d'attendre sur la couette que je revienne à moi. Et il me regarde en remuant la queue… J'ai juste eu envie de dire, avec humour : « et sinon, un conseil pour rester enchantée ? »

Le mot de la fin sera celui d'une de mes patientes, rencontrée lors d'un weekend Bien-Être. Elle m'a abordée en disant « je ne sais pas comment vous faites votre chamanerie, mais… ». Puis, elle m'a expliquée ce qui l'amenait. Le mot « chamanerie » m'a tellement fait rire que j'ai gardé cette expression que je trouvais merveilleuse et j'ai maintenant chez moi un « journal de bord de la chamanerie », c'est écrit en gros en page de garde ! J'aimerais dire une chose aux gens que je croise : vous êtes excellents !

LEÇON 9

Harmonisation des lieux

Dialogue avec les entités

Après avoir beaucoup parlé des soins aux êtres vivants, il nous faut parler de l'harmonisation des lieux. Mais avant cela, je me dois de faire un petit aparté sur la communication avec les entités, car vous allez en rencontrer énormément si vous tentez de guérir des lieux.

Je ne peux que vous conseiller de reprendre l'exercice donné au chapitre « Les végétaux totems », sous-chapitre « Communication dans la réalité ordinaire ». Ou, si vous n'y arrivez pas, d'apprendre à maîtriser le pendule ou les baguettes parallèles (= baguettes de sourcier : on en trouve des très sensibles et efficaces sur le site consciencerverte.fr ou sur baguettes-sensitives.com ; ce sont les meilleures que j'ai pu tester à ce jour avec un rapport qualité-prix imbattable). Évidemment, si vous êtes médium doué de double-vue et de claire-audience, vous n'aurez pas besoin de tout cela puisque vous dialoguez avec les entités comme avec les gens en chair et en os !

Soyez conscient que vous devrez faire preuve de beaucoup d'entraînement et de modestie dans votre pratique, car quelle que soit la méthode, on peut toujours être induit en erreur par des esprits plus ou moins mal intentionnés. C'est pareil avec les êtres humains d'ailleurs ! Certains sont d'habiles manipulateurs. Mais il faut rester honnête, on ne trouve pas des psychopathes à tous les coins de rue ! Ce sera pareil avec les entités et esprits divers. Vous ferez beaucoup de belles rencontres, vous vous ferez des amis et alliés, vous irez de sourire en émerveillement.

La méthode la plus simple pour harmoniser un lieu est de dialoguer avec le gardien, ou, au pire, avec un de vos propres guides ou totems, pour lui demander ce qu'il y a à faire ici. Vous pouvez poser des questions dont les réponses sont « oui » ou « non ». Vous pouvez aussi demander à ce qu'on vous guide vers un indice (par exemple, on vous amènera à un objet à jeter, purifier ou déplacer). Faites preuve de créativité : tout est possible, ne vous limitez pas. C'est bien plus efficace que d'apprendre des méthodes comme le Feng Shui – même si cet art reste un excellent point de départ –, car ainsi, vous personnalisez le soin au lieu. Chaque soin à un humain est différent des autres et demande de l'adaptation. Il en va de même pour les endroits qui nous entourent ou dans lesquels nous vivons !

Tout « esprit » (pour utiliser un terme passe-partout) peut devenir un allié, même si vous ne savez pas à quelle catégorie il appartient (vous ne savez pas, par exemple, si c'est un ange, un elfe, un lutin, l'âme d'un animal décédé, un gardien…). Un gardien peut d'ailleurs lui-même vous apparaître sous différentes formes : plante, animal « normal » (chat, chien, girafe, ornithorynque si ça lui chante…) ou mythique (dragon, griffon…), humain, géant, fée, etc. Ne cherchez pas trop à catégoriser ou à comprendre rationnellement. Apprenez seulement à distinguer les « bons » des « méchants ». S'il faut que vous en sachiez plus après cela, les esprits vous enseigneront.

Quand vous êtes dans des lieux très sombres, très « hantés » comme on dit, demandez toujours (à vos guides par exemple, ou au moyen des baguettes, etc.) si vous pouvez y faire quelque chose ou non. Car à l'impossible nul n'est tenu ! Gardez toujours à l'esprit que dans des cas gravissimes (heureusement rares), vous pourriez courir un réel danger. Le but n'est pas que les événements tournent au drame comme dans le fameux film « L'exorciste ». Parfois, il n'y a qu'une seule chose à faire : tourner les talons et ne jamais revenir !

N'oubliez jamais ceci : les esprits mal intentionnés se nourrissent de tout sentiment négatif (haine, dépression, etc.). Mais avant tout de peur et de notre égo ! Ce sont les deux clés à comprendre. Ne pas avoir peur d'eux est parfois très difficile quand ils commencent à faire voler des objets à travers la pièce par exemple. Mais je vous assure que si vous n'avez pas peur (ce qui viendra à force d'avancement spirituel et d'expérience), ils n'auront bientôt plus assez d'énergie psychique pour vous perturber et rien que cela calmera tout phénomène dérangeant. C'est ainsi que l'on m'a rapporté le cas d'une femme aux prises avec des esprits qui enlevaient les couvertures de son lit lorsqu'elle dormait, faisaient voler toutes sortes d'objets de son quotidien sous ses yeux (par exemple ses verres et tasses lorsqu'elle mangeait), etc. Elle a fait cesser ces phénomènes… en continuant sa vie comme si de rien n'était ! Tout s'est calmé très vite. Avec, il me semble quand même, un petit peu de sauge brûlée. Ce qui est très peu quand on y pense. C'est également en raison de cette fameuse peur qu'il est déconseillé de jouer à se fiche la trouille comme le font certains adolescents en manque de sensations fortes. Ils invoquent les esprits, ou se rendent dans un endroit qu'ils pensent hanté (et qui ne l'est peut-être pas en réalité !), ils « jouent » à se faire peur. Quel jeu ! Et bien sûr, il n'est pas rare qu'une entité se nourrissant de la peur finisse par débarquer même s'il n'y avait rien au départ… Trouvez l'erreur !

Le point de l'égo est plus subtil à comprendre. On peut facilement imaginer qu'un genre de gourou très vantard qui veut impressionner les foules finisse par être aux prises avec de mauvais esprits, car c'est en soi un comportement toxique, une manière de vivre disharmonieuse. Mais certains esprits extrêmement néfastes ont appris depuis longtemps à manipuler l'être humain pour renforcer son égo sans en avoir l'air. C'est ainsi que j'ai pu examiner par moi-même (et avec des amis) le cas d'une personne qui s'est adonnée volontairement à la magie la plus noire. Elle a attiré à elle une des pires entités que l'on puisse imaginer. Une fois possédée, cette personne a tenté de se défenestrer. Nul ne sait si elle aurait vraiment sauté ou si c'était une tentative de manipulation. Ce qui est sûr, c'est qu'avant cela, elle avait fait beaucoup de mal aux êtres humains qui l'entouraient. Lors de la tentative de défenestration, deux de mes amis ont tenté de la retenir. L'un – médium – a reçu l'ordre de lâcher ! On l'a fait sortir de son corps pour lui montrer la scène depuis le haut (avec recul, c'est le cas de le dire) et lui faire sentir qu'il y avait un problème, que cela ne rimait à rien. Cet ami a lâché la personne et n'a pas eu d'ennuis par la suite (alors que nous avons fini par apprendre que le possédé avait lancé des sorts visant à provoquer la mort de cet ami). L'autre ami a tenu jusqu'au bout. Il n'a pas voulu lâcher. Il a ensuite marché dans le jeu de manipulation de la personne possédée, pendant quelques jours. Acceptant de l'héberger, de l'aider… Cet ami a donc accepté le rôle du sauveur, mais a payé cher son aide et j'ai dû nettoyer à fond son appartement énergétiquement, car la personne possédée l'avait fortement pollué. Il ne faut jamais rentrer dans le piège des personnes toxiques qui veulent soi-disant faire de vous leur sauveur (parfois à votre insu). Même si vous ne voyez pas cela venir, le fait de sauver quelqu'un nourrit votre égo (en tout cas chez beaucoup de monde), ce qui laisse ensuite prise à des pollutions diverses voire carrément à des entités très mal intentionnées !

Ce qui ne veut pas dire qu'il ne faut secourir personne ! Surtout que la plupart des gens en danger ne le sont pas à cause d'entités attirées volontairement. Si vous avez devant vous un accidenté de la route, aidez-le !

Si vous voulez en savoir plus sur les entités, vous pouvez suivre bien des pistes. Il n'y a que l'embarras du choix de nos jours ! Mais, parce qu'elles sont modernes et accessibles, je vous suggère de vous pencher sur les œuvres de Yann Lipnick d'une part (de nombreuses vidéos gratuites sur YouTube) et de Rose et Gilles Gandy d'autre part (notamment le livre « Entités et parasites énergétiques »). Ainsi que sur l'incontournable « Les esprits de la nature, elfes, fées, gnomes… » de Giorgio/Jorge Livraga

ANATOMIE DE L'HABITAT

Rizzi.

Vous y êtes ? Ancré, centré, relié au ciel et à la terre ? Accompagné de vos esprits alliés et, si possible, d'un ami en qui vous pouvez avoir confiance dans la réalité ordinaire. L'ami est conseillé si vous avez peur et que sa présence diminue votre peur, ou si vous savez que vous vous rendez dans un lieu vraiment dangereux – ce que je vous déconseille pour débuter. Vous avez trouvé un moyen de détection et de dialogue (baguettes, ou juste vos mains, etc.) Et vous êtes prêt s'il le faut vraiment à faire demi-tour si l'on vous dit que vous ne pouvez rien faire ici ? Ok. Ah non, vous avez oublié un dernier truc : souriez, vous êtes sacré ! C'est bon, les lieux ne vont pas vous manger ! Prenez une bonne respiration et on y va.

Il serait étrange que vous vous lanciez dans les soins aux humains sans savoir comment est fait un humain. Sans savoir qu'il a des poumons, un cœur, etc. Et en particulier tout un champ énergétique avec notamment des chakras (des points d'énergie importants), par exemple en dessous de ses pieds, au niveau de son cœur, ou au sommet de sa tête… Pareillement, il va vous falloir acquérir un début de connaissance sur « l'anatomie » des lieux. Le plus simple est en général de démarrer avec un habitat. Le fait que la propriété et le bâtiment soient clairement délimités vous aidera. Quand vous saurez faire tout ce qui va suivre dans des habitats, vous pourrez vous amuser à faire de même en pleine nature, là où des délimitations physiques ne sont pas toujours clairement visibles.

Vous allez apprendre à détecter le seuil. Pour cela, avec votre moyen de détection favori, vous allez vous avancer vers l'entrée de la propriété. En général, là où pourrait se trouver un portail, vous détecterez un premier seuil. Un genre de frontière subtile, énergétique, qui vous fera vous arrêter. Par exemple, si vous utilisez des baguettes parallèles, elles se croiseront devant vous (c'est le code le plus courant, mais certaines personnes fonctionnent autrement ; faites avec votre code habituel, ne changez rien). Si vous utilisez vos mains, vous sentirez directement la frontière. La sensation peut varier d'un individu à l'autre. Avec de l'entraînement, vous finirez par faire votre code. Certaines personnes ressentent que l'énergie semble plus « dense » comme si les mains rencontraient un mur invisible. D'autres sentent du chaud, du froid, des chatouillis... À vous de voir. Si vous utilisez un genre de « ressenti global », de tout votre corps, vous aurez envie de vous arrêter, ou vous sentirez qu'on vous arrête dans votre marche. Si vous suivez votre animal totem ou un guide, vous sentirez ou verrez qu'il s'arrête et vous devrez faire de même. Etc.

Une fois à ce seuil, demandez la permission de passer. Ce peut-être à haute voix ou mentalement. Ou par un autre code. Par exemple, frappez quelques coups sur ce mur invisible, comme si vous frappiez à une porte normale. Si vos mains sont prises par des baguettes, frappez 2 ou 3 fois du pied par terre. Vous allez alors sentir une porte s'ouvrir ou le mur reculer ou disparaître de vos mains. Le contact s'efface. Si vous avez des baguettes, elles s'ouvrent et partent chacune de leur côté. Le temps d'ouverture peut-être très variable. Parfois, cela prend une minute ou plus. Parfois, en 10 secondes c'est réglé. Et parfois, ça ne s'ouvre pas ! On refuse de vous laisser entrer. Laissons ce cas de figure de côté pour l'instant. Entraînez-vous sur plusieurs lieux qui vous laissent passer. Une fois la porte ouverte, continuez d'avancer vers le bâtiment. À la porte d'entrée, vous détecterez un autre seuil. S'il s'agit d'une maison individuelle, ce seuil est en général le plus fort, le plus important, et le dernier à découvrir. S'il s'agit d'un bâtiment avec plusieurs appartements, vous retrouverez ensuite un troisième seuil à la porte de l'appartement auquel vous vous rendez, et ce sera lui le plus important et le dernier dans votre parcours. Celui qui marque l'entrée dans l'intimité des habitants. À chaque seuil, demandez évidemment la permission de passer, comme précédemment.

Que ce soit dans le bâtiment ou dans la propriété extérieure, il existe sur tous les lieux de nombreux points énergétiques qui ont des fonctions variées. Nous pourrions sans problème y consacrer tout un ouvrage. Nous n'allons parler ici que des plus importants pour débuter, car ce livre ne peut constituer qu'un aperçu de ce qu'est le chamanisme.

Le premier point à détecter est ce que l'on appelle « point d'information » ou « point d'assemblage » ou « point de vie ». Il se situe normalement un peu après l'entrée. Pour trouver son emplacement exact, utilisez votre moyen de détection. En vous mettant debout sur ce point sans rien faire, juste en étant ancré et attentif à vos sensations corporelles, attentif au moment présent, vous capterez consciemment ou inconsciemment tout ce que ce lieu voudra bien vous communiquer. Son histoire, son entente ou sa mésentente avec les gens qui y vivent présentement, ou avec des locataires passés, etc. Comme lorsque vous ouvrez un livre et lisez le sommaire (merci Catherine S. pour cette métaphore !). Selon la manière dont vous fonctionnez, ces informations peuvent venir par flashs, intuitions qui surgissent d'on ne sait où, phrases entendues dans votre tête, etc. Même si vous ne captez rien de tel consciemment, soyez certain qu'une partie de vous, quelque part, capte bien. Que vous le sentiez ou non, par votre simple présence attentive sur ce point d'information, vous êtes en train de faire connaissance, le lieu et vous. Vous vous apprivoisez, vous trouvez comme un genre de terrain commun, vous vous harmonisez. Vous êtes sur le point le plus important de l'habitat. Vous êtes au cœur de la maison ou de l'appartement. Vous dialoguez avec son âme. On trouve un point d'information après chaque seuil. Si vous êtes dans une maison privée entourée d'une propriété, vous pouvez faire cela autant sur le point d'information extérieur que sur le point d'information à l'intérieur, derrière la porte d'entrée. Si vous êtes dans un appartement au sein d'un immeuble et que vous n'êtes venu que pour harmoniser cet appartement, pas le reste du bâtiment, ne vous concentrez que sur le point d'information qui est à l'intérieur de l'appartement, derrière la porte d'entrée.

Une fois ce point d'assemblage/information détecté, je vous conseille par expérience de demander « où se trouve un point de non-atteinte ». On l'appelle aussi parfois « zone de sécurité », etc. Il peut y en avoir un ou plusieurs selon les lieux. Ce point vous servira surtout dans les lieux bourrés d'entités et de parasites divers, quand ces « bestioles » tenteront de vous induire en erreur. Car, oui, évidemment c'est possible. Les entités, par exemple, peuvent faire bouger vos baguettes dans une mauvaise direction pour vous induire en erreur, pour que vous ne les trouviez pas, etc. Elles sont bien conscientes que vous allez les dégager et elles vont tout faire pour éviter que vous y parveniez ! Vous pourrez vous réfugier sur le point de non-atteinte pour vous protéger d'elles et enquêter depuis là en toute sécurité. Il est à noter que le point d'information est au même endroit pour tout le monde tandis que le point de non-atteinte peut varier en fonction des chamans. En général, plusieurs chamans différents trouvent un même point de non-atteinte, mais parfois, il arrive que chaque chaman ait un point différent de ses collègues. Je vous invite donc à trouver VOTRE point de non-atteinte, avec votre outil de détection habituel. Ce peut être tout simplement, en demandant à l'un de vos totems ou guides, ou à l'esprit gardien du lieu, de vous mener à ce point. Le gardien du lieu se rencontre près du seuil. Quand vous détectez un seuil, le gardien est forcément à proximité. Mais tous les chamans ne l'utilisent pas. Certains ne font par exemple que suivre des baguettes parallèles et ne dialoguent pas avec leurs totems ni avec les gardiens. Même s'ils sont conscients de leur présence et de leur aide. En résumé : faites à votre manière, mais trouvez au moins un point de non-atteinte, surtout si le lieu « craint ». Sinon, c'est facultatif.

Harmonisation de base

Pour faire simple, on peut dire qu'il y a les cas où rien de réellement malfaisant ne squatte l'habitat, et les cas un peu plus lourds où des entités vraiment mal intentionnées se mêlent à la partie. Cette distinction est évidemment artificielle, car il est impossible de dire quand on passe d'un cas « léger » à un cas vraiment lourd. Mais c'est une distinction qui va nous permettre de vous faire progresser peu à peu au lieu de vous jeter immédiatement dans l'arène. On va dire que les cas simples sont ceux où l'habitat n'est pas « hanté » ou squatté par une entité d'un genre ou d'un autre. Pas une entité qui dérange en tout cas. Car des entités, il y en a partout : les gardiens des seuils, les esprits de la nature qui s'installent près des plantes vertes, les guides, anges et esprits tutélaires de toutes sortes pour chacun des habitants humains de la maison… On n'est jamais seul dans une pièce !

Après être resté un peu sur le point d'information du lieu (et, éventuellement, après avoir repéré un point de non-atteinte), demandez aux habitants humains s'ils se plaignent d'une chose en particulier (par exemple de ne pas bien dormir depuis qu'ils ont emménagé, de se sentir oppressés dans une pièce en particulier...). Si c'est le cas, partez de leur demande : interrogez les baguettes parallèles ou vos alliés (totems, guides...) sur ce qu'il convient de faire. S'il n'y a pas de demande précise, interrogez vos alliés ou outils de détection sur ce qu'il convient de faire pour améliorer quand même la situation. Car même dans un habitat où tout le monde vit bien, il y a toujours un ou deux petits détails à parfaire. S'il n'y a rien à parfaire, on vous le dira.

Que vous soyez parti d'une demande précise des habitants ou non, le protocole va toujours être le même : vous vous laissez guider et on va vous montrer les points à problème, les zones disharmonieuses. Dès qu'on vous conduit à une zone problématique, demandez à vos outils ou vos alliés en quoi elle est problématique : y a-t-il présence d'entités ? Ou plutôt une pollution émotionnelle (les fortes émotions que vous vivez ou que vous évacuez peuvent se détecter sans problème, elles forment des masses d'énergie qui peuvent rester dans un coin, n'importe où dans une pièce, et gêner les habitants) ? Une mémoire problématique ? Ou tout simplement un objet à déplacer pour que l'énergie circule mieux dans la pièce ? Y a-t-il une faille dans le sol ou un croisement de cours d'eau ou un puits rebouché ou tout autre phénomène bien concret, bien matériel, sous vos pieds à l'endroit où vous vous trouvez, et qui serait source de perturbation ? S'agit-il d'un problème de brouillard électromagnétique (le brouillard électromagnétique est la pollution qui résulte de toutes les ondes nocives qui se font de plus en plus nombreuses à notre époque : wifi, portables allumés, four micro-onde, et j'en passe ; vous pouvez par exemple être importuné sans même le savoir par votre wifi ou par celui de votre voisin, de l'autre côté du mur) ? Etc.

Au début de votre pratique, tout ceci vous prendra certainement beaucoup de temps. C'est normal ! Tous les praticiens en harmonisation de l'habitat, par une méthode ou une autre, sont passés par là. Questionner pour trouver ce qui cloche peut prendre beaucoup de temps, surtout quand on ne trouve pas la ou les bonnes réponses du premier coup. Ce n'est pas ceci, ni ceci, ni cela… On finit par être à court d'idées et ne plus comprendre. Si cela vous arrive, demandez qu'on vous donne un indice. Vous serez alors guidé, par votre moyen de détection et de dialogue habituel, vers un indice symbolique. Par exemple, si le problème vient d'une mauvaise circulation de l'énergie, globalement, dans l'habitation, peut-être vous emmènera-t-on vers le compteur électrique ou vers des câbles. Il va falloir que vous vous creusiez la cervelle pour comprendre ce que signifie le symbole ! Avec le temps et la pratique, tout cela deviendra beaucoup plus fluide et rapide. Vous retrouverez les mêmes codes et symboles pour des situations identiques, vous ne passerez plus votre temps à interroger vos baguettes ou vos guides sur ce que cela veut dire. Mais, au début, vous serez souvent déconcerté. Pour trouver ce que signifie l'indice, une seule solution : continuer d'interroger ! Mettons que l'on vous guide vers une table en bois. Interrogez sur ce que vous devez prendre en compte : est-ce la couleur du bois ? La matière (donc le bois justement) ? Est-ce que c'est la table en elle-même, le fait que ce soit une table ? Ou ce qu'elle symbolise ? Souvent, la table symbolise la famille proche, les parents et les enfants par exemple. Demandez si c'est bien cela. Si on vous répond que oui, continuez à questionner sur ce qui ne va pas en rapport avec la famille : est-ce que les relations sont au beau fixe ou non ? S'il y a des soucis relationnels, il y a sûrement des pollutions énergétiques à nettoyer dans un coin !

N'hésitez pas à demander si vous en savez assez, si vous avez assez bien cerné la situation, ou si vous devez creuser encore plus la question. Quand vous en saurez assez, demandez si vous pouvez y faire quelque chose ou non. Dans le cas d'une réponse positive à cette question, il vous faudra reprendre votre enquête pour savoir quoi faire. Oui, je sais, tout cela semble long. Une harmonisation d'habitat dure facilement une heure, parfois beaucoup plus. Il arrive qu'on doive étaler les soins sur plusieurs séances ! Mais il en va parfois de même pour les humains vous savez... Certains cas sont plus lourds que d'autres.

Concernant les solutions, là encore elles peuvent être très diverses ! Et vous aurez du mal à comprendre ce qu'on vous demande. Par exemple, si on vous guide vers un objet bleu, est-ce que cela veut dire qu'il faut jeter cet objet ? Le déplacer ? Lui faire un nettoyage énergétique ? Faut-il repeindre la pièce en bleu ? Etc.

Je vais quand même vous donner quelques solutions courantes pour que vous ne partiez pas de zéro. La sauge ou le cèdre, que l'on sèche puis que l'on brûle, sont de bons nettoyeurs : ils peuvent dissoudre autant des pollutions émotionnelles néfastes que des mémoires problématiques et même virer certaines entités et certains parasites. On les utilise notamment dans certains rituels amérindiens en complément avec le foin odorant (= foin d'odeur ; nom latin : Hierochloe odorata ; famille des Poacées). Ce dernier a la propriété d'appeler les esprits, mais sans distinction : les bons comme les mauvais. Donc, on brûle de la sauge ou du cèdre pour éliminer les « mauvais », ceux dont la vibration ne serait pas en accord avec ce qui va se passer ici. On utilise peu le foin odorant dans les harmonisations d'habitats. À moins de devoir rappeler un esprit protecteur du lieu qui se serait sauvé pour une raison ou une autre. En revanche, on utilise beaucoup la sauge (ou le cèdre, mais on trouve plus facilement des bâtons de sauge prêts à l'emploi) pour purifier et élever le taux vibratoire de manière générale. Ne partez pas harmoniser un habitat sans sauge sur vous, c'est un outil de base ! Si vous n'avez pas de sauge, certains encens fonctionnent.

Mais si vous n'avez pas prévu votre matériel, vous pouvez aussi purifier et élever le niveau énergétique par des chants sacrés ou par certains sons (sons harmoniques, chant diphonique…), accompagnés de claquement de main. De nombreux instruments peuvent aussi servir : les cloches et cymbales tibétaines, les tambours chamaniques, les carillons koshi, des hochets, le butadrum… Vous pouvez également utiliser votre « magnétisme », faire un soin énergétique au lieu comme on peut le faire sur un humain, un animal ou une plante.

On peut aussi prendre certaines pollutions émotionnelles ou d'autres masses énergétiques problématiques dans nos mains (ou demander aux habitants de le faire sous notre surveillance) et les emmener vers une plante ou un arbre qui va les absorber et les recycler. Il faut évidemment demander au préalable quel membre du monde végétal est d'accord pour s'en charger, et s'il a besoin qu'on fractionne la masse énergétique en plus petits morceaux ou non. En général, un fractionnement est demandé. On emmène alors la masse à l'individu végétal, on la dépose au pied de son tronc, et on frappe nos mains l'une contre l'autre pour la casser (si les voisins vous voient, vous serez immédiatement catalogué comme le sorcier ou la folle du village, ce sont les risques du métier…). On peut aussi tout simplement rester ancré et centré près de la perturbation et demander à ce qu'elle soit transformée, recyclée. Cela peut prendre quelques minutes.

Certaines pollutions de l'habitation ne pourront partir et ne reviendront pas seulement quand les blessures ou failles auxquelles elles sont rattachées auront été guéries. C'est le genre de cas où il faut impérativement donner des soins aux habitants. Le problème ne vient pas de l'habitat lui-même.

Les sprays Chrysopea (achat par internet) sont également d'une grande aide : « Fleurs d'encens » efface la mémoire des lieux (seulement les mémoires problématiques). « Rosée de l'alchimiste » purifie plutôt la sphère psychique des personnes, déparasite leur aura, etc. Et « Léonis », le grand nettoyage, nettoie les lieux en profondeur. Mais attention, ce dernier spray est vraiment une remise à zéro : il enlève toutes les entités et mémoires des lieux, même les mémoires positives ! Si j'utilisais une métaphore informatique, je dirais qu'il ne s'agit plus de chercher et d'éradiquer les virus, il s'agit d'enlever absolument tout ce que contient l'ordinateur, tous les fichiers, de vider les disques, etc. Donc après le nettoyage, il serait bon de rappeler le gardien et de lui demander s'il y a autre chose à faire ou si vous devez laisser la nature faire son œuvre…

Le fait d'aérer quotidiennement chaque pièce de l'habitat, d'y faire entrer de la lumière (même si vous devez baisser les volets peu après, faites quand même entrer de la lumière un peu chaque jour), d'occuper le plus régulièrement possible toutes les pièces de l'habitation (laisser un coin à l'abandon augmente le risque de voir des entités squatter) et de nettoyer physiquement (de faire le ménage) chasse également bon nombre de problèmes et évite que d'autres ne surviennent ! Ce n'est pas la peine de faire le ménage à fond chaque jour chez vous, restez raisonnable. Mais on notera malgré tout qu'un habitat sale et mal rangé attire ou garde plus facilement toutes sortes de pollutions subtiles voire de parasites et d'entités ! Incroyable, mais vrai.

En ce qui concerne le brouillard électromagnétique ou les perturbations dues au sous-sol (puits bouchés, réseaux hydrauliques, failles, etc.), là encore de nombreuses solutions sont possibles. Les habitants peuvent se munir de différents appareils protecteurs disponibles dans le commerce, par exemple les pastilles à mettre sur les téléphones portables. Mais demandez bien par vos baguettes ou à vos guides quelle protection sera efficace pour eux, car il y a des arnaques ! Certaines plantes vertes absorbent la pollution électromagnétique sans que cela leur nuise. On parle de « plantes dépolluantes ». Les cactus et plantes grasses luttent contre les ondes et d'autres plantes dépolluantes évacuent les polluants tels que les formaldéhydes, le monoxyde de carbone, les rejets des peintures et des divers revêtements… Beaucoup de perturbations s'harmonisent également à l'aide d'une simple coquille Saint-Jacques : quand vous mangez des coquilles Saint-Jacques, gardez la coquille et nettoyez-la bien. Placez-la à l'endroit où la perturbation émerge du sol. Si vous habitez au deuxième étage d'un immeuble, le mieux serait de placer la coquille à la cave. Ainsi, tous les étages seraient libérés de la perturbation puisqu'elle serait annulée dès sa sortie du sol. Mais si cela n'est pas possible, contentez-vous de traiter votre appartement. Il faut placer la coquille face interne vers le haut et face externe sur le sol, pour faire comme une coupe. Les rayons nocifs sont alors cassés et retournent à la terre. C'est la forme de la coquille qui fait cela. Parfois, l'astuce de la coquille marche aussi contre des entités, mais pas toutes. Pour limiter les perturbations électromagnétiques, lisez et appliquez les conseils du livre « 100 solutions pour éviter les ondes électromagnétiques » de Thierry Gautier.

En conclusion : dans le cas des harmonisations « simples », tout ceci ne vise en fait qu'à élever globalement le taux vibratoire du lieu ou des habitants, pour que ces deux parties soient au même niveau. Il n'y a rien de plus grave à détecter, pas d'entités malveillantes par exemple. Les propriétaires ou locataires se sentaient mal tout simplement parce qu'ils n'étaient pas en phase avec leur habitat. Mais on ne peut pas dire que le lieu ou les habitants avaient de gros problèmes. Il fallait juste les aider à se présenter pour que chacun connaisse l'autre et puisse vivre dans un respect mutuel. Les lieux ont une mémoire, une âme, une vie. Il est sage de s'intéresser à eux comme ils s'intéressent à nous, pour vivre en bonne entente dans leur sein.

Et si on ne veut pas vous laisser entrer dès le seuil détecté ? Demandez au gardien ou à vos totems/guides ce qu'il convient de faire. Bien souvent, on ne vous demandera que de faire une offrande au gardien et au lieu. Demandez ce qui est exigé comme cadeau. Le plus souvent, quelques pièces, de la nourriture ou une boisson. S'il ne s'agit pas de faire une offrande, il peut être question de laisser quelque chose à l'entrée : dans la nature notamment, on vous demandera parfois de laisser tous les appareils technologiques au seuil si vous désirez aller plus loin. Même un portable éteint ne sera pas accepté ! Si le gardien ne vous propose pas de solution (ni d'offrir quelque chose, ni de vous débarrasser d'un objet), c'est peut-être qu'il y a un gros problème d'entités sur ce lieu. Je dis bien « peut-être », car ce n'est pas la seule explication possible. Néanmoins, c'est l'une des plus courantes (l'autre serait que vous n'êtes pas le bienvenu, car vous ne vous entendez pas bien avec les gens qui vivent là ou qu'ils ne veulent pas vous voir, pour une raison ou une autre). Si le seuil refuse de vous laisser passer, tournez-vous vers vos totems et guides et uniquement vers eux. C'est plus prudent pour que vous ne soyez pas induit en erreur par une entité mal intentionnée. Et demandez à vos esprits alliés si vous pouvez faire quelque chose et quoi précisément. Et, surtout, histoire de savoir à quoi vous attendre, demandez-leur ce qu'il y a vraiment dans cet endroit.

Harmonisation quand ça chauffe un peu plus

Le moment est donc venu de parler des « entités », pour utiliser un terme très général. Je vais regrouper sous ce mot tout ce qui peut être considéré comme un individu, avec une conscience. Même si cet individu n'est pas fait de matière aussi solide et palpable que vous et moi qui possédons actuellement un corps de chair.

Une catégorie d'entités que vous rencontrerez certainement un jour est constituée par les morts. Il y a plusieurs sous-catégories d'esprits des morts, de « fantômes » comme on dit. Nous allons faire ici deux sous-catégories pour simplifier : les âmes des morts elles-mêmes, et les « résidus » autres que les âmes. L'âme d'un mort est vraiment le mort lui-même. Si vous êtes face à une âme, c'est qu'il y a un problème, à moins qu'elle ne soit pas prisonnière du lieu, mais juste venue vous faire un petit coucou. Mais, le plus souvent, il s'agit d'âmes prisonnières du plan terrestre, qui n'arrivent pas à rejoindre l'Au-Delà où elles sont censées aller pour poursuivre leur route. Soit la personne décédée n'est pas au courant qu'elle est décédée (ce qui arrive notamment dans les morts violentes et inattendues, mais pas seulement), soit elle l'est, mais ne veut/peut pas partir. Il va donc falloir, une fois de plus, demander à vos guides ce qu'il convient de faire. Par exemple, expliquer à la personne qu'elle est morte et lui faire un soin pour l'aider à se « réveiller », à réaliser sa situation. Dialoguer avec l'âme pour lui expliquer qu'elle ne peut pas rester plus longtemps. L'aider à ressentir la présence de ses guides et lui dire de les suivre vers la Lumière. Etc. Attention, parfois les entités jouent des tours. C'est arrivé par exemple à l'une de mes amies qui a dialogué avec une femme décédée qui apeurait son fils nouveau-né. L'entité a affirmé vouloir partir, mais ne pas savoir comment faire. Mon amie chaman a pris des renseignements auprès de ses guides qui lui ont dit que quelques jours après, une porte allait s'ouvrir dans la maison, vers l'Au-Delà, pour permettre à l'âme prisonnière de partir. Mon amie a transmis l'information au fantôme en lui ordonnant, en plus, de se tenir tranquille vis-à-vis de son fils jusqu'à ce qu'elle parte. Et il ne s'est plus rien passé d'anormal dans la maison. Apparemment, tout était rentré dans l'ordre. Sauf que, quelques temps plus tard, une autre femme du village, qui venait d'accoucher, est venue trouver mon amie pour les mêmes raisons : sa maison était visiblement hantée ! Le fantôme n'était pas parti vers l'Au-Delà mais s'était rendu à une autre habitation du village pour y parasiter un autre bébé ! Mon amie chaman a alors dû forcer le fantôme à partir, il n'y avait plus le choix.

Pour forcer une entité, quelle qu'elle soit, à partir, il existe également des tas d'astuces possibles. En général, on ouvre une porte vers l'Au-Delà (en demandant tout simplement à ce qu'elle s'ouvre ; certains visualisent un tourbillon de lumière, etc.), on appelle les guides du mort ou ses proches décédés avant lui, et on le pousse si besoin vers l'Autre Côté avec nos mains et/ou avec l'aide de nos totems et autres alliés. Au besoin, on utilise de la sauge, du cèdre ou de l'encens, Etc. (revoyez les astuces données à « harmonisation de base »). Et surtout, on n'oublie pas de refermer ensuite la porte !

À côté de ces « vrais » morts se trouvent les « résidus », comme je les appelle. Ce ne sont pas les morts eux-mêmes, mais plutôt des empreintes d'eux, comme une mémoire d'eux que l'habitat a gardé. On reconnaît le plus souvent ces entités au fait qu'elles ne semblent absolument pas détecter notre présence et refont toujours les mêmes choses en boucle. Comme, par exemple, apparaître à un endroit, avancer un peu, puis disparaître. Et la scène se répète régulièrement avec une exactitude absolue. Comme un film qui tournerait en boucle. Certains de ces résidus peuvent être détruits en incinérant le corps du défunt ou en détruisant (si possible en brûlant) symboliquement un objet lui ayant appartenu (le plus souvent, on brûle sa photo). Au passage, ces astuces sont également valables pour se débarrasser de l'âme de certains défunts ! Pour en revenir aux résidus, évidemment, on peut aussi miser sur les classiques : sauge, tambour, encens, etc. N'hésitez pas à demander à vos guides ou à ceux du défunt ce qu'il convient de faire.

Une autre catégorie d'entités est formée par ce que l'on nomme couramment « les entités de la nature ». Elles ne sont pas nuisibles en théorie. C'est juste qu'elles sont parfois un peu trop envahissantes. Vous en trouverez plein dans votre jardin, votre propriété (sans parler de tout ce que vous croiserez en pleine nature ou dans les parcs et jardins publics) et même à l'intérieur de votre maison, près de vos plantes vertes ou de votre feu de cheminée. Ces entités sont gentilles et aiment papoter avec vos animaux de compagnie et les petits enfants. Mais, elles adorent également pulluler dans les habitats abandonnés. Il suffit qu'une maison reste vide pendant quelques mois avant d'être vendue pour qu'elle soit automatiquement reconvertie en squat pour gnomes ou nurserie pour fées ! Et, lorsque vous achetez la maison, tout ce petit monde ne tient pas forcément à se pousser, occasionnant certains désagréments pour les nouveaux propriétaires humains. La meilleure solution est alors de mettre gentiment dehors les entités de la nature, de les repousser dans la haie en bordure de terrain par exemple. Et ensuite d'occuper toute l'habitation, d'amener de la vie dans CHAQUE pièce, de bien prendre possession des lieux pour faire savoir pacifiquement, mais fermement que dorénavant c'est chez vous !

Et puis, bien sûr, il y a à côté de tout ce joli petit monde des choses… nettement moins jolies. Des entités malveillantes envers le genre humain. Il en existe des tas de sous-catégories différentes, mais il n'est pas forcément utile de savoir les différencier. En personne à l'esprit très « pratico-pratique », j'estime qu'il est surtout intéressant de savoir comment s'en débarrasser. Aussi, il suffit de demander à ses guides ce qu'il convient de faire pour telle entité, d'appliquer les conseils… et c'est tout ! Il n'est pas nécessaire, la plupart du temps, de savoir s'il s'agissait d'un esprit « malveillant, mais pas trop » (nommé par divers noms selon les régions du globe), ou s'il s'agissait d'une chose que personne n'a envie de croiser (ce que l'on nomme en général « démon », « flyer », « archonte » et autres semblables). Là encore, pas de recette toute faite. Demandez à vos guides et totems s'il est de votre ressort d'agir et, si oui, quel outil utiliser : sauge et assimilés, sons harmoniques, tambour, parfois coquille Saint-Jacques ; feu, eau, air ou terre… ; prière et bénédiction ; etc.

Mais, point très important : ces sortes d'entités laissent facilement des genres de cicatrices auxquelles elles s'accrochent ou de failles dans les endroits qu'elles occupaient. Ou carrément des portes ouvertes vers leur monde d'origine (cela ressemble à des tuyaux). Il faut que le chaman s'occupe de refermer tout cela, sinon il est clair que le problème réapparaîtra. Et, comme dans le cas des esprits de la nature, il faudra que les habitants humains occupent le plus régulièrement possible toutes les pièces de l'habitation (laisser un coin à l'abandon augmente le risque de voir des entités squatter), AIMENT leur lieu de vie, le chouchoutent, le nettoient et l'aèrent, respectent et communiquent avec lui…

À savoir : si certains objets semblent pollués par l'entité que vous chassez ou tentez de chasser, et que vous ne savez pas quoi en faire pour l'instant, enfermez-les dans une boite en cèdre le temps de trouver une solution. Par ailleurs, je vous suggère de faire de même pour les objets qui ne sont pas spécialement néfastes, mais qui attirent toutes les énergies ou entités sans distinction, comme le foin d'odeur par exemple. Mettez-le dans une boite en cèdre ou dans un autre rangement, mais avec de la sauge ou du cèdre dans le même compartiment, collés à lui.

Mais ce n'est pas tout : il existe une astuce pour nettoyer les lieux qui marche dans beaucoup de cas et qui est encore assez mal connue à notre époque. Cette astuce consiste à… demander aux entités de partir ! Leur demander si elles veulent évoluer.

Leur laisser une chance d'évoluer et de partir sans que ça chauffe. Vous pensez peut-être que jamais une entité très mal intentionnée n'accepterait ? Détrompez-vous, il y en aura régulièrement qui accepteront ! Il suffit alors de leur dire de se mettre en contact avec leur centre lumineux et de se laisser ainsi porter vers leur prochaine étape d'évolution, que tout va bien se passer. Personnellement, quand je me trouve sur un lieu chargé d'entités qu'il va falloir chasser, je commence toujours par demander qui veut évoluer. Et, dans la majorité des cas, je rencontre au moins un volontaire (parfois même, tous sont volontaires !). Après son départ, je chasse à grand renfort d'animaux totems et parfois d'autres créatures (anges, archanges...), de sauge et de tambour, le reste des troupes qui n'était pas volontaire pour évoluer, puis je referme ce qu'il faut refermer (c'est dans ces cas qu'on vous dira par exemple de passer la flamme d'un briquet ou d'une bougie le long des portes invisibles pour les refermer, ou d'asperger d'eau, etc.). Mais autant s'y prendre pacifiquement quand on peut !

Je pense que le moment est venu de vous expliquer pourquoi les chamans saugent à tout bout de champ tous les lieux et objets dès qu'il y a une cérémonie (même lorsque l'on n'est pas en train d'aider un habitat à s'harmoniser). Surtout lorsque l'on sait que les chamans n'ont pas, sur la question des esprits, la même opinion que celle imposée par les religions monothéistes : ils ne croient pas en un Bien et un Mal absolus. Ils sont en revanche conscients que certains esprits, dotés comme nous de libre arbitre, peuvent être très dangereux.

Revenons pour l'instant à notre point de départ : les cérémonies et la sauge. Si beaucoup de chamans rappellent simplement de sauger l'espace avant de commencer, c'est tout simplement pour éviter de « mauvaises interférences ». Les chamans ne croient pas en un « Bien absolu » contre un « Mal absolu ».

Mais il est vrai que, même sans alimenter ces histoires de Bien et Mal, certains lieux ont besoin d'être « posés », avant qu'on y commence ne serait-ce qu'un voyage chamanique. Quand vous faites un voyage, que vous êtes en rituel ou en séance de soin, vous faites attention de ne pas être dérangé : vous fermez votre porte d'entrée, débranchez le téléphone, etc. Ce n'est pas que les portes et les téléphones soient « mauvais » dans l'absolu. C'est juste que vous préparez des conditions optimales pour votre bien-être et votre concentration. C'est normal. C'est un signe de respect de vous-même, de votre patient s'il s'agit d'un soin, et du monde des esprits. Jusque-là, il ne s'agit de rien d'autre que de bien-être. On n'est pas dans une « lutte contre le Mal ».

Par ailleurs, après un soin, les patients peuvent avoir lâché diverses pollutions émotionnelles ou autres qui encombrent la pièce. Même en aérant, on sent que l'atmosphère est lourde ou qu'il y a comme une mauvaise odeur dans l'air, sans que l'on puisse dire quoi et sans que l'on soit sûr. Ou bien on éprouve des symptômes de mal-être très légers ou au contraire clairs et nets. Cela peut se manifester de manières très variées. Mais il y a un problème quelque part. Sauger règle alors le problème.

Il existe aussi des manières de faire les soins qui limitent grandement la génération de ces pollutions : en n'alimentant pas cette histoire de Bien et Mal (en n'y adhérant pas mentalement), et en transmuant directement et au fur et à mesure tous les parasites et résidus qui pourraient se trouver sur les patients ou dans les lieux. Les soins réellement respectueux tels que je les ai décrits plus tôt dans cet ouvrage sont une bonne méthode pour ne pas générer de pollution inutile. Il n'y a rien de pire qu'un thérapeute énergéticien qui s'imagine investi d'un quelconque pouvoir et d'un droit à « chasser le mal » de ses patients ! Ces derniers repartent de là encore plus pollués qu'en y entrant, sans parfois s'en apercevoir !

Mais, pour en revenir aux lieux, c'est nous – humains habitants ou thérapeutes qui faisons n'importe quoi – qui les polluons majoritairement ! Ne serait-ce, premièrement, que par notre fâcheuse tendance à croire que le lieu est mauvais dans l'absolu, a besoin d'être nettoyé voire exorcisé. Une de mes connaissances a pour habitude de dire « si on fait 10 kilos de Bien alors on crée 10 kilos de Mal ». Personnellement, je ne fais pas de Bien. J'aide un lieu, une personne ou un animal à s'harmoniser, ce n'est pas la même chose ! Si je voulais faire le Bien, nul doute que je rencontrerais un jour le Mal sur ma route… En étant neutre et en faisant juste canal, en ne servant que d'intermédiaire, il se passe alors ce qu'il doit se passer – et JUSTE cela, pas plus – pour le lieu et ses habitants. Car, en fait, un lieu dans lequel je me sens mal peut très bien convenir à quelqu'un d'autre et vice versa. C'est un point très important à noter. Donc, premièrement, ce n'est pas à moi d'imposer ma vision des choses de ce que devrait être cet habitat. Si les habitants s'y sentent bien, c'est que tout va bien ici ! Un point c'est tout. Ensuite, si je suis du genre à voir le diable partout, j'attire à moi toutes sortes d'entités et je rentre dans un cercle vicieux. Car nos pensées sont comme le bouton d'une radio : vous le tournez et ainsi vous choisissez qu'elle fréquence vous écoutez. Si vous avez sélectionné une fréquence qui passe une musique horrible, ne vous étonnez pas d'entendre actuellement une musique horrible. Vous feriez mieux de vous changer les idées, d'arrêter de regarder des films d'horreur et de travailler sur vous-même !

Il n'y a pas « d'absolument mauvais esprit » vous guettant dans un coin pour vous faire « chuter ». Si un parasite énergétique, voire carrément une entité, ont pu vous jouer des tours et s'accrocher à vous, c'est que vous aviez une faille qui a permis cela : un « mauvais » schéma de pensée (pas mauvais dans le sens de « mal absolu », disons plutôt « erroné » ou « périmé » ou générateur de problèmes d'une façon ou d'une autre), une croyance, une peur qui vous a justement fait vous brancher sur cette fréquence, une maladie physique qui a décalé votre aura (enveloppe énergétique) ou qui vous a beaucoup affaibli, etc. Il y a des centaines d'explications possibles. Et si un thérapeute vous aide à en prendre conscience et à surmonter cette faille (ou si vous y parvenez seul), vous n'aurez plus de parasites correspondants.

À la place d'exorciser, d'attaquer l'entité, demandez-lui d'abord si elle veut évoluer. Si c'est oui, dites-lui de se « mettre en contact avec [son] centre lumineux », de se « relier à [son] centre lumineux » et qu'elle va ainsi pouvoir passer à la prochaine étape de son existence. Restez ancré-centré sans rien faire de plus et attendez qu'elle soit partie. Cela ne prend pas plus que quelques dizaines de secondes en général. Vous pouvez vous servir de vos outils de détection habituels pour savoir quand c'est fini. Mais, en général, on n'en a pas besoin : on sent sans problème que l'atmosphère de la pièce s'allège, change considérablement. Les gens parasités sentent que quelque chose quitte leur champ énergétique…

Et, même lorsqu'il faut déloger une entité de force, ne vous prenez pas pour un prêtre exorciste luttant contre le Mal. Voyez-vous plutôt comme un parent obligé de calmer un enfant trop capricieux avec lequel toutes les autres tentatives de communication ont échoué. Même l'entité la plus rebelle et « mauvaise » finira par évoluer et changer (même si cela devait lui prendre des millions d'années en temps terrestre), tout comme votre enfant grandira. Oubliez cette histoire de « bien et mal » que l'esprit humain a projetée dans la Création. Il n'y a pas de mal, il n'y a que des êtres en devenir, qui n'ont pas encore fini de s'accomplir. Il y a l'accompli et l'inaccompli. Vous aussi, humain en train de lire ces lignes, vous paraîtriez bien « mauvais » et bien « sombre » à certaines créatures plus évoluées que vous. Et je pense que vous n'apprécieriez pas que ces créatures veuillent alors vous combattre à tout prix !

AU-SECOURS : IL N'Y A PAS DE POINT DE NON-ATTEINTE !

Sur des lieux vraiment très chargés en entités mal intentionnées, je pense qu'il est inutile de préciser que vous aurez tout intérêt à dénicher très vite au moins un point de non-atteinte. Le problème est que, parfois, le lieu est tellement chargé qu'on n'arrive pas à trouver ce point, car les esprits nous égarent volontairement pour que nous ne puissions pas faire notre travail.

Et en prime, la sauge ne veut pas s'allumer ! Youpi ! Eh oui, c'est ce qui se passe en général dans ces cas-là. Vous avez alors deux possibilités : soit vous rebroussez chemin en dehors de la zone contaminée et vous tentez de voir ce que vous pouvez faire en enquêtant depuis l'extérieur (et sortir de la zone permet enfin d'allumer la sauge, de rentrer protégé et de peut-être trouver enfin un point de non-atteinte), soit vous vous fabriquez un point de non-atteinte là où vous êtes, pour pouvoir au moins débuter. Il existe des tas de possibilités pour fabriquer un point de non-atteinte provisoire (ce que l'on nomme parfois cercle de protection). Possibilités parmi lesquelles : se mettre au centre d'un cercle de certaines pierres (cristaux de roche, shungites, tourmalines noires…), se mettre au-dessus d'une coquille Saint-Jacques (se tenir debout avec un pied de chaque côté) ou au milieu d'un cercle de plusieurs coquilles… Parfois, une seule pierre suffit si elle est très imbibée de Lumière. Par exemple, j'utilise dans ces cas mon cristal attrapeur d'âme (voir ce qui a été dit dans le chapitre « Les soins » sur le recouvrement d'âme). Il est un peu multifonctions…

Que la créativité soit avec vous !

Conclure l'harmonisation d'un lieu

Harmoniser un habitat nécessite bien souvent de déparasiter les gens qui y vivent, surtout dans les cas lourds ! Dans tous les cas – qu'il y ait eu soin aux habitants en plus du soin à l'habitat ou non –, une bonne manière de conclure consiste à mettre les habitants un par un sur le point d'assemblage (= point d'information ou point de vie ; dans l'entrée, pour rappel) pour que l'habitation comme les gens captent les nouvelles informations, le nouvel état d'être des uns et des autres.

C'est, par ailleurs, un conseil que je donne parfois aux gens qui viennent en soin et que je recommande à tout le monde : quand vous changez profondément ou après avoir reçu divers soins, laissez infuser votre nouvel état d'être, les nouvelles informations, à l'entrée de votre habitation, en vous mettant quelques minutes sur le point d'assemblage (je parle bien du point de la partie privée, pas de l'entrée commune du bâtiment si vous habitez un immeuble).

Donc, en résumé : le point de vie peut vous permettre de faire diffuser vos nouvelles informations, vos « mises à jour » à votre habitation ou lieu de travail (bureau, local, entrepôt...). Et, par ailleurs, des informations du lieu vous sont aussi communiquées inconsciemment, énergétiquement. Et pour creuser la question, penchez-vous sur l'œuvre de Rose et Gilles Gandy. Notamment leur livre « Votre maison est-elle malade ? Elle cherche à guérir votre intérieur... ».

Pourquoi tout ce tralala ?

En général, les gens qui font appel à des thérapeutes, pour eux ou pour leur habitat, sont prêts à coopérer à tous les rituels qu'on leur demande sans trop poser de questions. Néanmoins, certains vous demanderont pourquoi il faut faire telle ou telle chose ou comment cela fonctionne. Ils s'intéresseront au « pourquoi » des rituels. Et, par ailleurs, comme vous aurez sans doute compris que les rituels ne sont pas le plus important, que ce qui fait que « ça marche » est plutôt l'état du chaman (capable de faire canal, etc.). Vous vous posez peut-être aussi la question de savoir pourquoi il faut sauger, allumer des bougies, utiliser des coquillages et autres bizarreries. Pour vous comme pour vos consultants, nous allons donc développer ici l'utilité des rituels.

Il est vrai que l'on pourrait se passer des bougies, encens, sauge, tambours, actes symboliques divers et compagnie. Du moins en théorie. Pourtant, dans la pratique, peu de chamans y arrivent. Avant de parvenir à un haut niveau de développement spirituel (et même lorsque l'on y parvient d'ailleurs), il est impossible de se passer totalement des rituels, des actes. Et ce pour bien des raisons. À commencer par le fait qu'étant des êtres incarnés, des êtres de chair, il nous est demandé de faire partie de ce monde, de nous inscrire pleinement dans ce monde. Les rituels marquent cette inscription, prouvent cette participation. Ils ancrent dans la matière ce qui s'est déroulé sur des plans plus subtils. Ils sont l'acte symbolique qui dit que vous avez pris part à votre vie, à l'expérience de Qui Vous Êtes Vraiment. Mais plus on « évolue », plus on est centré, plus on se rappelle Qui L'On Est et plus l'on s'y connecte, moins il y a besoin de rituels. Et ce dans tous les domaines. C'est ainsi que certains guérisseurs ou magnétiseurs à travers le monde atteignent un tel stade qu'ils ne font plus aucun geste devant leurs patients : ils s'installent devant eux, on voit bien qu'ils se connectent à eux, qu'il « se passe quelque chose » à un certain niveau. Mais à part cela, ils ne font aucun geste, ni au contact du corps, ni dans l'aura. Pourtant, les patients ressentent des effets et parfois cela se voit clairement de l'extérieur : tous leurs membres se mettent à bouger ou à sursauter, comme s'ils étaient mus par une force invisible et irrépressible. Et, en quelques minutes, le problème est réglé ! De même, certains guérisseurs ou « exorcistes » dégagent une telle harmonie qu'il leur suffit de rester quelques minutes à peine dans un lieu où se passent des choses terrifiantes pour que tout l'endroit soit harmonisé et qu'on n'entende plus parler d'aucun problème de type surnaturel.

Si vous en êtes là, évidemment, ne passez pas par toutes les étapes que je viens de décrire avant ! Mais sachez que les rituels sont aussi utiles aux personnes qui assistent à l'harmonisation de leur habitat. Surtout si une participation active leur est demandée. Par exemple de se débarrasser d'une de leurs pollutions émotionnelles sur une plante ou un arbre. Le fait de devoir frapper des mains pour fractionner la pollution et aider l'arbre à la recycler, par exemple, peut paraître simple, mais être pourtant très important. Tout le monde ne peut pas aller directement à l'abstraction la plus pure en se disant « je recycle/transmute ma pollution émotionnelle », en restant sagement assis sur une chaise. L'aide de la plante et la participation de la personne polluée sont capitales pour que cette dernière lâche vraiment sa pollution. Sans compter tout ce que ce petit rituel très basique peut amener comme changement dans la vie de la personne soignée : conscience accrue que les végétaux qui nous entourent sont des êtres vivants à part entière, conscience qu'avec l'aide de son environnement elle peut régler en grande partie ses problèmes seule, sans besoin obligatoire de l'intervention d'un thérapeute/chaman, etc. Donc, ne soyez pas forcément pressé d'en arriver au niveau où vous n'aurez plus qu'à entrer dans la pire des maisons hantées pour qu'elle s'auto-harmonise en 10 secondes : le monde a encore besoin de ses rituels ! Si vous arrivez sur un lieu pour « faire un miracle », vous retirez tout pouvoir aux gens (idem pendant les soins) : ils vous voient comme « la personne magique » et ne gagnent pas en estime d'eux-mêmes ni en compréhension du monde dans lequel ils se sont incarnés. C'est une attitude de gourou, non de thérapeute accompagnateur !

Il en va de même pour tous les « objets de pouvoir » (objets sacrés, talismans, tambours, et autres instruments, bâtons, plumes, etc. Mais toujours objets fabriqués par la personne qui en a besoin, pas par un tiers). Nous en avons besoin comme des rituels, mais nous devons les utiliser de façon consciente et constructive, pas d'une manière superstitieuse. Alana Fairchild, dans son « Oracle d'Isis » disait très justement que « les Outils et Objets de Pouvoir peuvent constituer des extensions de votre champ énergétique et vous aider à préciser vos intentions [...] tout en vous apprenant à mettre la matière en lumière dans votre existence. Travaillez consciemment avec des objets sacrés de sorte que les joies du monde matériel fassent partie de votre pratique spirituelle ».

À savoir...

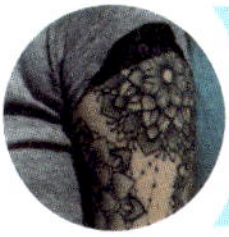

Tatouages et arts du corps

Il est un thème qui, selon moi, n'est pas assez abordé dans les ouvrages expliquant le chamanisme moderne et donnant des clés aux gens qui se lancent dans cette voie de nos jours : les arts sacrés du corps tels que les tatouages, les scarifications, les piercings et les peintures.

Depuis la nuit des temps et sur tous les continents sans exception, les êtres humains ont usé de ces arts corporels. Les scarifications étaient le plus souvent faites par des objets tranchants sur diverses parties du corps puis on frottait du sel dessus. À côté, la pratique du tatouage passait pour une partie de plaisir ! Puisqu'il ne s'agissait « que » de se faire piquer la peau à la profondeur adéquate (pas très profondément, sinon le tatouage ne tient pas, ni trop superficiellement) par des ustensiles prévus à cet effet et recouverts de pigments minéraux ou issus du charbon de bois (parfois, on frottait la peau avec les pigments seulement après avoir incisé et piqué). Sans parler du piercing, le plus souvent sur le visage (nez, lèvres et oreilles essentiellement). Et sans oublier les peintures (éphémères donc, puisque posées sur la peau et s'en allant au lavage), telles que se les font encore les Amérindiens, les aborigènes d'Australie et quelques tribus africaines à l'occasion de certaines cérémonies. De nombreux peuples européens antiques, notamment certaines tribus celtes, pratiquaient également le tatouage et la peinture du corps.

Tout ceci pouvait avoir des buts très variés : indiquer un rang social ou un statut (marié, célibataire…), aider à guérir ou à maintenir un état stable (c'est le cas sur la célèbre momie Otzi, vieille de plus de 5000 ans), augmenter la beauté, se protéger ou attirer certains esprits ou certaines facultés (principalement pour les chamans, mais pas exclusivement)…

Qu'en est-il aujourd'hui ? On peut souligner, premièrement, que nos contemporains ont depuis longtemps oublié la signification profonde et sacrée de la scarification. Cette dernière étant utilisée par des personnes en souffrance pour se faire du mal, et pouvant être l'un des signes d'une pathologie mentale en train d'émerger. Et, par conséquent, deuxièmement, je vous la déconseille fortement ! Notre société étant à présent incapable de la voir d'un bon œil.

Les peintures, en revanche, sont encore utilisées par certains chamans modernes, parfois accompagnées de costumes et bijoux rituels. Mais tout ceci n'est évidemment pas obligatoire. Je connais des chamans réellement exceptionnels, en France comme aux États-Unis, qui exercent exclusivement en jean, t-shirt et baskets, même lors de cérémonies spéciales. Tout objet, bijou, ornement, habit, maquillage ou peinture ne doit jamais être utilisé pour gonfler l'égo, mais seulement comme attribut sacré demandé et autorisé par les esprits totems et les guides. Ils servent, un peu comme les rituels que j'évoquais à la fin du chapitre précédent, à se mettre en condition (à faire émerger nos facultés pour que nous puissions mener à bien ce que nous avons à faire) et/ou à ancrer dans la matière ce qui se joue sur des plans plus subtils.

J'en profite pour souligner au passage un usage méconnu, mais sacré, ludique, et parfois même thérapeutique, de la peinture corporelle aujourd'hui : l'exercice qui consiste à faire relier ses grains de beauté puis à peindre les zones qui se trouvent alors délimitées ainsi sur le corps. Un peu comme dans les « coloriages points à relier » auxquels nous avons tous eu droit étant enfants. Après tout, nos grains de beauté sont nos petites étoiles et cette sorte de peinture s'apparente à un jeu pour découvrir nos constellations ! Je disais que cette pratique peut même s'avérer thérapeutique parfois, car elle peut constituer une manière agréable, originale et légère de découvrir ou redécouvrir et de chouchouter son corps, notamment chez les personnes qui se malmènent souvent, qui ne savent pas prendre soin d'elles, qui ont des troubles de leur image ou qui éprouvent le besoin d'une réconciliation avec leur corps suite à un grave accident, une opération lourde ou une agression.

Et enfin, oui, la pratique du piercing ou du tatouage sacré existe toujours à notre époque ! Vous êtes sûrement en train de vous demander « qu'est-ce qu'un tatouage sacré ? » Un pentagramme, une croix ou des runes ne sont pas plus sacrés que le dessin de votre voiture de sport favorite. Ce n'est pas le motif qui compte, mais une fois de plus, l'état d'esprit derrière tout cela. La manière de voir les choses. On ne fait pas un tatouage ou un piercing pour parvenir à quelque chose (à une protection, à une faculté quelconque...). On le fait, à l'inverse, après avoir réussi, après avoir développé quelque chose, pour s'en rappeler et l'ancrer encore plus dans la matière (donc le rendre toujours plus efficace sur notre plan d'existence). Pour commémorer notre progression. Ainsi, si vous arrivez (enfin !) à lâcher prise après des mois ou des années à avoir galéré pour comprendre ce que cela pouvait bien signifier, vous avez le droit de vous offrir un bijou ou un tatouage représentant pour vous le lâcher-prise. Si vous avez appris à vous ancrer, vous centrer, à ne plus tomber dans les pièges de l'illusion du Bien et du Mal, et que par ce genre de prises de conscience et de transformations, vous êtes du coup protégé, alors vous pouvez vous faire tatouer un motif qui symbolise pour vous la protection.

Souvent, les chamans modernes qui se font tatouer reçoivent le motif et son emplacement pendant une vision, un rêve ou un voyage chamanique. Alors qu'ils viennent justement de franchir une étape de compréhension, de conscience. Ils se font alors tatouer, percer ou décorent leur tambour voire un mur de leur habitation... Mais quelques mois ou années plus tard, ils se rendent compte qu'ils ont compris encore plus de choses sur ce sujet, et ils se demandent alors s'ils avaient bien le droit de se tatouer ou de décorer leur tambour quelques années avant : « je croyais avoir compris le lâcher-prise, c'est vrai que j'avais progressé, mais aujourd'hui je me rends compte qu'on n'a jamais fini de lâcher prise. J'ai compris cela encore plus en profondeur. Je n'en finis pas de progresser ». J'ai une bonne nouvelle pour les gens à qui cela arrive : c'est normal ! On en est tous là. Sans exception. Et donc, vous n'avez pas commis d'erreur en vous faisant tatouer ou percer ou en décorant votre tambour ainsi il y a quelques années. Vous en aviez bel et bien le droit et vous avez bien fait de le faire. Car tout tatouage, bijou ou décoration sur un objet sacré est une célébration de votre nouvel état. Et les étapes doivent être célébrées ! C'est important pour l'équilibre psychique, émotionnel et spirituel. Et du coup, pour le physique aussi, car tout est lié.

Imaginons que deux personnes se marient : elles fêtent cela, c'est bien normal. Puis, quelques années après, elles se rendent compte que le temps qui passe ne fait que renforcer leurs liens. Que, d'une certaine façon, elles s'aiment de plus en plus au fil du temps. Il ne leur viendrait pas à l'esprit de se dire « nous nous sommes mariés trop tôt, on aurait dû attendre de s'aimer encore plus ». Ce serait idiot. On se marie quand on se rend compte qu'on est bien partis pour que cela dure, quand on sait que c'est du sérieux. On célèbre donc cet état, car « il faut que ça sorte ». Il faut que les états d'être soient célébrés, que les passages soient marqués par des rites. Ensuite, adviendra ce qu'il adviendra. Mais ces personnes ont bien fait de se marier et même de fêter chaque année leur anniversaire de mariage si cela leur chante. Un tatouage ou un piercing c'est la même chose ! C'est une célébration, un Sacre, et en même temps le moyen de toujours se rappeler ce que l'on célébrait ce jour-là. Vous l'avez fait ! Vous y Étiez ! C'est de cela que parlent les arts sacrés. Il n'y a pas de place pour la superstition dans l'art du tatouage sacré : on ne cherche pas le motif qui va nous protéger, ou nous apporter je ne sais quoi. C'est l'inverse ! C'est parce qu'on a conscience d'être protégé qu'on se tatoue, parce qu'on a progressé en observation, écoute et neutralité, parce qu'on a lâché certaines croyances ou certains préjugés, parce qu'on a réalisé ce que signifiait tel concept et qu'on l'a vécu, mis en action, en le vivant pleinement, en l'incarnant… Etc.

Alors, tous à vos pinceaux et vive le body-painting !

Quêtes de vision et quête de guérison

Après une initiation chamanique, on me demande souvent quelle pourrait être la suite. Par où continuer ? Qu'elle est la prochaine étape ? Le problème est qu'en chamanisme il n'y a pas de programme tout établi et réparti en bonne et due forme sur une année scolaire ! Une vie ne suffit pas à faire le tour de tout ce que peut proposer la voie des chamans. C'est pourquoi la seule manière efficace de procéder est d'aller vers ce qui vous attire. Prenez ce qui vous fait En Vie. Et vous n'avez que l'embarras du choix ! Vous pouvez poursuivre par diverses initiations : à l'enfant intérieur, à la rencontre de vos ancêtres et en recevant des soins pour votre lignée familiale, à la rencontre du guérisseur/de la guérisseuse intérieur(e), à la rencontre des végétaux totems, à la rencontre de certains archétypes (par exemple, et réservé aux femmes : la guerrière, la mère et la poétesse ; ou la jeune fille, la mère et la grand-mère), initiation aux guides et au monde d'En-Haut, ou aux esprits gardiens des lieux… Et j'en passe ! Vous pouvez vous former aux soins des humains et animaux, aux soins des lieux… Vous pouvez vous intéresser à des thèmes précis et à des traditions précises : par exemple, certaines s'intéresseront presque exclusivement à tout ce qui est Féminin Sacré et ne s'initieront pas à beaucoup d'autres choses, et ne transmettront pas autre chose. Il faut dire que c'est déjà un vaste programme ! Et certaines le feront exclusivement dans une tradition bien particulière, par exemple la voie amérindienne (les 13 Mères Originelles, rendues célèbres par Jamie Sams et ses disciples). Certains n'apprendront que les soins issus du chamanisme de Mongolie. Certains œuvreront sur un thème très précis, mais de manière universelle (sans s'inscrire dans une tradition particulière), comme la fameuse Minthé le fait pour l'Eau (la Voie des Porteuses d'Eau). Certains, proches des traditions européennes, se pencheront sur les usages que l'on peut faire des runes et des oghams (d'anciennes écritures utilisées autant pour des écrits profanes que pour des incantations, des enchantements d'objets, des soins, de la divination...). Etc.

Mais il faut savoir que le chamanisme est également fait de cérémonies bien particulières, qui s'étalent sur plusieurs jours et nuits sans interruption, et que l'on regroupe en général sous le terme de « quêtes ». Il est important que vous sachiez que cela existe, d'une part car ce peut être un thème qui vous attirera et que vous transmettrez un jour. D'autre part, parce que ces quêtes servent justement à s'orienter quand on est un peu perdu.

On peut classer les quêtes en deux grands types, pour simplifier l'affaire : les quêtes de vision (qui servaient vraiment à obtenir des réponses et qui étaient, à l'origine, pratiquées par plus d'hommes que de femmes, même s'il existait des variations selon les cultures) et les quêtes de guérison (qui servaient comme leur nom l'indique à obtenir une guérison physique, psycho-émotionnelle ou spirituelle, mais qui, dans la pratique, pouvaient aussi amener à des visions et à des réponses plus ou moins liées au but de la quête).

Les quêtes de vision se déroulent sur quatre jours et quatre nuits, sans RIEN manger, ni boire, ni fumer. Et sans bouger d'un petit espace de quelques mètres carrés appelé « spot ». Cela peut donc être très difficile à vivre. C'est la raison pour laquelle les quêtes de vision étaient souvent entreprises par des hommes. Non que les femmes soient faibles, c'est plutôt que comme elles étaient, dans les temps anciens, très connectées à leur nature féminine, elles n'avaient pas besoin de se faire violence pendant 4 fois 24 heures pour choisir une voie, obtenir des réponses, comprendre qui Elles Étaient, etc. De nos jours, les quêtes de vision attirent les hommes comme les femmes et se déroulent en général ainsi : elles regroupent le chaman qui officie (et parfois des assistants), les personnes qui vont entreprendre la quête de vision et les « helpers ». Il faut un helper (homme ou femme, peu importe) par personne qui va faire la quête : on crée des duos. Chaque helper, pendant les quatre jours et quatre nuits, va manger, boire et éventuellement fumer (pour les fumeurs) en pensant à la personne avec laquelle il est en duo. Le helper mange, boit et fume en conscience, pour celui ou celle qui est dans son spot et qui n'a droit à rien. Cela aide la personne en quête à tenir.

Avant de commencer la quête proprement dite, le chaman fait en général une petite cérémonie à l'extérieur près d'un feu, puis entre dans une hutte de sudation avec les participants. Il s'agit d'une hutte ou d'une espèce de tente avec des pierres incandescentes au centre. Pierres sur lesquelles on jette régulièrement un peu d'eau, créant ainsi un genre de sauna. L'expression « hutte de sudation » est issue de la tradition amérindienne, mais il semblerait que cette pratique était connue sur tous les continents. La mode des saunas et hammams est ce qu'il nous en reste sous une forme désacralisée. Car une hutte de sudation n'agit pas qu'à un niveau physique en faisant transpirer. Elle opère un nettoyage complet, jusqu'au niveau spirituel. Elle s'inscrit dans tout un rituel avec des chants, des tambours, etc. Rien que la pratique de la hutte de sudation peut aider à régler certains problèmes physiques, psycho-émotionnels ou spirituels, même sans entreprendre de quête ensuite. C'est ainsi que certains asthmatiques se libèrent de leur asthme en faisant quelques huttes de sudation chaque année. Parfois, ils peuvent même arrêter totalement leur traitement.

Après la hutte et quelques petits rituels comme l'appel aux quatre directions, chaque participant à la quête proprement dite s'éloigne avec ses affaires et part chercher un endroit où installer son spot. En pleine nature. Le spot est délimité par une corde à laquelle pendent des centaines de sachets. Chaque sachet renferme, écrit, le but pour lequel la personne entreprend sa quête (la préparation de ces petits sacs et de la corde doit se faire les semaines qui précèdent la quête). Le ou la participant(e) installe donc sa corde à l'endroit choisi pour devenir son spot, la tend entre quatre piquets et se pose avec son sac à l'intérieur. Affaires minimales : juste de quoi se faire un abri sommaire en cas d'intempérie, les vêtements permettant de s'adapter à la météo, de quoi écrire et du papier toilette. Pas de musique ni de livre pour se distraire. Rien. Et le participant ne sortira de son spot que pour satisfaire ses besoins naturels. Et même ces besoins cesseront au bout d'un temps comme il ne mange rien ni ne boit une seule goutte. Le helper passera simplement de temps en temps pour s'assurer que le participant avec lequel il est en duo va bien. Il ne s'agit pas de faire la discussion, juste de regarder à bonne distance le participant et de lui demander d'indiquer par un signe si ça va ou pas (par exemple pouce levé ou pouce baissé). Le helper n'interviendra qu'en cas de pouce baissé, si par exemple le participant ne va pas bien du tout et a besoin d'aide pour se lever et mettre fin à sa quête. La plupart des gens qui abandonnent en cours de route le font pour des raisons plus émotionnelles que physiques. Juste parce qu'ils en ont marre, qu'ils ne tiennent plus. Il n'y a aucune honte à cela. Il faut parfois essayer une voie pour se rendre compte qu'elle ne nous correspond pas. Ou alors, il faut parfois y aller étape par étape avant de réussir.

Ceux qui restent, quant à eux, obtiendront leur vision, leur réponse, au bout d'un temps plus ou moins long. S'ils ont leur vision au bout du troisième jour, ils n'ont pas besoin d'attendre plus longtemps. Ils sortent du spot et rejoignent le chaman qui, pendant tout ce temps, près de la hutte de sudation et du feu extérieur, enchaîne les rituels nuit et jour avec peu d'heures de sommeil ! Ils recommencent à s'alimenter et pourront s'entretenir avec le chaman. Au bout du quatrième jour, ce dernier met fin à la quête et tous ceux qui sont encore dispersés dans la nature, dans leur spot, sont priés de revenir. Il est extrêmement rare (voire impossible) qu'après un tel traitement, un participant n'ait réellement rien vu, n'ait aucune piste, aucune réponse. En revanche, il faut savoir que parfois, la réponse prend une autre forme qu'une pure vision. C'est ainsi qu'un chaman amérindien m'a un jour raconté ce qui s'était passé entre son oncle chaman et un participant qui assurait ne rien avoir vu, mais alors « rien de rien ». À force de lui demander ce qui s'était passé exactement pendant sa quête, l'oncle chaman obtint quand même une réponse un peu plus développée. En fait, très vite, le regard du participant fut attiré par un brin d'herbe, bien dressé devant lui au milieu du spot. Et s'il essayait de penser à autre chose ou de fermer les yeux, tout le ramenait à ce brin d'herbe. Il finissait toujours par le regarder, encore et encore, sans pouvoir détacher son regard. Et cela pendant quatre jours et quatre nuits ! Lorsqu'il est sorti de la quête, il était dégouté. L'oncle chaman lui expliqua qu'il n'avait pas fait tout cela pour rien, il avait bien eu sa réponse : il était, comme disent les Amérindiens, « porteur de la médecine du brin d'herbe ». C'est-à-dire, en langage plus clair, que cet homme avait les mêmes caractéristiques que l'herbe : impossible à abattre ! Vous pouvez marcher sur ce brin d'herbe, il finit toujours par se redresser. Il plie, mais ne se rompt pas, il repart toujours. L'herbe tient bon année après année et a envahi toute la planète Terre. Tous les continents. On ne pense que rarement à l'herbe, on pense à des symboles « plus classes » comme le chêne par exemple. Pourtant, ô combien le brin d'herbe est fort à sa manière !

Et, si vous vous demandez dans quel but on peut entreprendre une quête de vision, la réponse est : n'importe quel but ! Ce peut être tout et n'importe quoi. À titre d'exemple et de manière non exhaustive :

- Trouver un animal totem si vous ne parvenez pas à le déterminer autrement (si vous n'arrivez pas à faire des voyages chamaniques et que vous n'êtes pas non plus spécialement ami du monde des rêves).
- Trouver son chant de pouvoir. Différent d'une personne à l'autre, il ne peut pas être copié. Il sert à se renforcer, se guérir, à entreprendre des actions, à appeler ses esprits tutélaires, à guérir les autres si vous pratiquez les soins, etc. Mais ce chant peut évidemment être acquis autrement que par une quête de vision ou une retraite spirituelle : lors d'un simple voyage chamanique, en rêve… Ce chant peut être court ou long, constitué de « vraies paroles », qui ont un sens, ou juste de sons, de syllabes. Il existe aussi des chants qui se transmettent de chaman à chaman, pour des buts divers. Mais ce dont je parle ici est différent : il s'agit de votre chant de pouvoir personnel. Ce qui ne veut pas dire que vous ne pourrez pas le chanter en public (c'est à voir avec vos totems et guides, demandez-leur la permission).
- Trouver des réponses à n'importe quelle interrogation, prendre une décision importante, accompagner une transition…
- Trouver votre place et votre voie en ce monde.
- Guérir. Même si, pour cela, on entreprend plutôt des quêtes de guérison, moins difficiles à supporter physiquement.
- But divinatoire.
- Développer certaines capacités, etc.

Ce que je regroupe sous l'expression « quête de guérison » est un genre de retraite spirituelle que l'on effectue seul. Hommes et femmes peuvent le faire. Mais chacun dans son coin. Il s'agit de s'isoler dans le noir pendant trois jours et trois nuits. Et, pour ces quêtes, il est totalement permis de manger et de boire. Si vous voulez jeûner en plus, rien ne vous en empêche, mais le jeûne ne fait pas partie de la pratique de base. La quête de guérison sert à trouver la Paix, à se ressourcer, à se retrouver soi-même et à régénérer des forces. Les Amérindiens parlent souvent de « Tiyoweh/Tiyowé » que l'on peut traduire par « tranquillité » ou « immobilité ». Même s'il ne s'agit pas de rester immobile dans un spot. Vous pouvez bouger, mais seulement la nuit si c'est en dehors de votre lieu de retraite, puisque vous devez être dans le noir pendant 3 fois 24 heures ! En clair : vous devez choisir un lieu dans lequel PERSONNE ne viendra vous voir, vous déranger (mais prévenez quand même vos proches là où vous serez au cas où il y aurait une urgence absolue, par exemple, un décès dans votre famille). Et que vous pourrez fermer le jour de manière à ce que la lumière ne rentre pas. Il peut y avoir un peu de lumière qui filtre à travers des volets par exemple, mais cela doit vraiment être minimal. Les Amérindiens (surtout les Amérindiennes, qui affectionnaient plus les quêtes de guérison que les hommes), traditionnellement, s'enfermaient dans un tipi le jour pour y dormir et sortaient dehors au coin du feu la nuit. Et elles ne quittaient pas le feu, elles l'entretenaient et faisaient leurs activités autour (manger...). Vous constatez donc qu'il peut quand même y avoir une source de lumière. Il faut bien, de toute façon, pour que vous puissiez vous livrer aux activités minimales du Tiyoweh. Simplement, il doit y avoir « juste assez de lumière » (pas plus) pour pouvoir faire ces activités. Et les activités en question sont manger et boire, faire sa vaisselle, aller aux toilettes, se laver, dormir. Il n'est pas permis d'écouter de la musique ni de regarder un écran ou de lire. Il ne faut pas être distrait (inutile de dire que la porte est fermée à clé et que tous les moyens de communication sont totalement éteints). Si une activité est enclenchée, il faut qu'elle vienne de vous : vous ne pouvez pas écouter de musique, mais vous pouvez danser, chanter, battre du tambour… Vous pouvez réaliser une création artistique. Ou marcher un peu la nuit. Et, surtout, vous allez beaucoup vous poser dans un coin sans rien faire, méditer, effectuer des voyages chamaniques si vous savez le faire, etc. Quand on fait une quête de guérison (même si l'on n'est pas malade, que l'on a juste envie d'une vraie pause), on est seul avec soi-même. À la rigueur, il y a parfois quelques animaux sauvages qui passent par là. Mais c'est tout !

Vous pouvez faire une retraite de Tiyoweh où vous le souhaitez : chez vous après avoir viré votre compagnon/compagne et votre chien (si, si, je vous assure c'est faisable !) et fermé les volets, dans une chambre d'hôtel (en prévenant bien de ce que vous faites pour qu'aucune femme de ménage n'entre avant que vous n'ayez fini vos trois jours), dans un gîte, dans une tente ou une hutte de sudation que vous aurez aménagé à cet effet… Veillez, évidemment, à votre sécurité. N'allez peut-être pas seule au milieu de la forêt si vous êtes une femme. Pas dans certaines forêts en tout cas. À moins d'amener vos chiens avec vous et qu'ils restent à l'extérieur de la tente sans se sauver durant le jour. Le but de Tiyoweh est d'entrer dans la plus grande Tranquillité possible. Donc le choix du lieu est primordial : choisissez la formule qui vous convient. Certaines personnes ne se voient pas s'isoler trop loin des habitations tandis que d'autres ne seraient pas capables de décompresser réellement en restant chez elles ou en sachant d'autres gens trop proches, même s'ils promettent de ne pas déranger. Comme vous le voyez, vous avez pour les quêtes de guérison une marge de manœuvre plus importante que pour les quêtes de vision. L'important est juste d'être seul, dans le noir avec une lumière minimale si besoin, pendant trois jours consécutifs et sans distraction. Vous devez vous centrer sur vous et uniquement vous !

Vous trouverez sur YouTube, sur la chaîne « La Voie des 13 Mères Originelles », une vidéo présentée par Claire Arnould et intitulée « entrer dans la tranquillité ou l'expérience du Tiyoweh ». C'est un témoignage très intéressant sur une manière de procéder parmi d'autres et sur ses effets possibles. Mais vous devez bien vous dire que chaque quête est unique et que l'important est de trouver ce qui VOUS correspond. Personnellement, je fais le plus souvent Tiyoweh chez moi. Je donne mon chien à garder et je laisse mon chat sur place. Je le laisse dans la salle à manger, seule pièce où je ne ferme pas les volets, pour qu'il reçoive la lumière du jour. Je ne rentre donc pas dans cette salle à manger durant le jour. Je me contente de ma chambre, de la cuisine, du couloir, de la salle de bain. Je ne rentre dans la salle à manger que le soir pour donner à manger à mon chat, lui faire des câlins, le laisser sortir à l'extérieur. Oui, je sais, j'ai dit « aucune distraction ». Mais, dans mon cas et sachant qu'il s'agit d'un animal très sage, cela n'empêche pas mon esprit d'entrer dans la Tranquillité. Quand j'ai organisé ma toute première quête de guérison, je me suis vraiment demandée ce que j'allais faire de mes chats, puis j'ai réalisé que la question était idiote, car les femmes qui font cela dans la forêt croisent de toute façon des animaux la nuit. Mes chats ne gênaient pas du tout ma retraite spirituelle, bien au contraire. M'occuper de mon chien aurait été, en revanche, un peu plus compliqué. En résumé : éloignez tout ce qui constitue d'après vous une complication et laissez tout ce qui n'entrave pas l'atteinte de la sérénité. Et les expériences que je vis pendant ces retraites sont très différentes de ce dont témoigne Claire dans sa vidéo. Et très différentes d'une fois à l'autre. Le plus souvent, je plonge peu à peu dans un état modifié de conscience. En général, ça n'attend pas pour venir : dès les premières heures le mental « normal » se coupe et un nouvel état s'installe progressivement pour atteindre un point culminant les dernières 24 h. J'entre dans une sorte « d'hyper-conscience » : je suis à la fois totalement présente et totalement « ailleurs ». Ce n'est pas explicable avec des mots. Mais les personnes qui font des quêtes de vision ou de guérison finissent par le vivre au moins une fois. Mes retraites de Tiyoweh sont le plus souvent très agréables. Je lâche tout. J'y vais parfois avec un but et parfois sans véritable but (si une guérison survient, c'est tant mieux, sinon c'est tant pis, je m'occupe déjà bien assez de ma santé au quotidien donc là je lâche même l'idée de guérir). Je me laisse porter, je me repose simplement et j'attends de voir ce qui émerge. Par exemple, la première fois que j'ai fait cela, je me suis retrouvée plongée au cœur de mes plus beaux souvenirs d'enfance comme si j'y étais. Ces souvenirs-expériences alternaient avec des visites de mes animaux totems, à tour de rôle. Ce qui me permettait de mieux comprendre leurs capacités et ce qu'ils m'apportaient et de parler avec eux. À la fin, on m'a dévoilé un nouveau totem que je ne pensais pas avoir jusque-là. En prime, on m'a donné des enseignements très utiles sur ce que je devrais transmettre lors de certaines initiations et sur la manière dont je devais le faire. Parfois, des esprits me dictent des textes à transmettre à certaines personnes. C'est vraiment très varié. Mais surtout, c'est une pause ! Une vraie ! Agréable. Sereine. Pour moi et rien que pour moi. À chaque fois que je fais Tiyoweh je me demande comment les gens font pour aller en quête de vision ! Ils sont masos ! Non, je plaisante, c'est juste que tout le monde ne fonctionne pas de la même manière et qu'il en faut donc pour tous les goûts.

Vous pouvez renouveler les quêtes de vision ou de guérison autant de fois que vous le voudrez dans votre vie. Mais, en général, on ne fait pas une quête de vision par mois, car c'est très éprouvant pour le corps et impossible à faire en plein hiver par un froid glacial ! Tandis que certaines femmes font une retraite de Tiyoweh par mois (certaines qui ne sont pas encore ménopausées le font pendant leurs règles, mais ce n'est pas du tout une obligation de procéder ainsi). Au final, si vous vous amusez à pratiquer autant les quêtes de vision que de guérison, vous vous rendrez vite compte que cela revient au même : certaines personnes obtiennent une guérison en quête de vision et beaucoup d'enseignements et de réponses surviennent pendant les quêtes de guérison dans les moments où l'on se sent perdu.

La divination

Sur tous les continents, la population a attribué aux chamans la faculté de « deviner », de prophétiser. Dans certaines cultures, il était connu que quelques chamans seulement se spécialisaient dans la voyance. Dans d'autres, tous les chamans étaient censés posséder ce « don ». En fait, comme toujours, il ne s'agit pas du tout d'un don. Toute personne peut développer son intuition et sa capacité divinatoire. Si vous avez bien compris le voyage chamanique, vous savez que vous pouvez demander n'importe quoi à vos animaux totems et à vos guides en vous rendant simplement dans la réalité non-ordinaire. Ce « n'importe quoi » inclut des indices et avis sur le futur. Que vous y croyiez ou non, sachez qu'il est possible de changer les événements si ce que vous voyez venir ne vous plaît pas. Par des actes, par des soins, etc. Mais en attendant, à cet instant T, la situation est telle que l'on peut prédire que ceci ou cela va se produire si rien ne change. Il m'est arrivé à plusieurs reprises, alors que je ne demandais qu'un simple conseil pour choisir entre deux voies, que mes totems m'expliquent que je n'avais pas à choisir entre telle ou telle voie, car « de toute façon il va t'arriver ceci, puis ceci, et après tes problèmes seront réglés. Donc, ne change rien, ne t'inquiète pas ». Je n'en demandais pas tant. Sans le vouloir, je tombais dans la divination puisque mes amis étaient en train de m'indiquer ce qui se passerait précisément dans les semaines suivantes et que je n'avais aucun moyen de savoir.

Les états modifiés de conscience ont de toute façon tendance à nous ouvrir à tout un panel de capacités. Même si vous ne cherchez pas à développer votre magnétisme, il y a des chances pour que vous vous mettiez à le sentir et à pouvoir l'utiliser après un voyage chamanique, ou dans une période où vous faites beaucoup de ces voyages, où vous participiez à des cérémonies... En clair, des périodes où vous êtes souvent connecté et où la connexion a donc tendance à perdurer en continu. Pareillement, même si vous ne cherchez pas à développer la faculté de voyance, les voyages chamaniques, transes et cérémonies peuvent vous amener à prophétiser, parfois malgré vous. Vous vous demandez alors pourquoi vous avez dit ceci ou cela...

Il en a toujours été ainsi dans le chamanisme. Partout dans le monde. À titre d'exemple, d'après Gavriil Ksenofontov, les chamans yakoutes et toungouses (Asie) n'achevaient pas une séance extatique sans faire une prédiction à chacun des « spectateurs » (leurs séances de transe étant souvent ouvertes au public). En Europe, du côté des Germains et des Scandinaves, on connaissait le Seidr/Sejdhr. Une pratique étrangement complexe et ritualisée (par rapport à d'autres pratiques qui font plus « magie de campagne ») et qui avait un but divinatoire. L'Ynglinga saga, au chapitre 7, nous fait comprendre que le Seidr était placé sous le patronage du dieu Odin (même si la première Maîtresse du Seidr reste la déesse Freya, qui aurait initié Odin d'après certaines sources) : « Odin connaissait l'exercice dont s'ensuivait un très grand pouvoir et qu'il exécutait lui-même, que l'on appelle seidr : par-là, il avait le pouvoir de savoir la destinée des gens et les choses qui n'avaient pas encore eu lieu, ainsi que de provoquer la mort ou le malheur ou la mauvaise santé des gens, de même que de ravir aux gens le bon sens ou la force pour les donner à d'autres. »

Pouvant être utilisé en bien comme en mal, ce rituel du Seidr fait clairement penser à une pratique chamanique. La femme (car dans cette culture il était rare qu'un homme s'y colle) qui officiait était appelée « völva ». Pour ce que l'on en sait, la völva s'asseyait sur une chaise haute, et, de là, entrait dans un état modifié de conscience lui permettant de diviniser. Il lui fallait pour y parvenir une assemblée de gens (d'assistants) et que ces derniers entament certains chants précis. Tout ceci diffère grandement des autres pratiques magiques de l'époque dans ces régions. Tant et si bien que beaucoup de chercheurs sont d'avis que le Seidr est un apport d'une culture voisine, ou au moins une adaptation scandinave d'une tradition voisine. On pense notamment à une influence des Samis, peuple clairement versé dans le chamanisme. D'après d'autres textes, on comprend que les volur (pluriel de völva) connaissaient l'usage du tambour (j'en ai déjà parlé au début du chapitre sur cet instrument), même si l'on ne sait pas s'il était utilisé spécifiquement dans le Seidr ou seulement dans d'autres rituels.

Les spécialistes se battent depuis des décennies pour déterminer si le Seidr peut ou non être réellement considéré comme une pratique chamanique, ou si c'est un rite « normal » de la religion païenne scandinave. Les deux camps ont des arguments. Des arguments de spécialistes… Étudier un phénomène de l'extérieur n'est pas pareil que d'y participer. Si vous êtes dans le chamanisme, que vous connaissez les états modifiés de conscience par expérience, et que vous avez un jour l'occasion de participer à la reconstitution d'une cérémonie de Seidr en faisant la völva, vous vous rendrez vite compte que l'on nage en plein chamanisme ! Les scientifiques, quant à eux, continueront de débattre sur le côté chamanique ou non chamanique de la chose, non qu'ils n'arrivent pas à se mettre d'accord sur ce qu'était le Seidr, mais plutôt qu'ils ne soient pas d'accord sur ce qu'est le « vrai » chamanisme… Et nous voilà repartis dans ce que j'expliquais au chapitre « le chamanisme, quésaco ? »

Si le débat vous intéresse, lisez des livres comme « Les magiciens dans l'Islande ancienne » de François-Xavier Dilmann, « Le monde du double » de régis Boyer, certains passages de l'Edda… Vous pouvez télécharger gratuitement depuis internet un document PDF intitulé «The archeology of Seidr : Circumpolar Traditions in Viking Pre-Christian Religion ». Mais si la pratique du Seidr vous intéresse, ce qui n'est pas la même chose, alors je vous suggère plutôt « Seidr, the gate is open » de Katie Gerrard et « Seidways » de Jan Fries, malheureusement uniquement en anglais pour l'instant.

Mais nul besoin de rituels très complexes pour diviniser. Les outils modernes conviennent parfaitement aux chamans de notre temps : runes, tarots, oracles divers… Ou, encore une fois, un voyage chamanique pour aller demander la réponse aux esprits. Évidemment, à force d'exercice, beaucoup de voyants finissent par accéder de plus en plus à une pure médiumnité, sans besoin de supports. Il suffit qu'on leur pose une question pour qu'ils en connaissent immédiatement la réponse. C'est la méthode la plus rapide !

Certains développent une méthode bien à eux, sans l'avoir vraiment apprise de quelqu'un. C'est ainsi que j'ai connu une voyante qui était très proche de la médiumnité pure. Elle s'était initiée au chamanisme dans une réserve amérindienne aux États-Unis. Il lui arrivait d'utiliser des cartes oracles pour faire sa voyance, mais en fait elle pouvait s'en passer si elle voulait : elle écoutait la demande de la personne qui venait la consulter et saisissait une pierre parmi tout un lot qu'elle avait, sans savoir pourquoi cette pierre précisément, et elle commençait à répondre sans vraiment savoir où elle allait « chercher tout cela ». Il s'agissait de pierres comme on en trouve assez facilement de nos jours : une améthyste, un cristal de roche, une cornaline, etc. Elle ne connaissait même pas les propriétés que l'on attribue en général à ces minéraux. Elle prenait en main celle qui l'appelait et se mettait à deviner et prophétiser…

Comme vous l'aurez compris, il n'y a pas de « méthode de divination chamanique » officielle. Comme toujours en chamanisme, le seul mot d'ordre est : « personnalisez votre voie » ! Pas forcément besoin de se démarquer des autres voyants « classiques », qui ne connaissent rien au chamanisme et aux esprits. Tirez les oracles ou les tarots si vous ne savez pas par où commencer. Essayez-en plusieurs jusqu'à trouver ceux qui vous conviennent. Il existe des jeux qui sont propices à une vraie divination (par exemple le fameux Tarot de Marseille et toutes ses déclinaisons originales comme l'amusant Tarot du Chat de Carole Sédillot ; ou l'oracle Gé, l'oracle de Belline, l'oracle Bleu, les runes…) tandis que d'autres se prêtent plus à l'introspection, même si certains voyants chevronnés arrivent malgré tout à diviniser grâce à eux sur des questions très concrètes, matérielles (par exemple le tarot zen Osho, l'oracle de La Voie de l'Émeraude, les Cartes Médecine de Jamie Sams ou les oracles de Scott Alexander King, les oghams…).

J'attire votre intention sur le fait qu'il est conseillé de nettoyer régulièrement les jeux dont vous vous servez. Que l'on parle de cartes oracles en carton ou de runes gravées sur du bois ou des pierres, cette recommandation reste valable. Le support n'y change rien. Plus un jeu sert et plus on doit le nettoyer souvent. Et je parle bien ici de nettoyage énergétique. Si vous ne pratiquez pas les soins énergétiques comme décrits avant dans ce livre, faites appel à un magnétiseur près de chez vous. Et passez votre jeu de temps en temps dans la fumée de sauge. Pourquoi cette nécessité de nettoyer ? Parce que c'est ainsi ! Je m'étonne toujours que de nombreux voyants, même professionnels, ne sachent pas cela. Et se posent encore la question du « pourquoi » quand on leur explique ce qu'il faut faire. Plus vous servez un outil, quel qu'il soit, et plus il s'use et a besoin d'être nettoyé physiquement : il en va ainsi, par exemple, de vos ustensiles de cuisine, du sol de votre habitation, etc. Et, vous-même, vous avez besoin de vous laver régulièrement. Pourquoi ? Parce que c'est ainsi. C'est la vie. On pense souvent au nettoyage physique, mais on ne nous enseigne plus, dans l'Europe modernisée, à effectuer également un nettoyage énergétique. Se passer de la sauge autour du corps et en passer régulièrement dans son lieu de vie et dans sa voiture est un acte normal ! Tout le monde devrait faire cela. On vit, on évolue, on se décharge de fardeaux émotionnels ou psychiques sur son canapé en se relaxant, ou dans son lit en décompressant grâce à une bonne nuit de sommeil, Etc. Un lieu, ça vit, ça évacue ses problèmes, et ça reçoit les nôtres en prime (puisque tout est lié) ! Il en va de même avec les jeux divinatoires, les salles de soin, etc. Beaucoup d'énergie transite par ces objets et ces lieux. Cette énergie n'est absolument pas néfaste à la base. Un peu comme votre transpiration n'est pas néfaste quand elle sort de votre corps parce que vous faites du sport : il ne s'agit que d'eau salée. Mais si vous ne vous lavez jamais, je ne vous fais pas de dessin... Eh bien, c'est pareil pour tout ce qui touche au monde spirituel : tambour, hochets, bâtons de pouvoir, jeux divinatoires... Si vous ne nettoyez pas énergétiquement vos jeux, des parasites plus ou moins délétères finiront par s'installer sur vos mains et dans la pièce où vous faites de la divination. Mais le plus souvent, l'absence de nettoyage amène surtout à une perturbation de la voyance : la personne n'arrive plus à prédire des choses justes, ou, au minimum, prédit avec plus de difficultés. Ou alors un jeu indique une chose, et l'autre jeu indique exactement le contraire ! Dans ce cas, au moins l'un des jeux a besoin d'être nettoyé. On peut aussi observer une baisse de la clientèle, même si cette dernière n'a pas eu le temps de se rendre compte que les prédictions du voyant se faisaient moins précises ces derniers jours. Et dès que les jeux sont nettoyés, les clients reviennent en masse, parfois dès le lendemain, comme par magie ! Que ce soit dans les soins ou la voyance, si vous rencontrez des difficultés, penchez-vous immédiatement sur vous et sur votre matériel ! La clé est souvent là.

Exercice : faire l'algue

Faire de la voyance grâce à des jeux de cartes ou à des runes s'apprend facilement à force d'entrainement et en s'aidant de quelques livres et de vidéos gratuites sur YouTube, mises en ligne par des voyants qui donnent des conseils et des cours. Ce n'est donc pas un sujet que je développerai ici, car, de plus, il faudrait pour bien faire un livre entier. Pour information, si vous vous intéressez aux runes, je vous recommande « La sagesse des runes » de Xavier Thiebaut aux éditions Bussière, ouvrage auquel j'ai eu la chance de participer.

Je vais plutôt, ici, vous mettre le pied à l'étrier en ce qui concerne la pratique de la transe divinatoire en cérémonie. Car cela est peu connu du grand public, même avec tous les livres qui sortent ces derniers temps sur le chamanisme. Autrement dit, je vais vous guider pour que vous puissiez, si cela vous intéresse, pratiquer des rituels de type Seidr. Ce ne sera pas exactement le Seidr, mais plutôt une trame de base pour ce genre de cérémonies universelles : les Scandinaves avaient le Seidr, les Grecs avaient leur fameuse Pythie (une prêtresse elle aussi perchée sur un siège haut et qui entrait en transe grâce à des vapeurs émanant du sol, peut-être des vapeurs de soufre), les Amérindiens d'Amérique du Sud et Centrale connaissaient également un rituel semblable (une de mes amies a maitrisé cet art dans l'une de ses vies antérieures ; c'est tellement imprégné en elle qu'aujourd'hui encore, quand on allume du Palo Santo – un bois aromatique – devant elle, elle part en transe immédiatement et peut alors répondre à toutes sortes de questions, sans même que l'on mette en place un rituel élaboré autour d'elle !)...

Avant de développer de tels automatismes, il faut s'entrainer longuement et ainsi conditionner son corps et son esprit. Nous commencerons donc par un exercice extrêmement simple qui sera à répéter très souvent : faire l'algue ! Pour cela, trouvez un siège sur lequel vous êtes confortablement assis. S'il a un dossier, ne vous appuyez pas contre. Tenez-vous droit, sans crispations. Droit, mais détendu. Droit, mais dans une position confortable pour vous. Pendant tout l'exercice, seul le haut du corps bougera, c'est-à-dire que les fesses doivent rester en contact avec votre siège quoiqu'il arrive ! C'est très important pour ne pas tomber.

Penchez-vous un peu vers l'avant, TRES lentement. Puis un peu vers l'arrière de même. Faites ainsi quelques allers-retours avant de vous arrêter dans ce qui est pour vous le juste milieu : la position la plus confortable. Faites de même de gauche à droite et stabilisez-vous là où vous vous sentez le mieux. Vous pouvez faire tout ceci yeux ouverts ou yeux fermés, mais la pratique les yeux fermés est conseillée pour que vous soyez très concentré sur vos ressentis corporels.

À partir de ce juste milieu, laissez votre corps partir dans la direction qu'il veut et à son rythme. Ne brusquez rien, ne provoquez rien. « Le mouvement se fait », et non pas « vous faites un mouvement ». Ce n'est pas la même chose ! Votre corps peut partir dans n'importe quelle direction, cela n'a pas d'importance. Tout est permis. Suivez ainsi les allers-retours dans toutes les directions. Laissez-vous porter. Ne cherchez pas à contrôler. Tout ceci doit rester confortable, agréable. Faites cela quelques minutes puis arrêtez le mouvement en reprenant la position de votre juste milieu. Sentez alors que, même si le mouvement physique s'est arrêté, un mouvement continue en vous. Puis ouvrez les yeux s'ils étaient fermés. La suite de votre programme d'entrainement sera de répéter tout cela autant de fois et autant de temps que vous le voudrez, avec et sans tambour chamanique. Car, dans l'idéal, il faudrait que quelqu'un vous joue parfois du tambour pour que vous puissiez comparer les deux options (avec et sans). Vous pouvez également tenter l'expérience avec d'autres instruments ou des musiques que vous aimez, qui vous réussissent.

Il ne vous est pas demandé de voir ou de faire quoi que ce soit d'autre pour l'instant. Juste de vous entrainer à faire l'algue, à onduler souplement et agréablement. Néanmoins, prévoyez d'avoir du temps devant vous. Car, même si vous ne voyez rien, même s'il ne se passe rien d'autre que de profiter d'un grand confort et d'un bercement lent, le temps que vous ressentez passer risque de ne pas être le même que celui qui passe réellement : vous pourriez vous dire, au moment où vous ouvrirez les yeux, que tout ceci n'a duré que 30 minutes, alors que deux heures se seront écoulées !

Exercices, déclencheurs et facilitateurs

Le tambour (ou un autre instrument qui vous correspond) est déjà en soi un premier facilitateur. Mais il va falloir en trouver d'autres. Avant de continuer mes explications, j'insiste sur un point IMPORTANT : avant de vous adonner aux exercices suivants, prenez des précautions :

Ne faites rien sans avoir un assistant sous la main, au cas où vous entreriez en transe profonde ! Comme je l'ai expliqué au chapitre des animaux totems (partie « ce qui peut arriver pendant le voyage initiatique »), les personnes ayant spontanément cette prédisposition sont rares, mais elles existent. Si vous êtes concerné, en théorie, vous devez le savoir, puisque vous avez déjà été initié à vos animaux totems et que vous avez donc déjà entendu jouer du tambour. Néanmoins, la sensibilité évoluant à force d'entrainement, vous pourriez très bien un jour commencer à recevoir ce genre de transes ! Donc, par précaution, ayez un assistant compétent dans l'art de ramener les gens sur Terre.

Ne faites rien sans avoir au préalable effectué (ou fait effectuer par un chaman compétent) un voyage chamanique pour demander s'il y a des choses que vous devez faire absolument ou d'autres que vous devriez éviter. En effet, les esprits sont des sources d'information et de connaissance de soi dont il ne faut pas hésiter à user. Ils pourraient, par exemple, vous mettre en garde contre une substance qui risquerait, chez vous, de provoquer une transe profonde (exemple : « si tu brûles du palo santo, tu vas partir immédiatement, donc ne fait cela que si telle personne t'assiste ! »).

Ne commencez pas d'entrainement approfondi ou de réelle cérémonie sans avoir, en tout début, travaillé votre ancrage-centrage (voir le chapitre « sur la Terre comme au Ciel », ou un autre exercice semblable qui VOUS convient), appelé vos totems et guides, avoir saugé la pièce, appelé l'appui des quatre points cardinaux (si cela vous correspond), etc.

Ces bonnes bases étant posées, votre programme d'entrainement va maintenant consister en deux points principaux :

Trouver le bon rythme de tambour. Celui qui VOUS correspond. Un rythme simple. Essayez-en plusieurs jusqu'à trouver le bon. Vous pouvez pour cela jouer vous-même ou demander à un assistant de jouer. Essayez des rythmes comme, par exemple, celui du cœur : deux coups assez rapprochés puis un silence, puis deux coups rapprochés, puis un silence. Comme un cœur qui bat. Essayez ensuite ce que les Amérindiens appellent le rythme de la Terre-Mère : des coups très rapides, très rapprochés, sans jamais faire varier le rythme. Juste une infinité de coups qui se suivent. C'est la base de la base. Le « pouls de la Terre ». Tentez ensuite un grand coup suivi de sept coups moins forts, le tout joué très rapidement. Le rythme reste le même, très rapide. C'est juste l'intensité du son qui varie : une fois très forte et sept fois plus faibles. Et on recommence, on enchaine immédiatement un coup très fort et sept plus faibles, Etc. Essayez ainsi des rythmes faciles à reproduire jusqu'à trouver le vôtre.

Trouvez votre/vos déclencheurs. Comme je l'ai expliqué, une amie à moi travaille avec le palo santo. Et vous, qu'est-ce qui semble faciliter votre transe quand vous faites l'algue ? Outre votre rythme de tambour que l'assistant vous joue. Quel parfum ou plante faut-il brûler ? Préférez-vous fermer simplement les yeux, ou les garder à demi-ouverts en fixant quelque chose devant vous (un objet, les plantes en train de brûler, la flamme d'une bougie…) ? Ou avoir en plus un voile sur le visage ou au moins un foulard sur les yeux ? Avez-vous besoin que la pièce soit plongée dans la pénombre ou non ? Avec des bougies ou non ? Pouvez-vous accueillir du public ou devez-vous être seul avec votre/vos assistants ?

Il n'existe pas de recette toute faite, applicable à tous. Nous nous trouvons ici dans de la personnalisation à l'état pur ! Vous allez donc devoir tester différents déclencheurs, un à un, même si cela prend des semaines ou des mois. Au moins, pendant ce temps, vous vous entrainez !

Quand vos facilitateurs et déclencheurs de la transe auront été trouvés, tout sera en place pour une cérémonie divinatoire en bonne et due forme. Vous saurez quel rythme faire jouer, quels objets amener… Il sera alors temps de mettre en place cette cérémonie et de la répéter plusieurs fois pour vous entrainer. Trouvez un siège confortable, mais assez haut (comme certaines chaises de bar par exemple, mais elles doivent être stables ! Au besoin, fixez votre siège au sol). Prenez place dessus. Commencez à faire l'algue pendant que votre assistant s'occupe des éventuels déclencheurs (allumer une plante par exemple…) et joue au tambour le rythme approprié. Vous pouvez alors chercher des réponses à des questions que vous vous posez vous-même (vous pouvez demander des renseignements pour vous, intérieurement). Ou chercher des réponses pour d'autres personnes. Si la cérémonie est publique, les gens peuvent, à tour de rôle, poser leur question à voix haute, et vous leur répondez de même. Il n'y a pas de règle absolue. Créez VOTRE cérémonie divinatoire chamanique !

Pour revenir, là encore, pas de règle fixe. Mais, en général, l'arrêt du tambour et des autres déclencheurs (sortir les plantes qui brûlaient, éteindre les bougies...) suffit à faire revenir la personne qui prophétisait. La descendre de sa chaise (grâce à laquelle elle ne touchait plus terre) et la mettre au sol, en position semi-allongée, est aussi un moyen courant. Et je rappelle les moyens comme verser de l'eau sur la tête, masser, faire boire et manger. Même si la transe n'a pas été intense au point que les assistants doivent ramener la personne, il faudra quand même qu'elle descende de son siège et qu'elle mange et boive sans attendre ! Puis la cérémonie est clôturée : on remercie les esprits et totems, les quatre directions (points cardinaux), le Ciel et la Terre, on renvoie toutes les énergies, en clair on nettoie complètement, on ferme les portes qui avaient été ouvertes !

Croyez-le ou non, ce genre de cérémonies est à la portée de tout le monde ! Je vous souhaite à tous, un bon voyage !

Enfants chamans

Et nos chers bouts de chou dans tout cela ? Ne peuvent-ils pas baigner dans le chamanisme dès leur plus jeune âge ? Bien sûr que si ! D'ailleurs, les enfants sont bien plus facilement connectés à la réalité non ordinaire que les adultes.

Celles et ceux qui s'initient au chamanisme à l'âge adulte ne font en fait que recréer un lien qu'ils avaient à leur naissance, qu'ils s'en souviennent ou non. Si vous êtes parent et que vous souhaitez lire des histoires chamaniques ou proposer des films et dessins animés chamaniques à vos enfants, voici une petite liste (non exhaustive) dans laquelle piocher. Certains de ces éléments sont clairement issus du chamanisme (comme le renard Tokela par exemple), d'autres en sont très inspirés, qu'ils l'avouent ou non (par exemple, le film « À la croisée des mondes », avec des histoires de mondes parallèles et avec des personnages accompagnés de leurs totems, même s'ils les nomment « démons » et non « totems »).

Des films et dessins animés :

– « À la croisée des mondes, la boussole d'or ».

– « Pocahontas : une légende indienne ». Certains chants de Grand-Mère Feuillage reflètent profondément la vision du monde qu'ont les chamans. Par ailleurs, beaucoup de films animés mettent en scène des animaux qui parlent entre eux ou des enfants qui dialoguent avec les animaux. C'est l'une des bases du chamanisme !

– « Dream Keeper » (2003). La plupart du temps, disponible gratuitement sur YouTube.

– À un certain niveau d'analyse, « Kaena, la prophétie » peut aussi se voir comme un film d'animation chamanique (ouverture de la conscience et de la compréhension, voyage entre l'En-Haut et l'En-Bas...).

– « Alice aux pays des merveilles ». La version de Tim Burton, notamment, ne peut que faire penser à certains voyages chamaniques pour ceux qui arpentent la réalité non-ordinaire depuis longtemps et qui ont vécu des recouvrements d'âme, des extractions, etc.

– Pour les plus grands (adolescents, adultes), « Inception » peut se voir comme une approche d'une partie de la réalité non ordinaire. Et de nombreux chamans expérimentent un jour, volontairement ou non, la descente en voyage chamanique au sein d'un voyage chamanique. Ou le rêve au sein d'un rêve (on s'endort une première fois puis, au sein de ce premier rêve, on médite ou on s'endort à nouveau… Jusqu'à arriver au niveau où nos alliés nous donnent des réponses ou nous font travailler).

Des livres :

– La série d'ouvrages « Magnus » de Laurent Peyronnet.

– « Le renard Tokela » de Marianne Alexandre et Pog. Un livre qui, selon moi, marque un tournant dans la littérature de jeunesse et dans le chamanisme francophone, dans le sens où il ne parle que de chamanisme, clairement et volontairement, avec en prime un message parfaitement d'actualité sur notre rapport à nos totems et au monde animal. À méditer, pour les petits et les grands enfants ! Souhaitons que de plus en plus d'ouvrages similaires voient le jour dans les années qui viennent.

– La trilogie de livres « À la croisée des Mondes ».

– « Exercices d'éveil pour petits chatons » de Christian Gaudin, Sabine Rochas, Marc de Smedt.

– De nombreux contes, éparpillés dans différents recueils, parlent de chamanisme. Ne désespérez pas d'en trouver au détour d'une lecture. En ce qui me concerne, j'en ai déjà livré quelque un dans « L'interprétation des contes, le monde archétypal » aux éditions Bussière et « Lucibelle » aux éditions Edilivre.

À vos marques ! Prêts ? Partez !

Comme je le disais au chapitre « Quêtes de vision et quêtes de guérison », tous les parcours sont possibles. Il n'existe pas un « cursus scolaire » pendant lequel tous les aspirants au chamanisme apprendraient les mêmes choses d'un continent à l'autre et avec un diplôme au bout.

Certains exerceront les soins physiques ou énergétiques, d'autres non. Certains harmoniseront les habitats, d'autres non. Certains se lanceront dans la divination, d'autres pas. Certains s'inscriront dans une tradition précise (Amérindienne, Mongole, Africaine...), d'autres se choisiront un thème de prédilection en dehors de toute tradition (les animaux totems, les cristaux et pierres, l'eau, le Féminin sacré, la fabrication de tambours ou d'autres objets chamaniques, la sexualité sacrée, l'usage des plumes et autres offrandes animales, les sons et la musique...). Certains ne jureront que par le Monde d'En Bas, d'autres n'en passeront que par celui d'En Haut, et d'autres encore seront à l'aise partout. Il y a et il y aura encore pendant longtemps des mordus des quatre ou sept directions qui ne pourront rien faire sans elles, il y en a qui n'auront besoin de rien d'autre qu'eux-mêmes. Il y aura les adeptes du voyage chamanique traditionnel et il y aura des rêveurs qui officieront à partir du sommeil comme dans la voie des rêveurs amérindiens ou chez les dormeuses bretonnes (de plus en plus rares ; origine celte), sans parler des écouteurs de morts (eux aussi celtes et bretons et en voie d'extinction) qui se coucheront sur les tombes et des nécromanciens qui chercheront leurs renseignements au Pays des Morts... Mais tous seront chamans s'ils obéissent à deux règles simples : le chamanisme c'est l'utilisation d'un état modifié de conscience avant tout ; et le chaman véritable a pour but d'aider l'humanité (en travaillant sur lui avant de vouloir changer les autres).

« Dans le chamanisme, il n'y a pas de distinction entre aider les autres et s'aider soi-même. En aidant les autres chamaniquement, on devient plus puissant, plus soi-même et plus joyeux. Le chamanisme va bien au-delà d'une transcendance égoïste de la réalité ordinaire. Il s'agit d'une transcendance en vue d'un objectif plus vaste : aider l'humanité. » Michael Harner.

Enfin, pour votre culture générale, voici une liste non exhaustive de chamans plus ou moins connus en France ou internationalement – voire superstars pour certains d'entre eux : Castaneda et Juan (décédés), Mario Mercier, Minthé, Jamie Sams, Claire Arnould, Marcellus Bear Heart (décédé), Michel Bison Noir, Marion Rebérat, Gilles Wurtz, Aigle Bleu, Connie Cokrell Kaplan, Scott Alexander King, Nicholas Black Elk (décédé ; rendu célèbre par le livre de John Neihardt « Elan noir parle, la vie d'un saint homme des Sioux oglalas ») et son successeur Wallace Black Elk, John Redtail Freesoul, Géraldine Correia, Michael Harner (décédé), Laurent Huguelit, Sandra Ingerman, Vicki Noble, Kenneth Meadows, Ema'a Drolma Mata, Lynn V. Andrews et Agnès Whistling Elk, Brooke Medicine Eagle, Kevin Turner, Serge Kahili King, Corine Sombrun, Grand-Mère Ayangat, Jan Kounen, Jan Fries, Katie Gerrard, Robin Tekwelus Youngblood, Essie Parrish (décédée), Ted Andrews (décédé), Cécile Cervantes, Julie Gille (sophro88.com), Paule Lebrun (décédée), Christelle Metzger, Ambre Marsili, Luc Raimondi et Joëlle Mellioret, Arnaud Riou, Zoltan (vidéos notamment sur « Nurea tv » sur YouTube)...

De nombreuses personnalités plus ou moins connues du bouddhisme sont également considérées comme chamans dans le monde du chamanisme, bien qu'elles-mêmes ne se définissent pas toujours comme telles. On peut notamment citer toutes les personnes ayant successivement prêté leur corps pour accueillir la divinité Dordjé

Dragden, devenant ainsi les fameux oracles du Dalaï-Lama (l'oracle actuel est Thubten Ngodup). Mais aussi Joan Halifax, Tsewang Sherap, Vénérable Dr. E. Nandisvara Nayake Thero…

Parmi les chamans très chers à mon cœur, il y a beaucoup d'anonymes, qui se cachent loin de toute « célébrité », et qui se reconnaîtront…

TABLE DES MATIÈRES